EXAMPRESS®

＼第**6**版／

福祉
教科書

精神保健福祉士

福祉士

完全合格

テキスト専門科目

精神保健福祉士試験
対策研究会　著

SE
SHOEISHA

本書内容に関するお問い合わせについて

このたびは翔泳社の書籍をお買い上げいただき、誠にありがとうございます。弊社では、読者の皆様からのお問い合わせに適切に対応させていただくため、以下のガイドラインへのご協力をお願い致しております。下記項目をお読みいただき、手順に従ってお問い合わせください。

●ご質問される前に

弊社Webサイトの「正誤表」をご参照ください。これまでに判明した正誤や追加情報を掲載しています。

正誤表　https://www.shoeisha.co.jp/book/errata/

●ご質問方法

弊社Webサイトの「書籍に関するお問い合わせ」をご利用ください。

書籍に関するお問い合わせ　https://www.shoeisha.co.jp/book/qa/

インターネットをご利用でない場合は、FAXまたは郵便にて、下記"翔泳社 愛読者サービスセンター"までお問い合わせください。
電話でのご質問は、お受けしておりません。

●回答について

回答は、ご質問いただいた手段によってご返事申し上げます。ご質問の内容によっては、回答に数日ないしはそれ以上の期間を要する場合があります。

●ご質問に際してのご注意

本書の対象を超えるもの、記述個所を特定されないもの、また読者固有の環境に起因するご質問等にはお答えできませんので、予めご了承ください。

●郵便物送付先およびFAX番号

送付先住所　〒160-0006　東京都新宿区舟町5
FAX番号　　03-5362-3818
宛先　　　　（株）翔泳社 愛読者サービスセンター

●免責事項

※著者および出版社は、本書の使用による精神保健福祉士国家試験の合格を保証するものではありません。
※本書の記載内容は、2024年4月現在の法令等に基づいています。
※本書の出版にあたっては正確な記述に努めましたが、著者および出版社のいずれも、本書の内容に対してなんらかの保証をするものではありません。
※本書に記載されたURL等は予告なく変更される場合があります。

※本書に記載されている会社名、製品名はそれぞれ各社の商標および登録商標です。
※本書では™、®、©は割愛させていただいております。

目次

第❶章 精神医学と精神医療 　　12

第❷章 現代の精神保健の課題と支援 　　74

本書の使い方

頻出度と出題ポイントを確認して、本文を学習します。最後に、章末の問題を解いて
理解度をチェックしましょう。

● 紙面の構成

■ 本文

Ⓐ 頻出度

出題頻度の高い順に😺😺😺、😺😺、
😺の3段階で示しています。学習開始
時に大まかな重要度を把握しましょう。

Ⓑ 出題回

第21〜26回試験の出題実績をマー
クで表示。頻出項目を中心に学習し
たいときの目印になります。

Ⓒ ひとこと

テーマの理解につながる補足解説や
合否を分けるポイントを紹介します。

Ⓓ 用語解説

本文中の用語の意味を解説します。

Ⓔ 落とせない！重要問題

過去問の中から、出題頻度が高く正
解しておきたい問題を解説付きで紹
介します。

Ⓕ ここは覚える！

頻出＆重要な過去の出題ポイントを
ピックアップ。学習のコツなど得点力
アップにつながる情報も。

■ 章末の理解度チェック

○×式の過去問題と予想問題で、学習した内容の理解度を確認しましょう。正解できたら□にチェック。なお、本文に説明のない内容に関する問題も、補足のため、一部掲載しています。また、過去問題の一部に変更を加えている場合があります。

| 脳 | 間脳 | 視床 | 間脳の約5分の4を占める中枢神経最大の神経核。嗅覚を除くすべての感覚線維は視床で中継されて大脳皮質に至る。松果体が存在し、セロトニンからメラトニンというホルモンを合成し、血液中に放出する役割を担っている。日内リズム（変動）に関わる |
| | | 視床下部 | 自律神経系の統合中枢であり、恒常性の維持に働く。体温、摂食、飲水（水代謝）、性欲・食欲・睡眠・情動、下垂体機能の調節などに関わる。感覚の中継点として、嗅覚を除く感覚や随意運動に関する神経線維の脳までの経路 |

狭義の「脳幹」では、間脳すなわち視床及び視床下部を除外します。その場合、間脳を「下位脳幹」ということがあります。間脳は視床下部にある自律神経核によって、自律神経である交感神経と副交感神経を制御しています。

松果体：松果腺とも呼ばれる内分泌器。脳内の中央、2つの大脳半球の間に位置する。2つの視床体が結合する溝にはさみ込まれていて、性腺発育を抑制するホルモンや概日リズムを調節するホルモン（メラトニン）を分泌する。

ここは覚える！

第21・23・24回で、脳や神経について出題されました。脳は各部位（大脳皮質、延髄、小脳、視床、視床下部）の働きも押さえておきましょう。

落とせない！重要問題

小脳は体温調節をつかさどる。 第24回

×：平衡感覚や筋肉運動の調節などをつかさどる。

●脳の構造
大脳は、左右の大脳半球が結合したもので、表面には多数のしわがあります。このしわが脳の表面積を増やす役割を果たしています。

縦書き： 精神医学と福祉医療　① 精神現象の基礎と精神障害の概念、精神疾患の診断分類　1

17

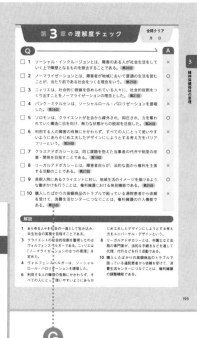

G ［出題回］［予想問題］

過去問題の場合は出題回を掲載しています。

● 法令等の基準について

本書の記載内容は、2024（令和6）年4月現在の法令等に基づいています。変更される場合もありますので、厚生労働省、各都道府県・市町村の公表する情報をご確認ください。

資格・試験について

精神保健福祉士は、「精神保健福祉士法」を根拠法とする国家資格です。社会福祉士と同様に、求められる知識は高度で幅広く、専門職として水準の高さを示すことができます。

● 精神保健福祉士の職務内容

■ 精神保健福祉士とは

福祉分野全般を扱う社会福祉士に対し、精神保健福祉士は、「精神保健福祉」という特化した分野を扱うソーシャルワーカーです。社会福祉学を基盤として精神障害者の抱えている様々な問題に対する援助や、社会参加に向けての支援を行います。

精神保健福祉士法によると、「精神保健福祉士の名称を用いて、精神障害者の保健及び福祉に関する専門的知識及び技術をもって、精神科病院その他の医療施設において精神障害の医療を受け、若しくは精神障害者の社会復帰の促進を図ることを目的とする施設を利用している者の地域相談支援の利用に関する相談その他の社会復帰に関する相談又は精神障害者及び精神保健に関する課題を抱える者の精神保健に関する相談に応じ、助言、指導、日常生活への適応のために必要な訓練その他の援助を行うことを業とする者」とされています。

■ 精神保健福祉士の職場

精神保健福祉士は、精神保健に特化した専門職として、精神科医療機関を中心に入院・通院患者の社会復帰に向けた支援に取り組んでいます。また退院後の生活を支援するため、各種社会復帰施設や福祉行政機関などでも活躍しています。

さらに、司法施設における触法精神障害者の支援、ハローワークにおける就労支援、教育現場におけるスクールソーシャルワーク、企業内における社員のメンタルヘルス対策など、職域は拡大を続けています。

● 精神保健福祉士になるには

厚生労働大臣によって毎年1回行われる精神保健福祉士国家試験に合格する必要があります。

■ 受験資格

社会福祉士同様に受験資格が必要であり、11のルートに分かれています。各条件については公益財団法人社会福祉振興・試験センター（以下、試験センター）のホームページに一覧表があります。

■精神保健福祉士資格取得ルート

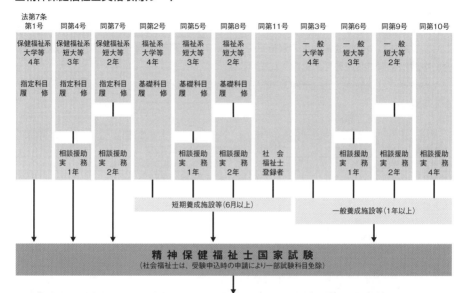

■ 精神保健福祉士の登録について

　精神保健福祉士国家試験に合格したら、厚生労働省の精神保健福祉士登録簿への登録を受けなければなりません。ここに登録すると、精神保健福祉士登録証が交付され、精神保健福祉士を名乗ることができるようになります。

● 試験の実施方法

　受験手続の詳細は受験要綱で確認してください。受験要綱は、試験センターのホームページ（https://www.sssc.or.jp）などで確認することができます。

■ 試験の場所

　試験は、年に一度、次の7都道府県で行われます。
　北海道、宮城県、東京都、愛知県、大阪府、広島県、福岡県

■ 出題方式

　出題は五肢択一を基本とする多肢選択形式で、解答はマークシート方式で行われる予定です。

■ 出題数

　科目ごとの出題数は表の通りで、配点は1問1点です。「共通科目」は、社会福祉士試験と同じであり、この社会福祉士の資格を持っている人が精神保健福祉士試験を受験する場合、申請によって共通科目が免除されます。

　なお、第27回試験（2025（令和7）年2月実施）より出題基準が変わり、問題数は132問となる予定です。

共通科目	問題数
医学概論	6
心理学と心理的支援	6
社会学と社会システム	6
社会福祉の原理と政策	9
社会保障	9
権利擁護を支える法制度	6
地域福祉と包括的支援体制	9
障害者福祉	6
刑事司法と福祉	6
ソーシャルワークの基盤と専門職	6
ソーシャルワークの理論と方法	9
社会福祉調査の基礎	6
計	84問

専門科目	問題数
精神医学と精神医療	9
現代の精神保健の課題と支援	9
精神保健福祉の原理	9
ソーシャルワークの理論と方法（専門）	9
精神障害リハビリテーション論	6
精神保健福祉制度論	6
計	48問

合計	132問

■ 試験時間

　第27回試験以降の試験時間は刊行時点では公開されていません。なお、試験時間を含む試験内容の詳細については、例年8月上旬頃に公表が予定されている試験センターの「受験の手引」を必ず確認してください。

● 試験日・受験者数

■ 試験日

　毎年、2月上旬に予定されています。

■ 受験申込書類の提出期間

　毎年9月上旬〜10月上旬となっています。試験センターから受験申込書類「受験の手引」を取り寄せたら、書類をそろえて期間内に提出します。

■ 受験手数料

第26回の受験手数料は以下の通りです。第27回以降の受験手数料は「受験の手引」で必ず確認してください。

精神保健福祉士（共通科目＋専門科目）を受験： 24,140円

精神保健福祉士（専門科目のみ）を受験： 18,820円

精神保健福祉士と社会福祉士を同時に受験： 36,360円（精神19,520円＋社会16,840円）

■ 合格発表

毎年、3月上旬に試験センターのホームページに掲示され、合格者には合格証書等が、不合格者にはその旨の通知が郵送されます。また、試験センターのホームページに期間限定で、合格者の受験番号と合格基準点、正答が公開されます。

〈受験資格が「見込み」の場合〉

大学等の卒業見込みまたは実務経験を満たす見込みで受験した場合は、後日、受験資格となる証明書を提出する必要があります。合格証書はこの証明書が確認された日以降に郵送されます。また、受験資格の確定を確認できない場合は今回の試験は無効となります。

■ 受験者数・合格率

第20～26回の受験者数、合格者数、合格率を示します。

回（年）	受験者数（人）	合格者数（人）	合格率
第20回（平成30年実施）	6,992	4,399	62.9%
第21回（平成31年実施）	6,779	4,251	62.7%
第22回（令和2年実施）	6,633	4,119	62.1%
第23回（令和3年実施）	6,165	3,955	64.2%
第24回（令和4年実施）	6,502	4,267	65.6%
第25回（令和5年実施）	7,024	4,996	71.1%
第26回（令和6年実施）	6,978	4,911	70.4%

第 1 章

精神医学と精神医療

❶ 精神疾患とその周辺知識

　精神疾患とその治療における薬物療法や精神療法、修正型電気けいれん療法となど、精神科とその周辺に関する細かい知識を問う出題が増えてきています。これまでは基礎的な知識で正解できるものが中心でしたが、近年、やや踏み込んだ内容の問題も増えており注意が必要です。

❷ 統合失調症の症状や障害

　統合失調症の症状（陽性症状、陰性症状）の特徴や、生活における障害（生活のしづらさ）については、精神保健福祉士として「基本中の基本」といえる知識です。細かく確実に学習し、記憶を定着させておきましょう。

❸ 統合失調症の治療

　統合失調症の治療については、薬物治療も服薬、デポ剤はもちろん、他の精神療法や脳刺激法、作業療法、SST（社会生活技能訓練）等は必須です。確実に出題されると思って学習しておきましょう。

❹ 精神科医療における入院形態や（行動）制限

　精神科医療における入院形態（入院の仕方）や入院中の行動制限については、患者の人権を守る意味においても厳格に規定されています。精神科医療独特のものゆえに頻出事項の１つとされていますので、しっかり学習しておきましょう。

❺ 時事トピック

　時事トピックとしては、30年ぶりに改訂された「改訂DSM-5」と、2018年に公表され、2022年に発効された「ICD-11」が挙げられます。注意して学習しておきましょう。

攻略のポイント

ここ数年は適切な選択肢を「2つ」選ぶ問題が増加傾向にあり、正しい理解が求められます。またショート事例など状況の設定と症状から疾患名や対処法を問うものが多くなってきており、イメージする力や応用力も必要です。確実な知識を問われる科目ですので、ヤマを張らず早めに準備し、得点源にしてしまいましょう。

1 精神現象の基礎と精神障害の概念、精神疾患の診断分類

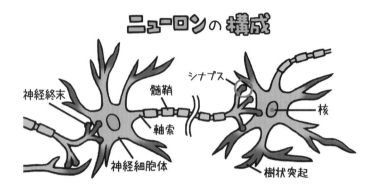

ニューロンの構成

神経終末　髄鞘　シナプス　核　軸索　神経細胞体　樹状突起

精神現象の生物学的基礎　㉑ ㉒ ㉓ ㉔

▶ 神経系

神経系は、人体の全身に張りめぐらされた情報ネットワークです。

● 構造による分類

神経系は、脳及び脊髄からなる中枢神経系と、体性（動物性）神経系及び自律（植物性）神経系からなる末梢神経系とで構成されています。中枢神経系のうち脳神経は脳に12対の神経線維で出入りし、脊髄神経は31対の神経で、脳と身体各部の神経の連絡路としての役割を担います。

末梢神経系は身体各部の隅々にまで張りめぐらされ、各部の情報を中枢神経系に伝える役割を果たしています。

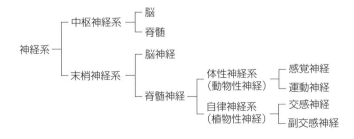

神経系
- 中枢神経系
  - 脳
  - 脊髄
- 末梢神経系
  - 脳神経
  - 脊髄神経
    - 体性神経系（動物性神経）
      - 感覚神経
      - 運動神経
    - 自律神経系（植物性神経）
      - 交感神経
      - 副交感神経

● 神経系の構成

　神経系を構成するのは、神経細胞（ニューロン）と神経膠細胞（グリア細胞）です。ニューロンを介して電気信号（パルス）を送ることにより、情報処理、興奮伝達等を行います。

● シナプスと神経伝達

　ニューロン（神経細胞）同士の接合部を「シナプス」といい、シナプスの末端では様々な神経伝達物質が放出され、次の神経細胞へと取り込まれ流れていきます。神経伝達物質はシナプス末端で放出され、神経の興奮伝達のために働きます。

■ 主な神経伝達物質

セロトニン	脳全体に広がり、他の多くの神経系をコントロールする役割を果たしている。気分を落ち着かせ、平静を保つ
ノルアドレナリン	脳全体に広がり、精神的緊張を担う。不安や恐怖を引き起こしたり、気分を高ぶらせたり、注意力を上げたりする
ドーパミン	意欲を担う。欲求や好き嫌い、行動の動機づけなどに関わり快感を引き起こす。分泌が過剰になると、幻覚（主に幻聴）を引き起こす
アセチルコリン	脳の覚醒を担う。記憶・学習などに深く関わっている
GABA	神経を抑制させ、不安を鎮める作用がある。一般的な睡眠薬は、この作用によって効果があらわれる
グルタミン酸	神経を興奮させる働きがある。神経の情報伝達の基本を担う。記憶や学習にも深い関わりがある

▶ 中枢神経系

　末梢神経から入力された様々な情報の中枢です。

● 中枢神経系の構成

　中枢神経系は脳と脊髄で構成されており、脳は大脳、小脳、脳幹（延髄・橋・中脳）、間脳（視床・視床下部）に分かれています。

```
         ┌─ 脊髄
中枢神経系─┤
         └─ 脳…大脳・小脳・脳幹（延髄・橋・中脳）・間脳（視床・視床下部）
```

■ 中枢神経系（脊髄と脳）

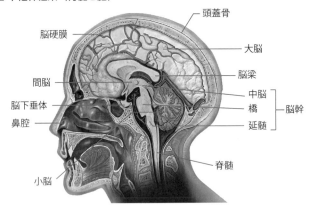

頭蓋骨
脳硬膜
大脳
間脳
脳梁
脳下垂体
中脳
橋　脳幹
延髄
鼻腔
脊髄
小脳

● 中枢神経系の機能

　中枢神経系は、身体各部の様々な情報を収束して処理し、記憶や思考をはじめとする高次機能を担います。

■ 中枢神経系の機能

脊髄			脳と身体各部の神経の連絡路、神経中枢。細長い索状で脊柱管の中にあり、様々な神経回路が含まれる。上端は延髄に続き下端は第1～第2腰椎の高さで終わり、馬尾に移行する。脊髄の横断面は中央に中心管が、その周囲にＨ字型の灰白質があり、さらにその外側を白質が覆う。成人の脊髄の長さは40～45cm
脳	大脳		左右の大脳半球からなり、内部には側脳室がある。大脳半球は大脳皮質（灰白質：表面を覆う大脳皮質）と大脳白質（白質：内側の大脳髄質）に分けられ、4つの脳葉（前頭葉・頭頂葉・後頭葉・側頭葉）からなる。大脳髄質（白質）の中に大脳基底核（大脳核）がある
	小脳		橋と延髄の背側部に位置し、身体の平衡感覚、姿勢反射の調節、筋肉運動・筋緊張の調節などをつかさどる。ここが障害されると運動失調を生じ、歩行障害・平衡機能障害、筋緊張及び筋力の低下などが生じる
	脳幹	延髄	橋と脊髄の間に位置し、延髄から中脳にかけて背側部には延髄網様体がある。延髄網様体には呼吸中枢、心臓中枢、血管運動中枢などがあり、生命の維持に不可欠な自律機能の統合を行う。運動神経中で最も重要で、横紋筋の随意運動や平衡作用に関係する
		橋	延髄の上端にあり、腹側が隆起し、その両端は中小脳脚となって小脳に入る
		中脳	中脳の背側部に四丘体という小突起があり、上下1対ずつを上丘、下丘という。黒質にはメラニンを含有する神経細胞が集まっているため、肉眼的に黒く見える。姿勢反射、瞳孔反射（対光反射）、角膜反射（瞬目反射）をつかさどる

| 脳 | 間脳 | 視床 | 間脳の約5分の4を占める中枢神経最大の神経核。嗅覚を除くすべての感覚線維は視床で中継されて大脳皮質に至る。松果体が存在し、セロトニンからメラトニンというホルモンを合成し、血液中に放出する役割を担っている。日内リズム（変動）に関わる |
| | | 視床下部 | 自律神経系の統合中枢であり、恒常性の維持に働く。**体温、摂食、飲水（水代謝）、性欲・食欲・睡眠・情動**、下垂体機能の調節などに関わる。感覚の中継核として、嗅覚を除く感覚や随意運動に関する神経線維の脳までの経路 |

狭義の「脳幹」では、間脳すなわち視床及び視床下部を除外します。その場合、間脳を「下位脳幹」ということがあります。間脳は視床下部にある自律神経核によって、自律神経である交感神経と副交感神経を制御しています。

松果体：松果腺とも呼ばれる内分泌器。脳内の中央、2つの大脳半球の間に位置する。2つの視床体が結合する溝にはさみ込まれていて、性腺発育を抑制するホルモンや概日リズムを調節するホルモン（メラトニン）を分泌する。

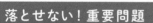 ここは覚える！

第21・23・24回で、脳や神経について出題されました。脳は各部位（大脳皮質、延髄、小脳、視床、視床下部）の働きも押さえておきましょう。

落とせない！重要問題

小脳は体温調節をつかさどる。 第24回

×：平衡感覚や筋肉運動の調節などをつかさどる。

● 脳の構造

大脳は、左右の大脳半球が結合したもので、表面には多数のしわがあります。このしわが脳の表面積を増やす役割を果たしています。

脳の重量	出生時は約370〜400g、生後6か月で約2倍になり、7〜8歳には成人の90%の重量に達する。成人の脳重量は1,300〜1,400g
脳膜	脳は外側から硬膜→クモ膜→軟膜によって包まれ保護されている
髄液	脳はクモ膜と軟膜との間のクモ膜下腔にある髄液により保護されている

● 大脳皮質の機能

外界からの情報の知覚	味覚、聴覚、視覚、嗅覚、触覚など
情報の処理及び統合	認知、判断、運動性言語、感覚性言語、感情、意欲など
随意運動	行動の命令を出す

● 脳幹の機能

　延髄、橋、中脳、間脳（脳から大脳皮質、大脳基底核、小脳を除いた部分）からなる。

● 大脳の構造及び機能

前頭葉	・運動野があり、運動機能に関与 ・意欲・意志の統合を行い、運動性言語中枢（ブローカ中枢）があり、障害されると言葉の意味は理解できるが発語できない運動性失語症になる ・前頭葉が障害される前頭葉症候群では、自発性の低下、抑制の欠如などが見られ、反社会的行為が発現することもある
頭頂葉	・感覚野があり、知覚機能に関与 ・感覚情報を統合し、空間や身体の認知や、目的ある動作の遂行などをする ・障害されると、運動障害がなく、行うべき動作や行為が分かっているのにそれを行うことができない失行が出現 ・読み書き・計算障害と四主徴（失書、失算、左右障害、手指失認）がそろったものをゲルストマン症候群という
側頭葉	・判断と記憶に関係する統合を行う ・感覚性言語中枢（ウェルニッケ中枢）があり、障害されると、発声はできるが、言葉の意味が理解できない感覚性失語症になる ・両側の側頭葉の障害により、クリューバー・ビューシー症候群（口唇傾向、精神盲、情動変化、過度変形視など）が出現
後頭葉	・視覚に関する統合を行う ・障害されると、日常使用しているものを見せても、それが何だか分からない状態になる失認が起きる（物体失認、相貌失認、色彩失認などがある）
辺縁葉	・基底核の外縁から視床にかけて（帯状回、梨状葉、海馬、島などの部位）は辺縁葉と呼ばれ、機能的には扁桃核や視床下部を含み、自律神経・情動・嗅覚・本能・記憶などに関与する
大脳基底核	・特有な神経細胞の集まりで、骨格筋の運動や筋緊張を不随意に支配する（主な核は尾状核、レンズ核、扁桃核など） ・障害されると、ハンチントン病やパーキンソン病など特有な不随意運動が出現

■ ヒトの脳の外側面（左大脳半球）

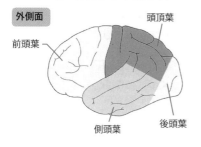

外側面

前頭葉
頭頂葉
側頭葉
後頭葉

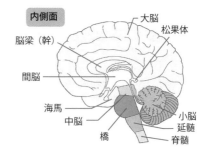

内側面

脳梁（幹）
間脳
海馬
中脳
橋

大脳
松果体
小脳
延髄
脊髄

▶ 末梢神経系

　中枢神経系と身体各部位を連絡する末梢神経系には、脳神経と脊髄神経があり、脊髄神経はその機能から自律神経系と体性神経系に区分されます。

脳神経　（12対の神経）	
① 嗅神経	嗅覚をつかさどる感覚神経
② 視神経	視覚をつかさどる感覚神経
③ 動眼神経	眼球運動に関わる運動神経と眼筋深部感覚に関わる感覚神経及び自律神経を含む
④ 滑車神経	眼球運動に関わる運動神経
⑤ 三叉神経	咀嚼、嚥下、鼓膜筋に関わる運動神経と顔面の感覚神経を含む
⑥ 外転神経	眼球運動に関わる運動神経
⑦ 顔面神経	顔面の表情筋に関わる運動神経と舌の前3分の2の味覚をつかさどる感覚神経及び自律神経を含む
⑧ 内耳神経	聴覚及び平衡感覚をつかさどる感覚神経
⑨ 舌咽神経	咽頭筋に関わる運動神経と舌の後ろ3分の1の味覚をつかさどる感覚神経及び自律神経を含む
⑩ 迷走神経	喉頭筋に関わる運動神経と喉頭、内臓の感覚神経及び自律神経を含む
⑪ 副神経	胸鎖乳突筋と僧帽筋に関わる運動神経
⑫ 舌下神経	舌筋と舌骨下筋に関わる運動神経
脊髄神経	
脊髄神経は、頸髄から発する頸神経が8対、胸髄から発する胸神経が12対、腰髄から発する腰神経が5対、仙髄から発する仙骨神経が5対、尾髄から発する尾骨神経が1対の合計で31対ある	

● 自律神経系

　自律神経系は交感神経及び副交感神経からなり、自律神経に支配される内臓諸器官には両方の神経線維が送られ、二重支配されています。

交感神経	・いわば獲物を捕らえる闘争反応や敵から逃れる逃走反応等を制御 ・活性化（興奮時や運動時）すると瞳孔は拡大し、心臓血管系の働きが促進され、消化器系の働きは抑制（消化液の分泌が減少）される ・仕事中や活動中で緊張感のある日中に優位になる神経で、エネルギーを消費し行動や活動に駆りたてる
副交感神経	・消化や睡眠等のリラクゼーション反応等を制御 ・活性化（睡眠や休息時）すると瞳孔は縮小し、心臓血管系の働きは抑制され、消化器系の働きは促進される ・夜間やリラックス時に優位になり、エネルギー消費を抑えて蓄える神経

ここは覚える！

第21・22回で、神経系の構造や交感神経の活動について問われました。

● 体性神経系

　体性神経系は、感覚神経と運動神経に分かれます。

精神症状と状態像 ㉒

▶ 精神症状

　精神症状を診断する際は第三者の観察に基づく客観的症状（表情やふるまい、身だしなみ、話し方などの顔貌と行動面を観察）と、患者自身が体験または言語表現する主観的症状とに分けられます。

■ 客観的症状

認知症様顔貌	器質性疾患で見られる
統合失調症における顔貌	ひそめ眉、とがり口、空笑、表情錯誤、独語が見られる
仮面様顔貌	抗精神病薬の副作用としての薬剤性パーキンソニズムで見られる
つまずき言葉（発音が不明瞭）	進行麻痺
滞続言語（同じ言葉の繰り返し）	前頭側頭型認知症

■ 主観的症状

意識障害	意識が清明であるかどうか。意識混濁の有無は、了解の良否や応答の迅速さ、注意の転動性や固定性、見当識、後の追想可能性などによって判断
失見当識	「場所」「年月日」「人物」について質問し、判定する。意識障害、記憶障害、知能障害がある際に生じやすい
記憶障害	記憶の四段階（記銘・保持・再生・再認）と新しい記憶・古い記憶の保持のなかのいずれかが障害された状態
知能障害	質問の意味の了解良否や、適切な応答ができるかなどによって判断する
知覚障害	末梢神経に何の障害もないのに生じる知覚の障害。主に感覚されたものが誤って知覚される「錯覚」と、実際に感覚刺激がないのに知覚する「幻覚」がある
思考障害	思考内容の障害（妄想）と思考形式の障害（思考のテンポが遅くまとまりが悪い）、体験様式の異常（強迫思考、恐怖症、支配観念、させられ体験）等
感情の障害	爽快、抑うつ、悲哀、多幸感、興奮的、刺激性、反抗性等がある

▶ 状態像

精神疾患に特有の状態を以下に示します。

不安	漠然とした恐れ。発作性・持続性。不安は自律神経系の症状（動悸、息切れ、めまい、四肢のしびれ、冷感、振戦、喉の閉塞感、頭痛など）があり、不安発作の身体症状により重篤な生命の危機が生じることもある
恐怖	特定の対象や状況への恐れで、対象がはっきりしているのが特徴。恐れを起こす対象から離れていれば不安は生じない
強迫	強迫観念、強迫行為
心気	実際は病気でないのに病気（主にガンなどの重篤な身体の病気）だと考えたり、病気ではないかと心配したりする状態
神経衰弱	長期間の過労や睡眠不足等によって起こる心身の疲労状態。心身の疲労感の他、集中力の低下、記銘力障害など精神機能が低下する一方、焦燥感、落ち着きのなさなどの興奮状態を示す
解離／転換	人の注意を引くような大げさでわざとらしい表情、態度、ふるまいのことで、身体症状を著明に現す転換症状（失立、失歩など）と、意識変容を示す解離状態（健忘、もうろう状態など）がある
離人	自己の精神活動、外界に対する実感が喪失する状態
抑うつ	感情面では憂うつ・悲哀、思考面では制止・微小的内容、意欲・行動面では億劫・興味関心の喪失・自殺念慮、身体面では倦怠感・不調感などが生じる
躁	感情面では爽快・高揚・万能感、思考面では観念奔逸・誇大的内容、意欲・行動面では多弁・多動・興味関心の亢進、身体面では爽快・快調感などが見られる
幻覚	実際に存在しないものがあるかのように知覚される知覚異常。幻視、幻聴、幻臭、幻味、幻触がある

昏迷	意思・発動性が極端に低下している状態で、刺激にも反応を示さない
妄想	訂正不能な誤った考え。被害妄想、誇大妄想、血統妄想などがある
緊張病	緊張病性興奮と緊張病性昏迷がある。カタレプシー、常同症、拒絶症、衒奇症などを著明に示す
錯乱	意識混濁に精神運動興奮や幻覚その他を伴う、まとまりのない無目的な不穏、興奮状態
健忘	記憶が障害された状態。意識喪失中のことを思い出せない同時健忘、発症以前の記憶が障害される逆行性健忘、発症以後の記憶が障害される前向性健忘がある
認知症	一度発達した知能が持続的低下を示す状態であり、人格変化を伴う

微小的内容：自己の能力、健康、財産、地位、境遇、業績などを過小に評価する内容。
カタレプシー：緊張病状態像の一つで、受動的にとらされた姿勢を保ち続け、自分の意思で変えようとしない状態。

ここは覚える！

第22回で、緊張病状態で見られる症状が問われました。状態像の名称とその概要を押さえておきましょう。

精神疾患（障害）の概念

精神疾患の成因（発生要因）は、大きく次の3つに分けられます。

外因性	・身体的な病変や物理的原因により、細胞レベルの変化があり、原因が比較的はっきりしているもの。身体因や器質因とも呼ばれ、脳に限らず広く身体の病変が精神障害の原因となるもの（脳の変性・萎縮の場合は不可逆的） ・脳そのものの変化（脳の損傷、外傷、萎縮） （例）認知症、薬物（アルコール等）精神病等
内因性	・外因でも心因でもなく、原因がはっきりとは分からないもので、精神疾患を起こしやすい素質のこと。脳内分泌液の調節障害でもあり、薬物療法が有効 ・何らかの遺伝的素因が関与しているといわれる （例）統合失調症、気分障害（うつ病性障害、双極性障害）等
心因性	・「心理・社会的な要因（精神的・環境的ストレス）」が精神疾患の原因となるもの ・精神的ストレスになるような明らかに納得できる原因（出来事）がある （例）適応障害、心的外傷後ストレス障害、神経症性障害等

精神疾患の診断分類

「精神疾患とその治療」では、疾病分類とそれぞれの症状をよく知っておくことが大切です。

疾病分類には、世界保健機関（WHO）による「国際疾病分類（ICD-11）」と、アメリカ精神医学会による「精神疾患の分類と診断の手引・第5版（DSM-5）」の診断基準があります。

■ ICD-10、ICD-11、DSM-5における主な上位分類

ICD-10		ICD-11		DSM-5	
F0	症状性を含む器質性精神障害	6D	神経認知障害群	F02	認知症及び軽度認知障害
				F06	他の医学的疾患による精神疾患
F1	精神作用物質使用による精神及び行動の障害	6C	物質使用症群	F1	物質関連障害及び嗜癖性障害群
F2	統合失調症、統合失調型障害及び妄想性障害	6A	統合失調症または他の一次性精神症群	F2	統合失調症スペクトラム障害及び他の精神病性障害群
F3	気分（感情）障害	6A	気分症（障害）群	F31	双極性障害及び関連障害群
				F32	抑うつ障害群
F4	神経症性障害、ストレス関連障害及び身体表現性障害	6B	不安または恐怖関連症群	F40	不安症群／不安障害群
		6B	心的外傷後ストレス症	F43	心的外傷及びストレス因関連障害群
				F44	解離症群／解離性障害群
				F45	身体症症状及び関連症群
F5	生理的障害及び身体的要因に関連した行動症候群	6B	食行動症または摂食症群	F64	性別違和
				F50	食行動障害及び摂食障害群
				F51、G47	睡眠－覚醒障害群
				V61〜65	臨床的関与の対象となることのある他の状態

ICD-10			ICD-11		DSM-5	
F6	成人のパーソナリティ及び行動の障害	6D	パーソナリティ症群	～65	パーソナリティ障害群	
				F91	秩序破壊的・衝動制御・素行症群	
				Z76	詐病	
F7	精神遅滞（知的障害）	6A	知的発達症	F7	知的能力障害群	
F8	心理的発達の障害	6A	自閉スペクトラム症	F84	自閉スペクトラム症／自閉症スペクトラム障害	
F9	小児（児童）期及び青年期に通常発症する行動及び情緒の障害	6A	注意欠如多動症	F90	注意欠如・多動症／注意欠如・多動性障害	
				F89	他の神経発達症群／他の神経発達障害群	
F99	特定不能の精神障害			F99	特定不能の精神疾患	

これらの疾病の原因や症状と特徴、診断基準、治療法などを理解しておきましょう。ここでは、疾病分類のうち「知的障害」と「疾患の治療薬」について取り上げます。

● **精神遅滞（知的障害）〈ICD-10〉**

　精神遅滞（知的障害）はF7に分類されています。精神遅滞（知的障害）の原因には、感染や中毒、外傷や物理的作用、代謝・発育・栄養障害、脳の器質性疾患、先天的影響、染色体異常など様々なものがあります。代表的な知的障害とその原因を整理しておきましょう。

■ **精神遅滞（知的障害）を引き起こす疾患**

ダウン症候群	染色体異常（21番染色体の過剰）を原因とする
フェニルケトン尿症	常染色体劣性遺伝疾患で、代謝異常のために体内に過剰にフェニルアラニンが蓄積され、脳の代謝が疎外されて知能の発達が障害される
結節性硬化症	神経性皮膚症候群で、皮膚の線維腫、てんかん発作等とともに知的障害が見られる
クレチン病	先天性甲状腺機能低下症で、小人症と知的障害を呈する

■ DSM-5の変更点

統合失調症	妄想型・緊張型・解体型・鑑別不能型・残遺型の各型を廃止し、幻覚、妄想、解体、異常な精神運動行動、限られた感情表出、意欲の低下、認知機能の低下、抑うつ、躁を5段階に評価する
うつ病性障害	・新たなカテゴリーを採用→月経前不快気分障害、混合性不安抑うつ障害 ・新たなディメンションの導入（気分障害全体に横断的に） ・「死別反応の除外」を削除→死別反応もうつ病を引き起こす要因となるということ
双極性障害	分子遺伝子学的には統合失調症に近いものとし、双極性障害を独立させ、うつ病性障害とは別の疾患（別の章立て）とした
認知症	記憶障害を必須項目から外し、遺伝子検査、脳機能画像、バイオマーカーを重視する
強迫性障害	<診断基準の削除及び変更> ・強迫観念または強迫行為が過剰である、不合理であると認識したことがある→必須から削除し、基準がより緩和された ・強迫性障害から区別されるべき他の精神障害の追加
自閉症スペクトラム障害	アスペルガー障害という呼称を廃止し、自閉症スペクトラム障害に含めた
外傷後ストレス障害	発症に関わるストレス因子など、原因を特定する必要のあるものを一つのカテゴリーに集めた

頻出度 | 🐾🐾 🐾🐾 🐾🐾

2 診断、検査、代表的な疾患

認知症性疾患　アルコール依存症　統合失調症　躁うつ病

えっとー

何もしたくない…

診断の手順と方法

　精神医学における診断の方法は、他の身体疾患と根本的には変わりません。必要な情報を可能な限り収集し、現在の状態を心身両面から的確に把握して経過・状況と照合させて診断します。特に精神医学においては、生物学的方法とともに心理的方法が必要とされ、面接が大変有効であり、生活史も重視します。

　具体的には、クライエントの生活史（生育歴・学歴・結婚歴・職歴・宗教）、嗜好歴（アルコール・タバコ・薬物）、家族歴、既往歴、家庭・職場環境、性格及び現病歴などの他、精神医学的面接所見、理学的検査、神経学的検査、各種の特殊検査所見、心理テストなどを合わせて総合的に診断します。これらの情報は本人だけでなく家族や、ときには第三者からも聴取する必要があります。

身体的検査と心理的検査 ㉕

▶ 身体検査

■ 神経学的補助診断法

画像診断	頭部単純X線・頭部コンピューター断層撮影（CT）・核磁気共鳴検査（MRI）・SPECT（脳の局所血流量を測定する）・脳の糖代謝・酸素消費量・血流量を測定するポジトロン放出断層撮影法（PET）など
脳波（EEG）	てんかん・器質性脳疾患・意識障害等には必須の検査。手足がけいれんする発作があるような時にはこの検査を行う
髄液検査	髄液圧・細胞数・化学的検査・血清学的検査を行い、炎症・血管障害・外傷・腫瘍の存在と性状を推測する

診断法は主に「精神症状と状態像」「疾病分類（診断）」「検査法（身体的・心理的）」に分類されます。中でも精神症状評価尺度は、診断の方法や検査について、よく理解しておきましょう。

▶ 心理検査

■ 心理検査に用いられる主な知能検査・人格（性格）検査

	改訂長谷川式簡易知能評価スケール（HDS-R）	認知症患者の知能程度を簡便に評価するテスト。見当識、記銘力、計算、数唱・逆唱、知識などが系統的に検査でき、認知症の有無とレベルを評価できる（質問内容：現在の日時や今いる場所、数字の逆唱など）
知能検査	ミニメンタルステート検査（MMSE）	フォルスタインらが米国で1975年に開発した認知症のための簡易知能検査。30点満点（11項目）の質問から、見当識、記憶力、計算力、言語的能力、図形的能力などを評価できる
	ビネー式知能検査	フランスのビネーとシモンが作成した知能検査（1905年）。「鈴木-ビネー式」と「田中-ビネー式」がある。成人の知能測定や知能の診断把握には不向きで、主として児童用。幼稚園から小学校中学年の児童の一般能力の測定に適する
	ウェクスラー成人知能検査（WAIS-Ⅳ）	ウェクスラーによって開発された、個別式の成人用知能検査。言語性テストと動作性テストからなり、それぞれの結果から総合的な知能（IQ）が算出される。適応年齢範囲：16歳0か月～90歳11か月
	ウェクスラー児童用知能検査（WISC-Ⅴ）	ウェクスラーによって開発された、個別式の子ども用知能検査。WAISの小児版。適応年齢範囲：5歳0か月～16歳11か月
	記銘力検査	数字・文字や言葉・図形などを用いて調べる検査。三宅式対語記銘力検査（有関係対語と無関係対語の記銘）、ベントン視覚記銘検査（線図形の記銘）がある

知能検査	ベンダー・ゲシュタルトテスト	9種類の図形をそれぞれ印刷した図版を用意し、これを規定の1枚の白紙に定規、コンパスなどの補助用具を用いないで、できるだけ正確に模写させるテスト。脳の器質的障害の鑑別、精神疾患や児童の成熟度の診断に有効とされる
人格（性格）検査	矢田部・ギルフォード性格検査（YG性格検査）	質問紙法：120項目からなる自己評定による検査。抑うつ性、回帰性、劣等感、神経質、客観性、協調性、攻撃性、一般的活動性、のんきさ、思考的外向、支配性、社会的外向の尺度を用いる。かつては「男性性」を含む13尺度が用いられていたが、現行のYG性格検査は「男性性」を省略し、10項目×12尺度で構成し直されている
	ミネソタ多面人格検査（MMPI）	質問紙法：550項目からなる自己評定による検査。心気傾向、抑うつ傾向など10の尺度について判定し、虚偽や曖昧な答えをする傾向をはかる
	コーネル・メディカル・インデックス（CMI）	身体的自覚症状の12尺度144項目と、精神的自覚症状の6尺度51項目、計195項目からなる検査。短時間で調査する質問紙検査法で、身体的訴え（A〜L）、精神的訴え（M〜R）に分けて整理し、神経症傾向の有無が判定される（ちなみに日本版のコーネル・メディカル・インデックスでは、男性用16項目、女性用18項目が追加されている）。ミネソタ多面人格検査の質問よりも、さらに臨床医学的色彩が濃い
	絵画統覚検査（TAT）	投影法：絵画を手がかりとしてつくられた空想的な物語を通して、被験者の人格を診断する検査。どのようにでも解釈できる情緒的場面を描いた絵画を提示して、被験者にこれについての物語を作ってもらい、その結果を分析して性格的傾向、精神状態、不安の防衛機制などを判定する。精神力動的な立場に立つ検査
	ロールシャッハテスト	投影法：形態の曖昧なインクのシミを基に作成した10枚の図版を提示し、それに対する連想反応に現れる認知の様式から知的面、人格面、精神状態を把握する
	バウムテスト	投影法：自由に描かれた1本の木から、その樹木を描いた本人の心理状態を診断する。知的能力や発達の診断、職業適性、精神障害や知的障害の早期発見、心理療法の効果測定などに用いられる。様々な年齢層、言語表現が困難な人にも用いることができる
	P-Fスタディ	投影法：軽い欲求不満場面が漫画風に描かれている24枚の絵を使って欲求や怒りの表現を測定する
	文章完成テスト（SCT：Sentence Completion Test）	投影法：「小さい頃私は……」「私はよく人から……」といった短い刺激文（書き出し）に続く後半の文章を自分が連想したとおりに記入して文章を完成させるテスト。今までの思いや本音、願望、そして性格の全体をトータルで把握する目的で使用
その他	内田-クレペリン検査	1行の数字が並んだ用紙を用いて連続可算を行わせ、作業量、誤答率、初頭努力、休息効果、曲線の動揺などから、作業能力や人格の一部を知るためのテスト

ここは覚える！

第25回で、認知症のスクリーニングに有用な心理検査について問われました。表にまとめた検査については、何を評価するための検査で、どのような方法で行われるのかを覚えておきましょう。

代表的な疾患　㉑ ㉒ ㉓ ㉔ ㉕ ㉖

▶ 認知症性疾患（器質性精神障害）

● 代表的な老年期認知症

	脳血管性認知症	アルツハイマー型認知症	レビー小体型認知症	前頭側頭型認知症
発症時期	60 ～ 70歳に多い	70歳以降に多い	初老期・老年期	50 ～ 60代に多い
性別	男性＞女性	男性＜女性	男性＞女性	男性＝女性
人格	比較的保持される	早期より崩壊	―	抑制欠如による人格変化
認知症症状	まだら	全般性	好不調の変動あり	―
感情	易変性、感情失禁	鈍化、平板化、多幸性	―	無遠慮、無反省、衝動的、多幸
初発症状	頭痛、頭重、物忘れ（不眠、めまい、抑うつ、しびれ感等）	物忘れ、物盗られ妄想	幻視、レム睡眠障害（大声の寝言、手足を激しく動かす等）、自律神経の乱れ（抑うつ）	人格変化、言語機能障害、脱抑制等の認知症
随伴症状	片麻痺、知覚・言語障害	運動麻痺、パーキンソン症状、けいれん発作	パーキンソン症状（手指振戦、筋固縮等）	なし
身体症状	高血圧、心疾患	なし	起立性低血圧	なし
病識	晩年まで保持	早期に欠如	―	なし
経過	階段的に増悪	進行性、徐々に増悪	約7年で全経過をたどる	進行性、徐々に増悪
脳所見	多発性脳梗塞	脳（特に頭頂葉）の萎縮、脳溝・脳室拡大	脳（特に後頭葉）の萎縮や死滅がMRIやCTで判断しにくい	脳（頭頂葉・側頭葉）の萎縮

● その他の認知症

クロイツフェルト-ヤコブ病 （プリオン病の一種）	病理学：**感染症**、プリオンたんぱく質遺伝子異常 症状：亜急性に進行する認知症
ハンチントン病	病理学：**常染色体優性遺伝** 症状：舞踏様**不随意運動**、性格変化、認知症
正常圧水頭症	最多の原疾患：破裂脳動脈瘤に伴うクモ膜下出血 症状：認知症、歩行障害、尿失禁 治療：シャント術により症状が軽快

第23・26回で、認知症に関する事例問題が出題されました。

▶ 精神作用物質使用による精神及び行動の障害

■ 精神作用物質使用に関する主な用語

薬物乱用	社会的常識、医学的常識から逸脱した目的及び方法で薬物を使用する
依存症候群	**ICD-10**：以下のうち3つが同時に見られる ① 摂取したいという強い欲望、切迫感 ② 摂取行動を統制することが困難 ③ 離脱症候群の出現 ④ 耐性の出現 ⑤ 摂取せざるを得ない時間や効果からの回復に時間がかかる ⑥ 有害な結果が起きているにもかかわらず使用を継続 **DSM-5**：「依存」と「乱用」の区別をなくして「使用障害」に一本化。診断に関しても渇望やコントロールの喪失、つまり生活がとらわれ不適応な行動を起こすといった精神依存由来のエピソードを重視
精神依存	ある薬物の摂取により快感を得るため、または不快感を除くために、薬物を衝動的に求める状態
身体依存	薬物摂取の中断により、激しい身体症状（離脱症状や禁断症状）が発現する状態
急性中毒	アルコールや薬物を使ったときに現れる一過性の中毒症状で、原因物質が体外に排泄されれば回復する。精神症状（意識障害、錯覚や幻覚、感情や行動の変化など）だけでなく、様々な身体症状を伴うことが多い
中毒性精神病	薬物使用により生じた意識障害や幻覚妄想状態
フラッシュバック	薬物使用により生じた急性の精神異常状態が消滅し、ほぼ正常な状態に回復した後に、その薬物の再使用がなかったにもかかわらず、使用によって生じた異常体験と類似した体験が一過性に再現すること

離脱症候群	ある物質を長時間または大量に使用した後、使用を中止または減量したときに現れる様々な症状で、多くは一過性に通過する。離脱に共通して見られる症状に、①不安、②抑うつ、③睡眠障害があり、さらに自律神経症状、せん妄、けいれんが見られることもある

■ 精神作用物質

- アルコール
- アルコール以外の抑制系：アヘン・モルヒネ、大麻・マリファナ、ベンゾジアゼピン（睡眠薬）、揮発性溶剤（シンナー、接着剤）
- アルコール以外の興奮系：覚せい剤（アンフェタミン、メタンフェタミン）、リタイン、コカイン、幻覚薬（MDMAなど）、危険ドラッグ
- その他：ニコチン使用による障害（コード6CA）、カフェイン関連障害

ギャンブル障害（DSM-5）、インターネットゲーム障害（DSM-5）は、ICD-11では「嗜癖行動症」として追加されました。

● アルコール依存症（アルコール使用障害）

　単にアルコールを大量飲酒するということではなく、その場の状況に応じた適正な飲酒ができなくなる病気のことで、被害妄想、追跡妄想、嫉妬妄想などが見られます。母親（妊婦）の大量飲酒によって、胎児性アルコール症候群が起こることもあります。

	振戦せん妄	飲酒中断後2〜3日後に起こる。全身の強い震えと幻覚（小動物幻視が多い）や妄想があり、精神運動興奮を起こす
症状	コルサコフ症候群（健忘症候群）	記銘力低下、健忘、失見当識、作話を4大特徴とする。大量のアルコールなどの精神作用物質を長期にわたって使用したときに見られる症候群で、慢性的に見られる短期記憶の著しい障害をいう
	ウェルニッケ-コルサコフ症候群	アルコール依存症が慢性化すると、身体の障害であるウェルニッケ脳症（慢性的なアルコール依存によるビタミンB1の欠乏）が回復した後に、精神症状のコルサコフ症候群が残ることが多い
治療	離脱期（Ⅰ期治療）	第一に断酒。アルコールによる身体症状の治療
	離脱終了後（Ⅱ期治療）	① 外来通院、②抗酒剤（シアナマイド、ノックビン等）の服用、③ セルフヘルプグループ（自助グループ）への参加

アルコール依存症は、お酒以外の健康な依存対象（人生を楽しむ力や心のよりどころ）が増えないと回復への道のりは遠くなるため、断酒会などの自助グループの役割は大きいといえます。

 ここは覚える！

第26回で、アルコール依存症の治療について出題されました。

▶ 統合失調症

生涯有病率	0.7 〜 0.8%	
好発年齢	15 〜 35歳（児童期や40歳以上はまれ）	
発病の原因	不明とされるが、遺伝素因などの生物学的要因に社会心理的要因が付加されるというストレス脆弱性説、また神経伝達物質であるドーパミンに対する脳の感受性の亢進（ドーパミン仮説）、などが有力といわれている	
症状	陽性症状	妄想、幻覚、緊張病性の興奮や昏迷、滅裂思考、奇異な言動など、客観的に見て明らかに異常と判断できる状態→急性症状としても発現しやすい
	陰性症状	感情鈍麻や無気力、自閉、自発性の低下、周囲への無関心といった精神機能の低下を表す→慢性症状の主な症状

📖 **ストレス脆弱性**：「病気になりやすさ」のこと。対人関係や仕事など、周囲の環境が本人に与える負担（負荷）が大きく関係しているともいわれており、つまりその人が持つストレス耐性によって発病したりしなかったりするというもの。

● 5つの症状

① 思考障害	
思考形式の障害	考えがまとまらず、話の文脈が失われる。連合弛緩、滅裂思考、言葉のサラダ
思考内容の障害	妄想：内容が不合理でありえない、病的な確信、訂正不能 ＊被害妄想（関係妄想、注察妄想、迫害妄想、被毒妄想、嫉妬妄想、物理的影響妄想、憑依妄想など） ＊微小妄想（罪業妄想、貧困妄想、心気妄想、虚無妄想など） ＊誇大妄想（血統妄想、発明妄想、宗教妄想、恋愛妄想など） 妄想気分：何かただならぬことが起きているという不気味な気分、漠然とした不安感 妄想着想：事実に反する了解不能の考えを思いつき、確信する 【例】私は神の子である 妄想知覚：あるものを特別の誤った意味をもって知覚する 【例】今すれちがった人が咳をしたのは、私への嫌がらせである

② 自我障害	
自他を分離する自我境界が著しく不鮮明になり、元来自分のものである体験が自己の統制圏から離れてしまうこと	
離人体験	自己の精神活動、あるいは外界に対する実感が喪失する
作為（させられ）体験	他人に無理強いされている、操られていると確信する
思考（考想）奪取	自分の考えを抜き取られる
思考（考想）吹入	他人に考えを吹き込まれる
思考（考想）伝播	話してもいないのに、自分の考えが他人に伝わっている
思考（考想）化声	自分が考えたことが声となって聞こえる
思考（考想）化視	自分の考えが映画の字幕や電光掲示板の文字のように見える
自生思考	自分の考えではない考えが浮かんでくる
③ 感情障害	
感情鈍麻、両価性、自閉が見られる。感情的な反応が低下する一方で、反面、過敏に反応する面も見られ、感情鈍麻と過敏性が混在することもある	
④ 意欲と行動の障害	
無為自閉	能動性、自発性が低下し、意欲が減退する
緊張病性興奮	急激に起こる激しい興奮状態で、意味不明な言動を乱発する。奇異行動や同一姿勢（カタレプシー）なども見られる
⑤ 幻覚	
幻聴	症状として最も多い。他人が自分の悪口を言っている、自分に「いなくなれ」「攻撃しろ」などと話しかけてくる。聞こえてくる声に、声を出して応じると独語になる
体感幻覚	「頭が重い」ことを「頭の中に硬くて重い石がある」などと表現する

 ここは覚える！

第26回で、妄想気分について出題されました。

■ 統合失調症の分類（病型：ICD-10）

	発病時期	発症	主症状	経過・予後
解体型（破瓜型）	思春期～青年期	ゆっくり	感情鈍麻、自閉、意欲低下、思考障害	慢性的に経過、徐々に進行。予後は悪い
緊張型	～20代	急性発症	精神運動興奮、反響言語（オウム返し）、カタレプシー（蝋屈症）、昏迷	回復は早くほぼ寛解するが周期性あり
妄想型	～30代	妄想が主	被害妄想、幻聴・幻覚、人格は保たれることが多い	予後は比較的良い
単純型	―	ゆっくり	意欲減退、自閉傾向	破瓜型より軽度

■ シュナイダーの一級症状

主症状であり疾病の根底にある一次性の本質性障害ではないが、統合失調症を特徴づける診断に有用な症状

ⅰ 考想化声（自分の考えていることが声となって聞こえる）

ⅱ 話しかけと応答の形の幻聴（2人の人が対話をしている）

ⅲ 自己の行為を批評する声の幻聴

ⅳ 身体的被影響体験（自分の身体が何かの力で動かされる）

ⅴ 思考奪取、思考への干渉（自分の考えが抜き取られる、ある考えが吹き込まれる）

ⅵ 考想伝播（考えていることが相手に伝わってしまう）

ⅶ 妄想知覚（知覚したことに対して異様な意味づけをする）

ⅷ 感情、欲動、意志のさせられ体験や被影響体験

● 治療

① **薬物療法**…向精神薬は、脳に作用して何らかの影響を精神機能に及ぼす薬物の総称（50ページ参照）。統合失調症の治療では、抗精神病薬が使用される。

② **精神療法**

③ **作業療法**

④ **SST（社会生活技能訓練）**

⑤ **電気けいれん療法**

⑥ **家族支援**…患者に対する家族の感情表出（EE：Expressed Emotion）のあり方が再発に大きく関係する。拒絶や攻撃、巻き込まれすぎなどの否定的な感情表出の高い（high EE）家族では再発の危険性が高く、心理教育を含めた家族支援が重要。

ここは覚える！

第21・24・25回で、統合失調症の症状や治療について問われました。薬物療法以外にどんな治療の方法があるのかも押さえておきましょう。

落とせない！重要問題

統合失調症において、解体型の病型は予後が良いと推測される。 第24回

×：予後が良いとされているのは緊張型、次いで妄想型であり、解体型の予後は悪いとされる。

▶ 気分（感情）障害

反復性うつ病性障害（従来の内因性うつ病）と双極性感情障害（従来の躁うつ病）に分けられます。反復性うつ病性障害は、中年以降での発症が多いです。双極性感情障害は抑うつエピソードと躁病エピソードを繰り返すもので、20歳前後での発症が多く、病因はまだ明らかになっていません。神経学的には、①モノアミン仮説、②視床下部・脳下垂体・副腎系仮説、③神経細胞新生仮説があります。

生涯有病率	5.4 ～ 6.0%
好発年齢	20歳代と50歳代に初発年齢の山がある
発病の原因	① 遺伝素因、② セロトニン仮説（神経伝達物質の代謝が関係している）
発病因子	遺伝的な素因＋環境的な因子＋性格因子
症状の直接的な発現	神経伝達物質の機能異常（セロトニン調節障害）とされているが、十分に解明されていない

● 症状

うつ状態（抑うつ状態）	感情	憂うつで何事も楽しく感じられない。悲哀感、絶望感、悲観的な物事の捉え方、希死念慮、自殺企図など。不安感や焦燥感が強い場合もある。日内変動があり、特に朝目覚めたときに症状が重く、夕方以降に症状が軽くなる傾向にある
	思考	思考抑制（考えが進まない）、思考制止（思考のテンポが遅い、時間がかかる）、昏迷、決断力・集中力の低下、自責的、マイナス思考、うつの3大妄想（罪業妄想、心気妄想、貧困妄想）など
	意欲	意欲低下、動作緩慢、精神運動制止、うつ病性昏迷状態など
	身体症状	食欲低下、便秘、口渇などの消化器症状、不眠（特に早朝覚醒）など。精神症状よりも身体症状が前面に出て、一見うつ病と分かりにくいものを、仮面うつ病という。まれに食欲亢進・睡眠過多を生ずることもある
	病識	身体症状の病識はあるが精神症状の病識はないことが多く、何でも自分のせいにして、自責感が強くなる

躁状態	感情	爽快感、万能感、過度に楽天的な物事の捉え方、高い自己評価、尊大、易刺激的、攻撃的など
	思考	**観念奔逸**、誇大妄想など
	意欲	行為心迫（思いついたことを即座に行動に移す）、多動・多弁、落ち着きがない、精神運動興奮、反社会的逸脱行為など
	身体症状	不眠（早朝覚醒）があるが、疲労感の自覚はほとんどない。食欲亢進など
	病識	ないことが多く、行動障害のため周囲が迷惑する場合が多い

● 治療

① **薬物療法**…抗うつ薬・抗躁薬、抗てんかん薬

② **電気けいれん療法**…けいれん性電気けいれん療法、無けいれん電気けいれん（修正型電気けいれん）療法

③ **精神療法、認知行動療法**

 ここは覚える！

第21・25回ではうつ病に見られる妄想の症状について、第24回ではうつ病を発症した患者への急性期における声かけについて、第26回では躁病エピソードについて出題されました。気分障害は出題頻度が高いので、症状や治療法の特徴をしっかり覚えておきましょう。

落とせない！重要問題

検査をしても異常はなく、病の初見も認められないが、「私はがんにかかっていて死ぬのを待つだけだ」と訴えるうつ病の患者に見られる症状は、妄想気分である。 第25回

×：心気妄想である。

▶ 神経症性障害、ストレス関連障害、及び身体表現性障害

● 不安症

不安を主症状とし、身体症状としては動悸（心悸亢進）、呼吸困難、窒息感や咽頭の閉塞感、胸内苦悶、口渇、手足のしびれ感、振戦、めまい、発汗、頻尿など、多彩な症状があります。

全般性不安障害	不安が発作の形をとらず、特定の症状にも限らず、全般的で持続的なもの
パニック発作	強い不安が発作的に現れると、パニック発作の形をとる。パニック発作を主症状とするものをパニック障害という
予期不安	パニック発作や過呼吸発作を起こした後、「また起きたらどうしよう」と強く不安に思うこと。実際の発作よりも予期不安により社会生活に支障を来すことが多い

不安障害では、身体症状が出たり発作的不安状態になりますが、「感情失禁」は見られません。

ここは覚える！

第21・26回で、パニック障害で見られる症状について出題されました。

● **恐怖を中心とする不安症**

　ある明確な状況や対象に対して恐れを抱くもの。恐怖対象と直面するとパニック発作を起こすことが多い障害です。

空間恐怖 (広場恐怖)	公共の場、人ごみや雑踏、乗物など、何か起きても逃げたり助けを求めたりするのが困難な場所を恐れ避ける。**パニック障害を伴うことが多い**
社会恐怖 (社交不安障害)	特定の社会的状況を恐れるものである。人前で恥をかくことを恐れる対人恐怖が多いとされる。他に赤面恐怖、醜貌恐怖、自己臭恐怖などがある
単一恐怖 (特定の恐怖症)	特定の物体や状況を恐れるものである。高所恐怖、閉所恐怖、尖端恐怖、動物恐怖、不潔恐怖などがある

「不安（障害）」は不安の対象が漠然としていてはっきりしないのに対し、「恐怖（障害）」は恐れの対象が明確です。

● **強迫性障害**

　反復する強迫観念（繰り返し心に浮かぶ観念）、強迫行為（何度も繰り返される行為）が主症状。強迫観念や強迫行為は、不合理だと理解していてもやめられず繰り返して起こり、患者本人も苦しい障害です。

第25回では強迫性障害に見られる症状について、第26回では強迫観念に関する事例問題が出題されました。

落とせない！重要問題

パニック発作は強迫性障害に最もよく見られる症状である。 第25回

✕：パニック発作は不安障害の症状である。強迫性障害で最もよく見られる症状は、強迫観念と強迫行為。

● **転換性障害（転換ヒステリー）**

　心的な葛藤が身体症状に転換されて現れるもの。失立失歩、けいれん、視覚障害、聴覚障害、失声、知覚障害、麻痺などの運動障害、嘔吐、自律神経障害、失神などを起こします。

● **解離性障害（解離ヒステリー）**

　ストレスが精神症状に現れたもの。自分の外傷的な体験や耐え難い出来事に対する防衛機能です。

解離性健忘	最近の重要な出来事の記憶喪失であり、器質的な精神障害に起因せず、通常の物忘れや疲労では説明できないほどに強いもの。通常は部分的かつ選択的で、完全で全般化した健忘はまれである
解離性遁走	仕事や家庭を捨てて突然に失踪しその間を健忘するが、期間中は自らの身辺管理は保たれており、第三者から見ると正常に映ることもある
トランス及び憑依障害	自己同一性の感覚と十分な状況認識の両面が一時的に喪失する状態
解離性運動障害	一つあるいはいくつかの四肢の全体、あるいは一部を動かす能力の喪失。運動失調、失行、無動、失声、構音障害、けいれんなど
解離性昏迷	外的刺激に対する反応性が乏しくなり、昏迷が起こるもの
ガンザー症候群	「的外れ応答」が特徴的。通常いくつかの他の解離症状を伴い、しばしば心因の考えられる環境において認められる
解離性同一性障害	2つ以上の別個の人格が同一個人にはっきりと存在すること

ここは覚える！

第22回で、解離性（転換性）障害について出題されました。

● 離人症性障害

自己や外界に対して、「生き生きとした実感が湧かない」ことを主症状とする障害です。

● 神経症性うつ病

憂うつ気分、自信喪失、不安、焦燥感、悲観、取り越し苦労などを主症状とする神経症で、うつ病とまではいえない慢性の抑うつ状態のこと。抗うつ薬が効きにくいとされる障害です。

● ストレス反応及び適応障害

急性ストレス反応（ASD）
・急激で強烈な体験（自然災害、事故、戦闘、暴行、レイプなど）によって一過性に生じる反応で、数時間から数日間の意識混濁、抑うつ、激怒、絶望、昏迷、錯乱、情動麻痺、過活動、ひきこもりなどを呈す ・通常その出来事の衝撃から数分以内に出現し、2 〜 3日以内に消失 ・そのエピソードの部分的、あるいは完全な健忘を認める場合もある

心的外傷後ストレス障害（PTSD）
・「心的外傷」とはトラウマとも呼ばれ、心の傷のこと。心の傷つき体験が突然で予測できないような状態で起きた事件・事故によって生じた場合、その傷が深く長期にわたり日常生活に支障を来すような場合はPTSDである可能性が高いといえる ・急性ストレス反応と同様に、圧倒的な外傷体験の1週間後から数か月後に遅延した反応が生じる ・症状には、フラッシュバック（外傷体験の繰り返しの侵入）、ある種の無感覚と情動鈍化、アンヘドニア（快楽喪失）、外傷を想起させる活動や状況の回避が持続する、過覚醒などがある。DSM-Ⅳ-TRでは、これらの症状が 1 か月以上続けば心的外傷後ストレス障害、1 か月以内なら急性ストレス障害としている

適応障害
・通常の生活の中で体験する、葛藤を生じる出来事による反応。死別や分離、結婚や離婚、転居や同居、入学や退職などが心理社会的ストレスとして反応を引き起こす ・症状は多彩で、不安、イライラ、抑うつ、ひきこもりなどが主だが、反抗、暴力、非行など行動を伴うものも含まれる

第24回で、適応障害に関する事例問題が出題されました。

● **身体表現性障害**

　主な病像は、所見は陰性が続き、症状にはいかなる身体的基盤もないという医師の保証にもかかわらず、医学的検索を執拗に要求するとともに、繰り返して身体症状を訴えるものです。心理社会的因子が影響している身体疾患で、治療にはSSRIやSNRIなどの薬物療法や認知行動療法、自律訓練法などが有効です。

● **神経症性障害、ストレス関連障害、及び身体表現性障害の治療**

　これら心因性の疾患は抗不安薬や抗うつ薬、睡眠薬などの薬物療法と並行して、森田療法や曝露反応妨害などの精神療法を行います。

▶ 生理的障害及び身体的要因に関連した行動症候群

● **食行動障害及び摂食障害群**

　摂食障害は、食事や体重などへの強いとらわれや食行動異常を主症状とする疾患であり、先進諸国の思春期の女性に圧倒的に多く、男性や発展途上国では少ないとされています。**神経性無食欲症（神経性やせ症）と神経性大食症（神経性過食症）**に大別されます。

■ **神経性無食欲症**

原因		患者の幼少期の親子関係や患者の父母自身の親子関係が関連しているとされる。その他、患者本人の人格的脆弱性（成熟への嫌悪と拒否、痩身への執着、肥満嫌悪、男子羨望→思春期痩せ症等）、社会・文化的背景等の要因が絡んでいる
症状		特異な無食欲、著しい痩せ、痩せ（低体重）による特異な体型、低栄養状態、低栄養による二次的な代謝障害、内分泌障害（女性の場合は無月経等）、過活動、嘔吐の誘発と下剤等の使用による血液電解質の異常などが見られる
治療	心理療法	患者の幼少時の親子関係、患者の父母自身の幼少時の親子関係の不全、患者本人への人格的脆弱性等に対するアプローチとしての対人関係療法、また摂食量の増加と体重増加に応じて行動制限を解除していくという行動療法が行われる。**セルフヘルプグループ（自助グループ）**への参加も極めて有効とされる
	身体的治療	低栄養状態や内分泌・代謝障害、血液の電解質異常の改善

■ 神経性大食症

原因	神経性無食欲症に準ずる。種々の要因が絡んでいることが多い
症状	過食と嘔吐、血液の電解質異常、歯牙エナメル質の侵食、口臭、てんかん発作等の身体合併症の併発
治療	神経性無食欲症と同様

ここは覚える！

第22回で神経性無食欲症の症状について、第25回で神経性大食症の過食に対する不適切な代償行為について出題されました。

落とせない！重要問題

低身長は、成人で発症した神経性無食欲症の典型的な症状である。 第22回

×：低体重や低栄養、無月経などが典型的な症状であり、低身長は適切ではない。

● 睡眠覚醒障害

■ 精神生理性不眠症－非器質性不眠症（ICD-10）

症状	入眠困難、睡眠持続の困難、熟睡感がない。昼夜不眠にとらわれ、過度な不安がある。不眠による苦痛があり、通常の日常生活に支障がでる状態
治療	精神（心理）療法、薬物療法を主とする

不眠症には一過性の不眠は含まれません。不眠が精神障害（統合失調症、気分障害、神経症性障害など）や身体障害の一症状として出現しているものは、不眠症とは診断されません。

■ 概日リズム睡眠－覚醒障害（ICD-11）

① 睡眠相後退症候群	
症状	思春期に多く発症し、睡眠リズムが24時間を超えてしまい朝起床できず、夜は入眠が遅くなる
治療	朝に高照度光照射、午後にメラトニンを服用

② 睡眠相前進症候群	
症状	高齢者に多く、極端な早寝早起きとなる
治療	不要。日常生活に支障をきたすことは少ない

■ ナルコレプシー（ICD-11）

症状	睡眠発作と脱力発作を主症状とし、しばしば睡眠麻痺や入眠時幻覚を伴う	
	睡眠発作	時と場所を選ばない極度の眠気を覚えて入眠（レム睡眠が出現）し、数分から数十分の睡眠後に爽快な気分で覚醒
	情動脱力発作（カタプレキシー）	驚いたり笑ったり怒ったりした際、筋緊張を喪失しガクンと座り込むこと。時間は数秒から数分
治療	抗うつ薬や精神刺激薬（メチルフェニデート）などの薬物療法がある程度有効	

■ 睡眠関連呼吸障害（ICD-11）

① 睡眠時無呼吸症候群	
症状	睡眠時に無呼吸となり頻繁に覚醒する。無呼吸に気づかず、非器質性の不眠と自覚することが多い
治療	中枢型（延髄の呼吸中枢の異常）は少なく、心不全など循環器系の病気の治療を行う
② 閉塞性睡眠時無呼吸症候群	
症状	巨大ないびき・浅眠による覚醒のため熟睡が得られず、日中は慢性的な眠気、集中力が低下し、夜間は頭痛が生じる。小児は扁桃肥大、中年以降は肥満による上気道の狭窄が主な原因
治療	夜間睡眠時に鼻マスクを密着装着させ、上気道の閉塞を防ぐ（経鼻的持続陽圧法：CPAP）

● 悪夢

■ 睡眠時遊行症（夢遊病）

症状	睡眠と覚醒が複合した意識の変容状態。多くは入眠2～3時間後に起き上がって歩き回るが十分に覚醒しておらず、数分から数十分後に再び入眠に戻る（翌日このことは記憶していない）。5～10歳の小児に多く見られる
治療	不要。良性なものなので受容的に対応

■ 睡眠時驚愕症（夜驚症）

症状	絶叫、激しい体動、自律神経性興奮等夜間に極度の恐怖とパニック状態を呈す。患者は夜間睡眠の3分の1までの間に絶叫して布団から起き上がり、駆け出すなどの行動異常がある。翌日は断片的な記憶があったとしても、多くは記憶されない
治療	自然軽快することが多く、特に治療を要しない

● **非器質性機能障害**

　器質的なものではなく、ストレス等から来る症状や性機能不全を呈するものです。

● **産褥期精神障害**

　産褥期（分娩後6週間以内）に発症するもので、身体的背景を持たず、また他の精神障害の項に分類できないものをいいます。気分障害などに特定できない、分娩後のうつ状態、産褥期のうつ状態などや、統合失調症などに特定できない産褥期精神病なども含まれます。

▶ 成人のパーソナリティ及び行動の障害

　人格の障害は、ある特定の文化における人が思考し、知覚し、感情を持ち、他人に関わる平均的なやり方から、極端に、あるいは際立った偏りを示すもので、多くは青年期までにその特徴が明らかになります。

- 思春期、青年期以降に恒常的に続けてきた人格特性のゆがみ・偏り
- その人格特性のゆがみ・偏りが、当人が属する文化が許容する平均から著しく逸脱している
- 適切な人間関係を維持できない、職業生活に大きな制約が続くなどしている

■ パーソナリティ障害の種類（3つの群：クラスター）

A群（クラスター A）　奇妙な群／内にこもるタイプ	
妄想性パーソナリティ障害	猜疑心が強く人を信用しない。他人が自分を騙す、危害を加えると信じている。統合失調症の妄想型に似ているが、妄想の内容は比較的日常的
統合失調症質パーソナリティ障害	他人と情緒的関わりや親しい人間関係を持とうとしない。自分の感情を表出せず、他人の感情に無関心。統合失調症の陰性症状に似ている
統合失調症型パーソナリティ障害	思考、認知、対人関係、行動に風変りさや奇異さが目立つ。統合失調症の陽性症状に似ている
B群（クラスター B） 対人関係でトラブルを起こし感情の混乱を呼ぶ群／アクティブに外に出ていくタイプ	
反社会性パーソナリティ障害	法にかなう行動という点で社会的模範に適合しない。逮捕の原因になるような行為を繰り返す。人を騙す、自分の利益や快楽のために嘘をつくのが平気。良心の呵責がない。患者は18歳以上で、15歳以前は「行為障害」となる

境界性パーソナリティ障害	いわゆるボーダーライン。対人関係、行動、気分、自己像などすべての面で不安定である。**見捨てられ不安**が非常に強い。衝動的で自己破壊的な行為（自傷行為、自殺未遂行為、物質乱用、むちゃ食いなど）をする
演技性パーソナリティ障害	他人の注目を自分に引き付けようとし、過度に演技的な行動をとる。自己暗示が強く、自己中心的。他人を操ろうとするが、対人関係は浅薄
自己愛性パーソナリティ障害	自分に関心を寄せ、限りない成功、理想的愛の空想、他人の注目と称賛を求める。万能感、自己誇大感が強く、特別な存在であると信じている
C群（クラスターC） 不安な群／外に出たいが出ていけないタイプ	
回避性パーソナリティ障害	他人から拒否されることに過度に敏感で、批判されないという保障がない限り人の中に入ろうとしない。他人からの愛情と受容を望む。引きこもる
依存性パーソナリティ障害	自分の生活領域での問題に責任をとろうとせず、たえず他人任せにする。自分のすることに責任が持てない
強迫性パーソナリティ障害	そもそもの活動の目的が見失われるまでに規則、順序等、自分のやり方にこだわる。意味や価値のないものを捨てられない「硬さ」と「頑固さ」を示す

ここは覚える！

第23回で、境界性パーソナリティ障害の特徴について出題されました。

落とせない！重要問題

境界性パーソナリティ障害の特徴として「見捨てられ不安」がある。 第23回

○：なお、行動面では手首切傷や大量服薬などの自傷行為を頻回に繰り返す。

▶ 精神遅滞（知的障害）

発生率	2.2%
診断の基本	① IQが70未満であること ② 年齢に比べて低い社会能力と、そのために不適応が重複された状態 ③ 18歳未満の発達期に現れる知能障害で、正常に発達した知能が低下する認知症と区別できる
境界知能	IQ70 ～ 85（不適応を生じやすい）
病因	50%が原因不明

病因の頻度の高い症候群	ダウン症	常染色体21番のトリソミーが原因。出生頻度は800分の1〜1,000分の1。外見上から容易に診断可能であり、生命予後に影響する大奇形の合併頻度も高い
	フェニルケトン尿症	フェニルアラニンをチロジンに変換する水酸化酵素の先天性欠損による常染色体劣性遺伝疾患。生後2〜3か月までに低フェニルアラニン食を開始したものは発症を予防できる

重症度	IQ	発達上限精神年齢	状態	割合
軽度	50〜70	12歳程度	教育可能。就学後に気づかれる場合が多い。指導下では自立した生活も可能だが、生活環境への配慮は必要	85%
中度	35〜49	9歳程度	療育手帳（愛の手帳）交付の範囲で、福祉の対象。小児早期には意思伝達能力を獲得し養護学校へ通学が可能。知的水準そのものよりも合併した精神障害（強迫・衝動など）や社会適応能力（人格）などに影響を受ける	10%
重度	20〜34	6歳程度	小児早期に会話等の意思伝達方法はほとんど獲得できない。身辺の危険回避等に関する単語はやがては習得が可能	3〜4%
最重度	20未満または測定困難	3歳半程度	神経疾患・身体合併症が多く、乳児期から感覚運動機能にかなりの機能不全を示す。生活に著しい制限を受ける。運動発達・自己管理・意思伝達能力は適切な訓練が与えられれば改善することもあり、ライフスキルの習得が教育の主眼となる	1〜2%

▶ 心理的発達の障害

■ ICD-10における心理的発達の障害のカテゴリー

① 早期に発症する

② 病因として中枢神経系の脆弱性が想定される

③ 生物学的成熟に関わる機能発達の障害あるいは遅滞

④ 精神障害の特徴ともいえる寛解や再発が認められず、恒常的な経過をたどる

▶ 特異的発達障害（ICD-10）、限局性学習症／限局性学習障害（DSM-5）

特異的発達障害とは、知的障害・運動障害がないにもかかわらず、①会話や言語、②学習能力、③運動機能のいずれかの領域の発達が遅れるものをいいます。

▶ 広汎性発達障害（ICD-10）、自閉スペクトラム症／自閉症スペクトラム障害（DSM-5）

広汎性発達障害（PDD）は、社会性やコミュニケーション能力といった人間の基本的な機能の発達が遅れる障害です。

小児自閉症（自閉症）（ICD-10）	発症頻度は1,000人に2 ～ 3人。何らかの自閉症的特徴まで含めると、1,000人に2人。男児は女児の約3 ～ 4倍。この障害のある女子は、より重度の知的障害を示す傾向がある ＜基本症状＞ ①社会性・対人関係の障害（社会的相互関係の質的障害） ②言語・コミュニケーション能力の障害 ③興味の限局や常同的・反復的パターン（同一保持、こだわり行動）
レット症候群（ICD-10）	生後5か月は正常な発達を遂げた後、荒廃に至る原因不明の病態。女児のみに発現し、通常は生後5 ～ 30か月に発症
アスペルガー症候群（ICD-10）	自閉症の3つの基本症状のうち、①と②のコミュニケーション障害及び③の障害は見られるが、言語あるいは認知的発達の遅延は見られないのが特徴。知能は正常だが著しく不器用で、男児に多く発症
自閉スペクトラム症（自閉症スペクトラム障害）（DSM-5）	自閉症とアスペルガー症候群との違いは認知や言語の遅れの有無によるが、その境界は不明瞭なため両者を含むより広い概念が設けられた（スペクトラムとは「連続体」という意味）

ここは覚える！

第22・24回で、小児自閉症について出題されました。

落とせない！重要問題

小児自閉症は女児に多く発症する。 第22回

×：女児よりも男児に多く発症する。

▶ 小児期及び青年期に通常発症する行動及び情緒の障害

多動性障害（ADHD）

診断の特徴	不注意（日々の活動で忘れっぽい、課題や活動を順序立てることが困難）、過活動（しゃべりすぎ、順番を待つことが困難）、衝動性（不適切な状況で走り回ったり、高い所へ登ったりする）
発症頻度	学齢時の約3～5％、男女比は4：1～9：1で男児に多い
経過及び予後	多動性の症状が通常は小学校中学年頃に軽快する。不注意や衝動性の症状は改善しにくいといわれる
治療	薬物療法が中心で、メチルフェニデートやアトモキセチン塩酸塩が適用される。特に中枢神経系刺激薬であるメチルフェニデートは第一選択薬として使用され、多動児群の約75％に効果を認める

行為障害

反復し持続する反社会的、攻撃的、反抗的な行動パターンを特徴とする。反社会性人格障害に発展することもある
　【例】過度の喧嘩やいじめ、動物や他人への残虐行為、所有物へのひどい破壊行為、放火、窃盗、虚言癖、学校のずる休みや家出、繰り返すひどい癇癪、反抗的で挑戦的な行動（反抗挑戦性障害）など

情緒障害

小児期の分離不安障害	愛着の対象（主に両親）から離れることを中心にした過度の不安が特徴で、幼児期に生じた場合のみに用いる名称
小児期の恐怖性障害	動物や自然環境（高所、嵐、水など）、血液、注射、外傷状況（閉所、広場など）といった特定のものに恐れを抱き、それに出会うことを予期しただけで情緒不安定になる
小児期の社交性不安障害	親しい人とは良好な関係を結べるが、なじみのない人と接したり注視を浴びたりする状況を極度に恐れる状態
同胞葛藤性障害	すぐ下の弟妹に対する強い嫉妬のために、かんしゃくや過度の甘えを示す状態

選択性緘黙

言語能力はあるが、学校などの緊張する状況では話せなくなる就学前後の障害。4～8歳前後に好発し、女児に多い。多くは就学時に改善し、一過性の内向的状態ともいえる

チック障害

目的なく自分の意図にも関係なく生じ、不随意的、急速で反復的、非律動的な限局した筋群の運動や発声（音声チック）のこと。単純な運動性チックには、まばたき、肩や首を動かす、顔をしかめるなどがある。音声チックには、咳払い、鼻こすり、鼻をならすなどがある。4～11歳の発症が多く、男児に高頻度に見られる（女児の3～4倍）

一過性チック障害	学童の5～24％に発症。予後がよく、自然に軽快、治癒することが多い
ドゥ・ラ・トゥーレット症候群	1万人に4～5人の発生頻度で、1種類以上の音声チックと多発性運動チックが1年以上続くもの。難治であることが多い

ここは覚える！

第23・26回、ADHDの症状について出題されました。

落とせない！重要問題

自分の考えが抜き取られるように感じるのは、注意欠如・多動症（ADHD）の症状である。　第26回

×：統合失調症の症状で見られる自我障害の一つである。

▶ 神経系の疾患

感染性疾患	
単純ヘルペス脳炎	ヘルペスウイルスの感染による脳炎で、精神症状を伴いやすい疾患。発熱、頭痛、意識障害、けいれんが出現する。精神症状として、幻覚・妄想状態が認められる
神経梅毒	梅毒スピロヘータによる中枢神経の炎症。水溶性ペニシリンなどの抗生物質による治療を行う

脱髄性疾患
有髄神経線維の髄鞘が何らかの原因により崩壊、脱落する疾患群。代表疾患に多発性硬化症がある

代謝性疾患	
ウィルソン病	先天性銅代謝異常で、肝臓、腎臓、脳、角膜等に銅が沈着する、常染色体劣性遺伝。羽ばたき振戦やパーキンソニズムの神経症状を呈し、精神症状としては、知能低下、性格変化が認められる
ウェルニッケ脳症	ビタミンB1（チアミン）の欠乏による脳障害で、眼球運動障害、歩行障害、意識障害（注意力散漫から昏睡まで）などが認められる。習慣性過量飲酒（アルコール依存症）の人や、妊娠悪阻などによる栄養障害で起こる
ビタミンB12欠乏	胃の切除後にしばしば見られるビタミンB12の吸収障害としては、脊髄の変性による運動・感覚障害がよく知られる。認知症やその他の精神症状を呈することもあり、ビタミンB12の補充で回復する場合がある

変性疾患

神経系に変性を生じ、機能しなくなることによって生じる原因不明の疾患

パーキンソン病	大脳基底核の変性疾患。3大症状は振戦・筋強剛・寡動で、夕方に人や虫などの幻視が見えることがある。他に仮面様顔貌・前屈前傾姿勢・小刻み歩行・前方突進現象などが見られる。精神症状では、認知症と抑うつが認められる
ハンチントン病	大脳基底核（特に尾状核）の萎縮が起こり、自分の意図しない運動が勝手に出てしまう舞踏様不随意運動が主症状。遺伝性疾患（常染色体優性遺伝）で、4番染色体に遺伝子変異が見つかった

プリオン病

プリオンと呼ばれる異常たんぱく質により生じる、進行性で致死性の脳疾患。代表疾患はクロイツフェルト－ヤコブ病

孤発性クロイツフェルト－ヤコブ病	非常に早く進行する認知症症状と運動障害、ミオクローヌスという持続的なピクつきが特徴で、脳波に特徴的な周期性同期性放電（PSD）が見られる。発病から数か月で無動性無言（寝たきり）の状態に陥る
医原性クロイツフェルト－ヤコブ病	硬膜の移植などが原因とされる
変異性クロイツフェルト－ヤコブ病	牛海綿状脳症（BSE）からの感染の可能性が考えられ、社会問題にもなった。発症年齢が若く、初発症状ではうつ状態、行動異常などの精神症状が目立つ。周期性同期性放電は見られないとされる

てんかん

WHOの定義では、種々の成因によってもたらされる慢性の脳疾患であって、大脳ニューロンの過剰な発射から由来する反復性の発作（てんかん発作）を主徴とし、それに種々の臨床症状及び検査所見を伴うものとしている

好発年齢	小児期から思春期。出現頻度は0.3％前後で性差はない	
診断	てんかん発作の症状及び脳波検査	
治療	薬物療法が中心で、抗てんかん薬が用いられる	
分類	特発性（真性）てんかん	原因不明のてんかん発作
	症候性（続発性）てんかん	脳の器質的病変（外傷、血管障害、腫瘍、感染症等）によって起こるけいれん発作
発作型	部分発作	一定の局所から発作が始まる。意識障害のない単純部分発作と、意識障害のある複雑部分発作がある。側頭葉てんかんの部分発作では一点を凝視し、口をもぐもぐさせたり、手足をごそごそ動かしたりするなどの自動症があり、その後もうろう状態を残す。前頭葉内側の発作では身体の強い強直と激しい運動が見られ、後頭葉発作では幻視などの特徴がある
	全般発作	発作開始時から両側大脳半球が障害されて生じ、けいれんを伴うものと伴わないものとがある

強直間代発作

全般発作の中で最も頻度が多い発作型で、突然の意識障害とともに両手足を強くつっぱる強直性けいれんがあり、身体をリズミカルにけいれんさせる間代性けいれんが続く

欠神発作

突然数秒から数十秒の間意識を消失する発作。定型欠伸発作は小児期に発症するもので、従来小発作と呼ばれていた

ミオクロニー（ミオクローヌス）発作

様々なミオクロニーてんかんに見られ、手や足がピクンと急に動くもので意識障害は伴わず、脳波で多棘徐波複合をみることが多いとされる。この発作の出現とともに急速に認知症が進行することが多いとされる

レノックス・ガストー症候群

様々な形の全般発作が見られる。乳幼児のウエスト症候群から移行することが多いとされる

ハンチントン病の3大特徴は、①舞踏様不随意運動、②性格変化、③認知症です。

脳波検査は、てんかん、器質性脳疾患、意識障害などでは必須となります。

 ここは覚える！

第21回で、てんかんの診断方法について出題されました。

頻出度 | 🐾🐾🐾

③ 精神疾患の治療

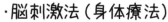

・薬物療法
・精神療法
・脳刺激法（身体療法）
・地域精神医療

薬物療法　㉑ ㉒ ㉓ ㉔ ㉖

精神科で処方される薬（精神薬）は、すべて「向精神薬」といいます。

■ 向精神薬の分類

① 抗精神病薬	② 抗うつ薬	③ 気分安定薬	④ 抗不安薬
⑤ 睡眠薬	⑥ 精神刺激薬	⑦ 抗てんかん薬	⑧ 抗認知症薬

● デポ剤の使用

　服薬アドヒアランス（本人が効果を理解し主体的に服薬を継続する）、服薬コンプライアンス（服薬遵守）を高めることは再発予防に極めて重要ですが、拒薬や飲み忘れの防止にデポ剤があります。1回の筋肉注射で2週間あるいは1か月の持続的な薬効が期待されます。現在、ハロペリドール、フルフェナジン、リスペリドンのデポ剤があります。

> 患者が服薬の意義を理解して主体的に服薬を続けることを「アドヒアランス」といい、医師の指示に患者が従う関係ではなく、医師と患者が協力して治療を進める対等な関係を示しています。薬物療法の効果に大きな影響を及ぼします。

▶ 主な種類と作用

● 抗精神病薬

　主として**統合失調症、双極性障害**を代表とする精神病症状を有する疾患の治療薬です。1952年、フランスのドレイ（Delay, J）とデニカー（Deniker, P）が、麻酔薬が精神科領域における激しい症状を緩和することを偶然発見。1955（昭和30）年以降、日本でも徐々に臨床現場で使用されるようになりました。

　抗精神病薬は意識水準の低下を来さずに幻覚、妄想、不安・緊張、精神運動興奮、錯乱状態などを改善します。一方で、慢性の統合失調症の症状や特に意欲の低下や感情鈍麻などにはあまり有効でないとされています。統合失調症で陽性症状が強い場合は従来型のハロペリドール、スルピリドのような抗精神病薬を用います。これらは**錐体外路症状**や過鎮静が見られるため、新規の抗精神病薬として副作用の少ないリスペリドンなどが開発されました。

> 📖 **錐体外路症状**：ドーパミンの働きを抑えることで現れる、身体のこわばりや手足の震え（パーキンソン症状）、下肢がむずむずする静座不能症（アカシジア）、自分の意思とは関係なく舌を突き出したり口をもぐもぐさせたりする（遅発性ジスキネジア）症状。

■ 抗精神病薬の種類

	分類	一般名	商品名
定型 （従来型） 抗精神病薬	フェノチアジン系	クロルプロマジン	ウインタミン、コントミン
		レボメプロマジン	ヒルナミン、レボトミン
		フェルフェナジン	アナテンゾール、フルメジン
		プロペリシアジン	アパミン、ニューレプチル
	配合剤	クロルプロマジン・プロメタジン配合剤	ベゲタミン
	ブチロフェノン系	ハロペリドール	セレネース、リントン
		チミペロン	トロペロン
		ブロムペリドール	インプロメン
	ベンザミド系	スルピリド	ドグマチール、アビリット
		ネモナプリド	ミラドール、エミレース
	その他	モサプラミン	クレミン
		ゾテピン	ロドピン、セトウス

分類		一般名	商品名
非定型（新規）抗精神病薬		リスペリドン	リスパダール
		ペロスピロン	ルーラン
		オランザピン	ジプレキサ
		クエチアピン	セロクエル
		クロザピン	クロザリル
		アリピプラゾール	エビリファイ
		ブロナンセリン	ロナセン
		パリペリドン	インヴェガ、ゼプリオン
		アセナピン	シクレスト
		ブレクスピプラゾール	レキサルティ
		ルラシドン	ラツーダ

📖 **定型（従来型）抗精神病薬**：ドーパミン受容体を強力に遮断する。幻覚や妄想に関わる神経回路以外も遮断するため、陰性症状または錐体外路症状を引き起こす場合もある。

非定型（新規）抗精神病薬：幻覚や妄想に関わる神経回路のドーパミン受容体を遮断し、他の神経回路には作用しないため、副作用が比較的少ない。セロトニン受容体にも作用し、陰性症状の改善にも効果的。

 ここは覚える！

第24回では、リスペリドンの服用で現れる症状について問われました。第26回では、統合失調症の薬物療法中の患者への対応について事例問題が出題されました。

■ 主な抗精神病薬の特徴的な作用

フェノチアジン系

・**統合失調症の薬物治療のスタートとなった薬**。ブチロフェノン系、ベンザミド系の薬剤と比べて効き目が選択的でなく、大きく網を打つような作用を持つ
・強力な鎮静作用が特徴で、急性期の激しい不安・緊張・興奮状態になくてはならない薬だが、その人の生活能力や活発さをも奪ってしまうので、長期にわたる大量投与は好ましくない
・クロルプロマジン／ウインタミン、コントミンやレボメプロマジン／ヒルナミン、レボトミンが広く使われている

■ 副作用のまとめ

錐体外路症状	ジストニア（奇妙な運動、極端な姿勢）、パーキンソン症状（振戦、筋強剛）、アカシジア（静座不能）、遅発性ジスキネジア（不随意運動）など
循環器系	血圧低下、起立性低血圧、心電図異常、めまいなど
消化器系	口渇、便秘、麻痺性イレウス、食欲不振など
内分泌系	高プロラクチン血症、乳汁分泌、高血糖、糖尿病、脂質異常、食欲増進による体重増加など
悪性症候群	高熱、筋強剛、振戦、発汗、意識障害など

 ここは覚える！

第22回で、抗精神病薬の主な副作用について出題されました。向精神薬（抗精神病薬、抗不安薬、抗うつ薬、睡眠薬、気分安定薬等）の作用と副作用は十分に理解しておきましょう。

● 抗うつ薬

主としてうつ病、うつ状態の治療薬です。ほかに夜尿症、ナルコレプシー（睡眠発作、レム睡眠の異常による情動脱力発作・睡眠麻痺・入眠時幻覚等）、強迫性障害、パニック障害、社交不安障害、心的外傷後ストレス障害等多くの病状に有効です。

イミプラミン（トフラニールを主とした三環系抗うつ薬）を代表とする大部分

の抗うつ薬は、脳内神経伝達（シナプス）におけるセロトニン、ノルアドレナリンの再取り込みを阻害し、シナプス間隙における伝達物質の濃度を上昇させることで人間本来の感情に作用する物質の流れを良好にしていく作用があります。

　副作用は、抗コリン作用（口渇・便秘等）、抗アドレナリン作用（低血圧・起立性貧血）が主で、急に服薬を中止することによる薬害もあるので、減薬の際には注意が必要です。最近ではSSRIなどの副作用の少ない新薬も開発されています。

■ 抗うつ薬・抗躁薬／抗てんかん薬

	一般名	商品名	特徴
三環系抗うつ薬	クロミプラミン	アナフラニール	セロトニン、ノルアドレナリン、ドーパミン、アセチルコリン等の再取り込みを防ぐ。四環系抗うつ薬よりも副作用が多く、便秘・排尿困難・口渇等を生ずる
	アミトリプチリン	トリプタノール	
	イミプラミン	トフラニール	
四環系抗うつ薬	アプロチリン	ルジオミール	三環系抗うつ薬の副作用を少なくすることを目的として開発された薬
	ミアンセリン	テトラミド	
その他系抗うつ薬	アモキサピン	アモキサン	効果発現が早い。口渇、便秘、循環器系の副作用
SSRI	フルボキサミン	ルボックスデプロメール	セロトニンの再取り込みを防ぐ。セロトニンのみに作用するため、副作用が少ないが、時にイライラ感の出現あり。効果発現に最低2週間かかる
	パロキセチン	パキシル	
	セルトラリン	ジェイゾロフト	
SNRI	ミルナシプラン	トレドミン	セロトニンとノルアドレナリンの再取り込みを防ぐ。比較的副作用が少ない
	デュロキセチン	サインバルタ	
	ベンラファキシン	イフェクサー	
S-RIM	ボルチオキセチン	トリンテリックス	セロトニンの再取り込みを防ぐとともに、様々なセロトニン受容体の調整に働く
NaSSA	ミルタザピン	リフレックスレメロン	効果発現が早いとされるノルアドレナリン作動性・特異的セロトニン作動性抗うつ薬
抗躁薬	炭酸リチウム	リーマス	効果発現に2 ～ 3週間。多尿、吐き気、軟便の副作用
抗てんかん薬	カルバマゼピン	テグレトール	抗てんかん薬。効果発現が早い。吐き気、めまい、皮疹の副作用
	バルプロ酸ナトリウム	デパケンバレリン	抗てんかん薬。眠気、ふらつき、肝障害の副作用

従来からある薬では①抑制型（アモキサン、ドグマチール等）、②不安焦燥型（テトラミド、レスリン等）、③抑うつ気分型（トフラニール、アナフラニール、アモキサン、ルジオミール等）、④仮面うつ病型（トフラニール、ルジオミール、テトラミド等）がよく使用されます。

■ 副作用

抗コリン作用	三環系・四環系抗うつ薬は抗コリン作用を有するため、口渇や便秘、眠気、尿閉、せん妄などがある。また眼圧上昇を来すため緑内障では注意が必要	
セロトニン症候群	悪性症候群と似た症状を示す。自律神経系の異常（頻脈、発汗、下痢、反射の亢進）に加え、精神症状（錯乱、興奮）、発熱、ミオクローヌス（突然起こるビクッとした筋肉の収縮）の出現	
セロトニン再取り込み阻害作用	SSRI	抗コリン作用の副作用はない。消化管のセロトニン受容体に対する作用のため、悪心や嘔気などの胃腸障害が代表的
	SNRI	排尿障害や頻脈、賦活症候群（発作的不安、衝動性、焦燥、アカシジア等）の症状による自殺危険性を高める可能性がある（小児及び若年成人に使用注意）

悪性症候群：抗精神病薬の重大な副作用。対応が遅れると死に至るため、直ちに的確な治療が必要となる。臨床症状としては、発熱・発汗・筋強剛・頻脈がほぼ必ず出現し、多くは意識障害・振戦・嚥下困難・流涎などの多彩な症状を伴う。

ここは覚える！

第21回で、SSRIの副作用について出題されました。第22回では、SSRIを処方する際のうつ病患者への説明について問われました。

● 気分安定薬

　双極性障害の躁病相、躁状態の治療薬です。炭酸リチウム、カルバマゼピン、バルプロ酸ナトリウム、ラモトリギンがよく使用されます。なお、炭酸リチウムの有効血中濃度（症状を抑えるのに有効な血液中の薬物濃度）は中毒症状出現濃度と近接しており、投与する場合には血中濃度をモニターしながら増やしていくことが必要となります。症状が強く病気の勢いが強い時でも、薬物を一度に多量投与するのは注意が必要です。鎮静をはかるために抗精神病薬やカルバマゼピンを併用投与することが普通で、妊婦には禁忌とされています。

● 抗不安薬

不安、緊張、イライラ、焦燥感を改善する治療薬で、他に催眠・鎮静、筋弛緩、抗痙攣、自律神経調整作用もあります。睡眠導入剤としてもよく使用されます。重篤な副作用はほとんどありませんが、眠気・ふらつき・倦怠感等が現れるので、高齢者の転倒に十分注意が必要です。

また、エピソード記憶の障害やアルコール型の常用量依存を生じ、服薬を急にやめると自律神経症状を中心とした振戦（手足の震え）、発汗、頻脈や不安、不眠、頭痛などの離脱症状を生ずることがあります。なお、離脱症状を避けるために一層薬物を求めることを**身体依存**といいます。

📖 **エピソード記憶**：日々の出来事の個人的・具体的な記憶で、そのときの感情も含まれるもので、最も日常生活に即した記憶のこと。

	一般名	商品名	作用	副作用
ベンゾジアゼピン系	ロフラゼプ酸エチル	メイラックス	不安、緊張、抑うつ、心身症、パニック症状	眠気、めまい、頭痛、集中力、注意力の低下。高齢者は特に要注意
	アルプラゾラム	コンスタン、ソラナックス		
	ロラゼパム	ワイパックス	不安、緊張、抑うつ	
	エチゾラム	デパス	不安、緊張、抑うつ、神経衰弱	
	ブロマゼパム	レキソタン	不安、緊張、抑うつ、強迫・恐怖	
	ジアゼパム	セルシン、ホリゾン	不安、緊張、抑うつ、筋緊張	
セロトニン受容体刺激薬	タンドスピロンクエン酸塩	セディール	抑うつ、不安、焦燥、恐怖	効果はベンゾジアゼピン系の方が強い。眠気・依存性がない

● 睡眠薬

作用機序の違いからBZ受容体作動薬、メラトニン受容体作動薬、オレキシン受容体作動薬、非BZ受容体作動薬等に分けられます。BZ受容体作動薬において短時間型は入眠障害の一時的な改善効果を持ち、翌朝に持ち越されることが少ないですが、入眠までや中途覚醒時に前向性健忘などを誘発する可能性があ

ります。中間型・長期型は中途覚醒や熟眠困難の一時的な改善効果がありますが、翌日眠気が残ることもあり、用量増減や中止について注意が必要です。

	一般名	商品名	作用	副作用
ベンゾジアゼピン系	トリアゾラム	ハルシオン	超短時間型	もうろう状態、眠気、ふらつき。アルコールとの禁忌
	ブロチゾラム	レンドルミン、グッドミン	短時間型	
	フルニトラゼパム	サイレース、ロヒプノール	中間型	
	ブロマゼパム	レキソタン	中間型	
	リルマザホン塩酸塩	リスミー	短時間型	
	エチゾラム	デパス	短時間型／抗不安	
	ニトラゼパム	ベンザリン	中間型	
非ベンゾジアゼピン系	ゾルピデム酒石酸塩	マイスリー	超短時間型	
	ゾピクロン	アモバン	超短時間型	
尿素系	ブロモバレリル尿素	ブロバリン	短時間型 不眠、不安緊張状態	
オレキシン受容体拮抗薬	スボレキサント	ベルソムラ	短時間・中間型	
	レンボレキサント	デエビゴ	長時間型	

● **精神刺激薬（中枢神経刺激薬）**

　覚醒度を高める薬です。治療で使われるものにメチルフェニデートなどがあります。適応疾患としてナルコレプシー（日中の過度の眠気や通常起きている時間帯に制御できない眠気が繰り返し起こることを象徴する睡眠障害）、18歳未満のADHDが挙げられます。

● **抗てんかん薬**

　反復して出現するてんかん発作を主徴とする、慢性の脳障害に使用する薬。発作型を特定してから薬剤を選択します。原則、単剤の少量から始めますが、多くの抗てんかん薬では、効果（作用）濃度と副作用出現濃度が近接しており、血中濃度をモニタリングしつつ少しずつ増やし、有効血中濃度に達した後に、

前薬を少しずつ減らしていきます。

　部分発作に対して、カルバマゼピンやラモトリギン、レベチラセタムなどが用いられます。全般発作に対しては、**全般性強直間代発作**にはバルプロ酸ナトリウムが、**失神発作**にはバルプロ酸ナトリウムやエトスクシミドなどが用いられ、**ミオクロニー発作**ではバルプロ酸ナトリウムやクロナゼパム、レベチラセタム、トピラマートが推奨されます。

● **抗認知症薬**

　認知症の進行を遅らせる薬で、早期に導入することで最も効果が期待できます。1970年代、アルツハイマー型認知症の死後脳で神経伝達物質であるアセチルコリンの低下が見られることが報告されました。このコリン仮設に基づき開発されたのが、神経伝達物質アセチルコリンの分解酵素を阻害する作用を持つアセチルコリンエステラーゼ阻害薬です。日本では1999（平成11）年からドネペジル、2011（平成23）年からガランタミン、リバスチグミンが使用されています（**ドネペジル塩酸塩**は心疾患には特に注意が必要）。

　別の作用機序を持つものとしては、過剰となっている神経伝達物質グルタミン酸による神経細胞毒性を抑制するために、グルタミン酸の受容体の一つであるN-メチル-D-アスパラギン酸（NMDA）受容体の拮抗作用を持つ**メマンチン**が、2011（平成23）年から日本で使用されています。

ここは覚える！

第23回で、ドネペジル塩酸塩についての理解が問われました。

落とせない！重要問題

認知症患者に用いられるドネペジル塩酸塩は、服薬を中止すると強い離脱症状を認める。　第23回

×：ドネペジル塩酸塩の副作用は嘔気・下痢などの他、特に心疾患、消化性潰瘍、気管支喘息に注意を要する。

精神療法　㉓ ㉔ ㉕ ㉖

　必要な専門的訓練を受けた人による職業的心理的治療手法（カウンセリング等）。正確には、精神科医が行うものを「精神療法」、心理臨床家が行うものを「心理療法」といいます。

　精神療法や認知行動療法は、うつ病の治療に適しています。自動思考として現れる認知のゆがみを自覚し、修正・トレーニングしていくことで症状の軽減を図ります。

■ 主な精神療法

療法	内容及びキーワード
来談者中心療法	「無条件の肯定的配慮」「共感的理解」などの非指示的カウンセリング：**ロジャーズ**
森田療法	パニック障害や恐怖性障害、強迫性障害を対象とする。**絶対臥褥期**→軽作業期→重作業期→社会復帰期の流れで、やるべきことを目的本位、行動本位に実行する。「あるがまま」を受け止める：**森田正馬**
曝露反応妨害 （エクスポージャー）	強迫性障害を対象とする。強迫症状を引き起こすものに直面し、強迫衝動が起こっても強迫行為を行わずにいることで、想像していたような危機は実際には起こらず、やがて不安や苦痛は自然に減っていくことを学習する
認知行動療法 （CBT）	うつ病、パニック障害、統合失調症、人格障害を対象とする。認知パターン・自動思考を修正すると同時に現実の行動に働きかける。系統的脱感作療法、オペラント技法、バイオフィードバック法：**ベック、ウォルピ、アイゼンク**
精神分析療法	転移や精神力動・自由連想法を用いて葛藤を明らかにすることで自己洞察を深め、症状の軽減を図る。欲動（ido）・自我（ego）・超自我（superego）：**フロイト**
集団精神療法	集団・グループの相互作用によって変化をもたらし、自己の存在価値を肯定する。心理劇（サイコドラマ）、家族療法、社会生活技能訓練（SST）なども含まれる
自律訓練法	心身症（身体化障害）を対象とする。自己暗示をかけることで緊張を緩和し心身の状態を自分でコントロールできるようになる。安静感→重感→温感→心臓調整→呼吸調整→腹部温感→頭部涼感：**シュルツ**
心理教育	病気の特質や治療法・対処法など、療養生活に必要な正しい知識を提供することで患者とその家族がより豊かに生活できるリハビリテーション技法：EE（感情表出）

対人関係療法 （IPT）	患者が人間関係の中で治療者自らが関与しながら観察する治療論：サリバン 特にうつ病性障害に対してはCBTと並んで効果的とされており、悲哀・不和・役割の変化・対人関係の欠如の４つを重要な領域とする：**クラーマン、ワイスマン**

 ここは覚える！

第23回では森田療法の理論や技法について、第24・26回では精神分析療法について、第25回では認知行動療法に関連する人物について出題されました。精神療法の名称とその概要を押さえておきましょう。

落とせない！重要問題

ロジャーズは、認知行動療法に関連の深い人物である。 第25回

×：認知行動療法に関連が深いのはベック。ロジャーズは来談者中心療法の創始者。

▶ 社会生活技能訓練（SST）

　1970（昭和45）年以降、アメリカのリバーマン（Liberman, R. P.）らにより、慢性精神障害への治療技法として体系化されたもの。日常生活上の一般的な技能不足場面（会話がうまくできない、切符の買い方が分からない、余暇の過ごし方が下手など）を設定し、通常は集団でロールプレイ等を行いながら学習、習得していきます。参加者の正（プラス：良かったところ）のフィードバックが得られるよう心掛けることが大切です。SSTは通常集団で行うことが多いですが、2人以上から実践可能です。

脳刺激法（身体療法） ㉑

▶ 電気けいれん療法（electroconvulsive therapy：ECT）

　有効かつ安全な治療法ですが、問題点として患者が不安や恐怖を感じること、全身を大きくけいれんさせるため脊椎の骨折が少なくないことが挙げられます。

　そこで、麻酔薬と筋弛緩薬の使用により全身のけいれんを抑える「修正型電気けいれん療法（modified-ECT：m-ECT）」が開発され、その施行には麻酔

科医との連携が必要です。

　ECTの主な適応疾患は、統合失調症と気分障害（うつ病、双極性障害）です。そのほかに、パーキンソン病や悪性症候群にも効果があるといわれています。妊娠中の女性に対しても実施することができ、胎児への影響を考えると薬物療法より安全です。

▶ 経頭蓋磁気刺激療法（transcranial magnetic stimulation：TMS）

　近年注目を集めている治療法で、主にうつ病に対して用いられ、治療抵抗性のうつ病にも効果があるといわれています。頭部のすぐ近くで磁場を移動させることで、脳の特定の部位に通電します。麻酔が不要なためECTよりも容易で、記憶障害などの副作用も少ないですが、効果発現のためには反復して行う必要があり、即効性という点ではECTよりも劣るとされています。

精神科における医学的リハビリテーション

▶ 作業療法

　日本作業療法士協会では、1985（昭和60）年に、身体または精神に障害のある者、またはそれが予測される者に対し、その主体的な生活の獲得を図るため、諸機能の回復、維持及び開発を促す作業活動を用いて指導及び援助を行うこととしています。作業療法は急性期（病気の症状の一番激しい時期）の要安静期には行わないのが原則で、亜急性期の頃から開始します。

地域精神医療

▶ 精神科医療機関における治療の実際

　従来入院中心であった日本の精神科医療は、徐々に地域生活を支える外来及び在宅医療を重視する方向へ変わりつつあります。暮らしなれた街（地域）で制度や障害福祉サービスを利用しながら、本人が望む豊かな生活を支援することは精神保健福祉士の中心的役割となりました。

　一方、いまだ閉鎖病棟での入院治療を余儀なくされている多くのご利用者もおり人権に対する配慮は不可欠です。精神保健福祉士には、ご利用者とその接する社会の摩擦面に立ち、柔軟な思考と対応・支援を行うことが期待されています。

▶ 精神科医療における入院治療と外来治療の受診動向

　2017（平成29）年の患者調査によると、日本で精神疾患を有する総患者は約419.3万人に及び、そのうち9割超の約389.1万人が外来で治療を受けています。入院患者数は過去15年間で減少傾向（約34.5万人→30.2万人）にある一方で、外来患者数は増加傾向（約223.9万人→389.1万人）にあります。

▶ 日本の精神科外来治療の特徴

● 精神科外来治療を提供する機関

　精神科診療所、単科精神科病院、総合病院精神科があります。診療所の増加に伴い患者本人が受療しやすくなった一方で、精神疾患の特性（具合が悪くなるほど、自分の状態を客観的に捉えることが難しくなる）から、本人の受診が難しい場合や精神科的治療が必要か判断に迷う場合もあります。そのような時は、各地域にある保健所や市町村保健センターの精神保健福祉相談の活用をすすめます。医療機関ではないため「診療」ではありませんが、敷居が低く、本人以外に家族や知人も相談可能です。

　最初に本人の受診が困難な場合は、上記の保健機関の相談窓口を活用したり、市報等がアナウンスしているような精神保健福祉相談（予約制で、地元の精神科医や精神保健福祉士が心の健康相談を行う）などを活用することによって、必要に応じて地域の精神科医療機関へアクセスできる場合も多いです。また、各都道府県及び政令指定都市に設置されている精神保健福祉センターでは、より専門的な相談を実施しています。

● 外来治療の対象者

　これまで日本の精神科医療体制においては、外来治療は比較的軽症の精神障害を対象とするサービスと捉えられがちでした。しかし今日では、副作用の少ない薬の開発や受診しやすい環境（雰囲気）等により、入院に頼らずとも外来診療でもより重度の障害や危機介入が可能となってきています。そのため精神科救急体制の整備とともに、各種の在宅ケアや障害福祉サービスとの連携が欠

かせません。

● **アウトリーチ**

　アウトリーチは「訪問支援」と訳され、元来、ソーシャルワークの展開過程における「ケースの発見」と強く結びつくソーシャルワーカーの活動を意味しましたが、ケースマネジメント等、地域生活支援の発展とともに広義に使用されるようになりました。

　治療中断や未受診者など精神疾患の特性により既存のサービスでは支援が行き届かない対象者に対し、精神科医、看護師、精神保健福祉士、臨床心理技術者、作業療法士等多職種スタッフが自宅等生活の場を訪問し、地域生活継続を支援するモデルを実施しました。これにより医療にかかるアウトリーチは、その一部が「精神科重症患者早期集中支援管理料」として診療報酬化されました。

　一方、保健所等において多職種チームを設置する枠組みとしては、2014（平成26）年度より、精神障害者アウトリーチ推進事業が精神障害者地域生活支援広域調整等事業として「障害者総合支援法」に基づく地域生活支援事業に一括計上されました。

　精神科アウトリーチ支援は機能面で多様であり、訪問対象者の年齢や診断名、精神症状や生活障害の程度等により様々に機能分化した訪問プログラム体系の整備が可能です。チームケア、医療に重点を置く、24時間体制、就労支援やピアサポートの提供など必要とされるケア内容によって、チームの援助構造も変化します。その援助理念で重要なのは、地域に密着して利用者のパーソナル・リカバリーや権利擁護を重視し、課題解決を入院だけに頼らない姿勢です。

　一方で「訪問看護」を実践として捉えると、その一部は精神科アウトリーチ支援の範疇に含めることもできます。日本でのアウトリーチ支援の実施には、代表的な2類型があります。

精神科診療所に訪問看護ステーションを併設
精神科病院から独立し、利用者を入院処遇とする経営的な動機がないため、より地域を基盤とした支援に取り組みやすいのがメリット。その反面、利用者がいったん入院すると病棟との十分な連携が難しい
精神科病院が単独で実施
同一機関内にある病棟との連携が円滑に行いやすいため、長期入院患者や頻回入院を要する患者への支援に効果を発揮しやすい。一方で、病棟があることで問題解決を入院に頼りやすくなるデメリットもある。支援チーム内に「地域生活支援中心」の援助理念がいかに浸透しているかが問われる

▶ 諸外国との比較

● 外来治療来治療と入院治療の関係性

アメリカでACT（包括型地域生活支援）の開発に貢献したシュタイン（Stein, L. I.）らは、「重度精神障害者の包括的な治療には、病院等（入院）と診療所等（外来）の両方が重要であり、状態により専門機関同士が連携を図る必要がある」としました。

● 地域責任制の観点

精神障害者の地域移行を成し遂げた諸外国においては、適切に設定された圏域を保健・医療・福祉サービスの提供単位とし、多職種の専門家チームが圏域内に居住する精神障害者に対して包括的にサービス提供し続ける体制がとられ、外来治療の成果を上げてきました。

日本の医療システムは、基本的には誰もが全国にあるすべての医療機関に受診可能で、患者が自由に医療機関を選択できる一方で、医療機関は患者に対して診療を継続的に提供する義務を負っていません。つまり再診予約日に患者が来院しなくても、医療機関は患者の状況確認まで求められません。そのため、統合失調症や双極性障害など内因性の精神障害では、治療中断により病状が再発するリスクが高くなります。また、患者が複数の精神科医療機関をかけもちで受診しても担当医がその状況を把握できない可能性もあり、課題となっています。

4 精神科医療機関における治療と人権擁護

治療における「権利―義務」関係　㉑ ㉖

インフォームド・コンセント
・「知らされた上での同意」を意味し、利用者（患者）は自らが希望するサービス利用の契約を行う（医療の診察を受ける）際に、納得がいくまで何度でも、分るまで時間をかけて丁寧に説明された上で合意する権利があるということ ・説明を受けた後で「いくつかの選択肢の中から利用者がサービスを選択する」という点を強調した言い方に「**インフォームド・チョイス**」がある

アカウンタビリティ
・「説明責任」を意味し、専門職は利用者（患者）が理解できる言葉を使い、利用者（患者）の納得がいくまで説明する責任があるということ ・専門職側の「義務」を規定した言葉

 ここは覚える！

第21・26回で、インフォームド・コンセントやアカウンタビリティの理解が問われました。

緊急の場合の権利擁護 ㉒

　精神科救急医療においては、患者の現時点における病状等から緊急度を把握し、入院治療が必要か、外来通院でも大丈夫かを判断し、さらに入院が必要と判断した場合には、その緊急度・入院形態・保護者の同意の有無・身体合併症の有無を判断し、その上で適切な医療機関に振り分ける**トリアージ**（負傷者ふるい分け）機能が必要となります。

　精神科救急の実施にあたっては、救急措置による措置入院、応急入院に応えられる精神科救急基幹病院、情報センター、精神科救急用輪番制当番病院等の要素が必要です。都道府県の出先機関である保健所及び政令指定都市における保健所の精神保健福祉相談員は、いかなる緊急場面においても人権侵害、違法入院等が生じないよう、患者の人権擁護の観点から精神保健福祉法に則った行政手続きを行うものとされています。

　精神保健福祉法において、精神科病院の管理者は患者の信書の発受や代理人である弁護士との電話については、いかなる場合でも制限してはならないと規定されています。

ここは覚える！

第22回で、トリアージの理解が問われました。

知っておきたい様々な診療科 ㉓

■ 知っておきたい様々な診療科（受診する際の注意点）

精神科	心の病の疑い、治療
脳神経外科	脳腫瘍・脊髄腫瘍・脳血管障害・頭部外傷（による脳傷）・顔面神経麻痺・手のしびれ等
神経（内）科	認知症やパーキンソン病など脳や脊髄、末梢神経に関連した神経系の疾患を扱う。厚生労働省の認定する難病・特定疾患の多くが含まれる
心療内科	胃潰瘍・円形脱毛症等の心身症やぜん息・摂食障害のように、心理的ストレスが様々な身体症状を引き起こしているような疾患を扱う

「うつ」でも不眠症、自律神経失調症、更年期障害、慢性胃炎、過敏性腸炎、過喚気症候群と診断され、内科及び心療内科に長期通院している例も多いので、注意が必要です。

ここは覚える！

第23回で、精神科を主たる診療科として標榜する診療所について出題されました。

チーム医療における精神保健福祉士の役割

　精神科病院における医療では、複数の援助者が同時にまた継続的に連携し、チームで治療・援助を展開する**チーム医療（チームアプローチ）**が特徴的です。

　精神保健福祉士法41条1項で「精神保健福祉士は、その業務を行うに当たっては、（中略）サービスを提供する者その他の医療関係者との連携を保たなければならない」、同条2項で「精神障害者に主治の医師があるときには、その指導を受けなければならない」とあり、医師、看護師、作業療法士、臨床心理技術者、薬剤師、管理栄養士など他職種との協力関係（報告、連絡、相談）が欠かせません。チーム医療とはこれらのスタッフが「情報を提供し専門性を相互に分かち合いながら、共通の理解のもとに治療と援助目標に基づいて協力すること」と定義されています。

　医療機関ではクライエントに関わりを拒否されたり、また過度な依存や転移感情にふりまわされたりして、治療や援助が行き詰まることもあります。また複数の職種が関わるがゆえに、治療や援助の方向性や意見の食い違いが生じて連携がとりづらくなる場合もあり、こうしたときには**ケースカンファレンス**が必要となります。

　ケースカンファレンスはスタッフが互いの知識・経験・技術を出し合い、クライエントの治療と処遇・援助方針を立てると同時に、事例提供者や参加者の成長やチーム全体の成熟に役立つものでもあり、医療・サービスの質の向上へとつながっていきます。

　さらに、身体合併症治療を行う上では精神科治療を行いながら他科の診察や助言を受ける**コンサルテーション**や、精神科が他科とチームを組んで合併症治療に取り組んだり、治療関係上の問題について助言を行ったりする**リエゾンと**

いう形態があります。リエゾンは密なチームワークを必要とするので、臨床各科との連携が図りやすい総合病院や大学病院で行われやすいです。

医療スタッフとクライエントとの関係

　チーム医療においてスタッフが合意すべきことは、クライエントを中心とした可能性を探り、クライエント自身の自己決定を尊重することです。クライエントの意向を最優先してチームで考えられるベストの問題解決の方法をクライエントと共に探ることが望ましいので、支援チームは時にピアサポーターなどの非専門職も含め対応することが求められます。チームアプローチは決して固定化、パターン化せず、クライエントの状態や状況に合わせて変化します。

　精神保健福祉士は、疾病と障害を併せ持つクライエントを「生活者」として捉え、保健と医療に関わるクライエントの問題を社会生活全体との関連の中で位置付けることが必要です。特に精神科病院に入院中の場合は、医学的な症状を理解しながら、クライエントの対人関係や社会関係が断絶しないように、家族、友人、職場や就学関係、さらには経済的背景にも配慮した退院後の生活をイメージし、より具体的・現実的な提案と助言をチーム内で発信することが期待されます。

入院形態と診療報酬　㉒ ㉓ ㉔ ㉕ ㉖

■ 入院形態

	措置入院	緊急措置入院	医療保護入院		応急入院	任意入院
			家族等の同意あり	家族等の同意が取れない	・自傷他害のおそれはないが急速を要する	本人の同意
要件	自傷他害のおそれあり	・自傷他害のおそれあり ・急速を要す	・自傷他害のおそれなし ・34条で移送された者	・市町村長の同意 ・自傷他害のおそれなし ・34条で移送された者	・家族等の同意が取れない ・公立病院または応急入院指定病院への入院 ・34条で移送された者	
医師	指定医2人以上	指定医1人	指定医1人	指定医1人	指定医1人	医師

	措置入院	緊急措置入院	医療保護入院		応急入院	任意入院
入院届	指定なし	指定なし	要 （10日以内）	要 （10日以内）	ただちに	指定なし
制限		72時間以内に ・指定医2人による措置診察 ・他入院形態へ切替え ・退院		・特定医師による12時間以内の入院可	72時間以内に ・他入院形態へ切替え ・退院 ・特定医師による12時間以内の入院可	・指定医による72時間以内の退院制限可 ・特定医師による12時間以内の退院制限可
退院届	症状消退届ただちに	症状規定なし	要 （10日以内）	規定なし	規定なし	規定なし
定期病状報告	6か月ごと（入院後半年までは3か月ごと）		12か月ごと			不要

※表中の条数は「精神保健福祉法」を示す。

特定医師：4年以上診療または治療に従事した経験を有し、2年以上の精神科臨床の経験を有する、精神科医療に従事する医師として著しく不適当でない者。

入院中、電話や面会を制限する必要がある場合、その理由を診療録に記載して患者に知らせますが、家族等にも知らせなくてはなりません。

　ここは覚える！

第22・23・24・25回で、入院形態について出題されました。第26回では、入院中の行動制限に関する精神保健福祉法の規定について問われました。

落とせない！重要問題

医療保護入院では、家族等の同意により本人を入院させることができる。　第23回

○：なお、家族等とは、本人の配偶者、親権者、扶養義務者、後見人または保佐人を指す（欠格事由あり）。

■ 入院形態マトリクス

■ 精神科専門療法／診療報酬における主なもの

精神科電気痙攣療法（2,800点など）

通院・在宅精神療法（660点など）

救急患者精神科継続支援料（900点など）

認知療法・認知行動療法（480点など）

依存症集団療法（薬物：340点、ギャンブル：300点、アルコール：300点）

精神科ショート・ケア（大規模：330点、小規模：275点）

精神科デイ・ケア（大規模：700点、小規模：590点）

精神科デイ・ナイト・ケア（1,000点）

精神科ナイト・ケア（540点）

精神科退院指導料（320点）

精神科訪問看護・指導料（580点など）

重度認知症患者デイ・ケア料（1,040点）

精神科専門療法においては、医師、看護師、精神保健福祉士、作業療法士、公認心理師などが保険診療サービスの担い手となります。

Q — A

- □ **1** 中脳は摂食、体温、情動の調節に関わっている。 第23回 — ×
- □ **2** 頭頂葉では、意欲や意志の統合が行われる。 第20回 — ×
- □ **3** 延髄は呼吸をつかさどる。 第24回 — ○
- □ **4** 「不合理とは考えるが、否定すると不安になる」との訴えは、強迫観念である。 第20回 — ○
- □ **5** 「ある時点から後のことを思い出せない」との訴えは、逆行健忘である。 第20回 — ×
- □ **6** 1日の中で症状が顕著に変動することが特徴である精神疾患として、アルツハイマー型認知症がある。 第20回 — ×
- □ **7** アルコール依存症の離脱症状として、徐脈がある。 第20回 — ×
- □ **8** 断酒会は匿名で参加する自助グループである。 第26回 — ×
- □ **9** 「発症に明らかな誘因がある」のは、予後がよいと推測される統合失調症の特徴のひとつである。 第24回 — ○
- □ **10** 連合弛緩はアルツハイマー型認知症を疑う症状である。 第25回 — ×
- □ **11** 貧困妄想は統合失調症の陰性症状でよく見られる症状である。 第25回 — ×
- □ **12** 統合失調症の非薬物的治療法として多く用いられているものは、曝露療法である。 第21回 — ×

解説

1 中脳ではなく視床下部が正しい。中脳は姿勢反射、瞳孔反射、角膜反射をつかさどる。

2 意欲や意志の統合が行われるのは「前頭葉」。「頭頂葉」では感覚情報の統合、空間や身体の認知が行われる。

5 前向（性）健忘である。

6 1日の中で症状が顕著に変動することが特徴である精神疾患はレビー小体型認知症で、主症状は緩徐に進行する認知症とパーキンソン症状である。

7 アルコール依存症の離脱症状として振戦がある。他にせん妄、幻視、発汗、イライラ、不眠などがある。

8 断酒会は実名を名乗って参加する（家族も参加可能）。アルコホーリクス・アノニマス（AA）は匿名で、原則本人が参加する。

10 連合弛緩は統合失調症の症状であり、アルツハイマー型認知症の初期症状としては物忘れ（記銘力障害）や物盗られ妄想がある。

11 「貧困妄想」は、主に気分（感情）障害で生じる。統合失調症の陰性症状は、感情鈍麻や無気力、自閉、自発性の低下、周囲への無関心など。

12 統合失調症の非薬物的治療法として多く用いられているものは、作業療法である。

第**1**章の理解度チェック

Q ——————————————————————— **A**

☐ **13** 双極性障害には「自分は何でもできる」と気が大きくなる躁病エピソードがある。 第26回 　〇

☐ **14** 「自分は過去に重大な罪を犯したので、罰を受けている」は、うつ病患者の訴えである。 第21回 　〇

☐ **15** うつ病では食欲亢進が見られることがある。 第23回 　〇

☐ **16** パニック発作の典型的な症状に「空虚感を認める」がある。 第26回 　×

☐ **17** 心的外傷後ストレス障害（PTSD）の典型的な症状は、考想吹入である。 第22回 　×

☐ **18** 神経性大食症の患者に認められる、過食に対する不適切な代償行為として緩下剤乱用がある。 第25回 　〇

☐ **19** 注意欠如・多動症（ADHD）の不注意の症状として「しゃべりすぎる」ことがある。 第23回 　×

☐ **20** 抗精神病薬の主な副作用は遅発性ジスキネジアである。 第22回 　〇

☐ **21** 選択的セロトニン再取り込み阻害薬（SSRI）の副作用には消化性潰瘍がある。 第21回 　×

☐ **22** 自動思考は精神分析療法に関係の深い概念である。 第24回 　×

☐ **23** 修正型電気けいれん療法では、麻酔科医との連携が必要である。 第21回 　〇

☐ **24** 医療保護入院を検討すべき要件として、医療や保護に急速を要し、家族等の同意を得ることができない場合がある。 第22回 　×

解説

16 パニック発作の典型的な症状は、動悸、発汗、息苦しさ、身震い、窒息感、胸痛、嘔気、めまい感、寒気、異常感覚などがある。

17 心的外傷後ストレス障害の典型的な症状は、アンヘドニア（物事を楽しめなくなる状態のこと）である。考想吹入は統合失調症の症状。

19 「しゃべりすぎる」は過活動の症状である。不注意の症状としては日々の活動で忘れっぽい、または忘れ物が目立ったり、

課題や活動を順序立てたりすることが困難である等がある。

21 選択的セロトニン再取り込み阻害薬（SSRI）の副作用には眠気、嘔気がある。

22 自動思考は認知行動療法に関係の深い概念で、出来事に対し瞬間的に思い浮かぶ考えのことである。

24 記述は応急入院の説明。正しくは「本人に精神疾患に対する病識がなく、入院治療の必要性を理解できていない場合」である。

第 2 章

現代の精神保健の
課題と支援

この科目のよく出るテーマ5

❶ 自殺

　ほぼ毎年出題される頻出テーマです。自殺についての近年の動向を確認するとともに、いじめや過労など、自殺の要因となるような課題についてもあわせて整理することが必要です。

❷ 労働と精神保健

　近年、労働者の精神疾患について意識が高まっています。ストレスチェック、EAPなどは頻繁に出題されています。それぞれの内容や、それにまつわる法律などについて整理しておきましょう。

❸ 依存症

　薬物依存、アルコール依存のメカニズムや関係法令は頻出問題です。アルコール健康障害対策推進法に基づく施策についても出題されているため、どのような取り組みが行われているのかも確認しておきましょう。また、近年はネット依存やゲーム依存など新たな依存対象についても押さえておく必要があります。

❹ いじめ・不登校

　いじめや不登校など、学校精神保健に関わる問題は定期的に出題されています。これらの課題には発達障害や自殺など、他のキーワードも関連していることから、いじめや不登校の数的データのみを把握するのではなく、その背景や対応についても確認しておきましょう。

❺ 関係行政機関

　精神保健の担い手として、各種行政機関を外すことはできません。各行政機関の役割を整理し、それぞれの課題に対してどの行政機関が、どのような役割を担っているのかを、きちんと把握することが求められます。

攻略のポイント

上記のほか、ジェンダーや災害精神保健など、時勢に合わせた出題もなされています。近年の精神保健に関する情報についても把握しておくことが望まれます。

現代の精神保健分野の動向と基本的考え方

頻出度 | 🐾🐾🐾 🐾🐾🐾

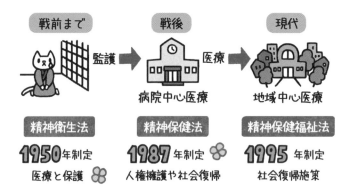

戦前まで		戦後		現代
	監護→	病院中心医療	医療→	地域中心医療
精神衛生法		精神保健法		精神保健福祉法
1950年制定		1987年制定		1995年制定
医療と保護		人権擁護や社会復帰		社会復帰施策

日本の精神保健医療福祉の歴史と動向　㉕

▶ 戦前までの精神障害者対策

　明治以前、日本において精神疾患の治療は確立されておらず、精神疾患を抱えているだけで偏見の目で見られ、大多数の精神病者たちは在宅で生活をし、家によっては座敷牢での生活を余儀なくされた精神病者も少なくありませんでした。

　日本における精神疾患患者の状況の劣悪さは、1887（明治20）年の相馬事件（第3章169ページ参照）の報道を機に国外にも知られ、その後、1900（明治33）年より精神疾患に関する法制度が不十分ながら整っていくことになります。

1900（明治33）年　精神病者監護法制定
・日本初の精神病者に関する法律で、私宅監置を警察の許可制とすることで法的に監護義務者による私宅監置を認めた（社会的防衛の意図が強い） ・東京大学教授・呉秀三らが『精神病者私宅監置ノ実況及ビ其統計的観察』の中で、「わが国十何万の精神病者はこの病を受けたるの不幸のほかに、この国に生まれたるの不幸を重ぬるものというべし」と述べ、悲惨な状況を明らかにし、非人道的な精神病者監護法の廃止と、国立及び道府県立精神科病院建設のための新しい法律の制定を訴えた

1919（大正8）年　精神病院法制定

・監護から医療への転換が考えられ制定された法律で、道府県に公立精神科病院を設置し、地方長官が患者を入院させる制度について定めた
・国立病院設置の規定や、道府県の精神科病院の設置義務はなく、民間の代用病院制度を設けたことにより、精神科病院の設置は進まなかった
・精神病者監護法も継続していたため、私宅監置の問題も解消されない状況が続く

1902（明治35）年、呉秀三夫人である呉皆子は、精神病者慈善救護会を設立し、貧困精神障害者への慈善活動を行いました。1921（大正10）年に精神病者救治会に改称、社会事業を行うようになります。

📖 **代用病院制度**：私立病院であっても、一定の基準を満たせば公立病院の代わりになりうるとした制度。

▶ 精神衛生法

1950（昭和25）年　精神衛生法制定

・精神病者に対する医療と保護を目的に、私宅監置の廃止、都道府県に対して精神科病院の設置の義務づけ、措置入院制度、同意入院制度、保護義務者制度による入院制度の整備、精神衛生鑑定医制度の新設（精神障害者の拘束の要否を決定することが目的）などを定める（精神病者監護法と精神病院法を廃止）
・当時の精神障害者に対する病床数の圧倒的な不足が判明し、精神科病院が急増

1964（昭和39）年　ライシャワー事件

・駐日アメリカ大使のライシャワー氏が統合失調症患者に刺される事件が起き、精神障害者に対する対策が十分でないことが浮き彫りとなる。その流れを受け、1965（昭和40）年に精神衛生法が一部改正（社会防衛的な側面が強い）
〈一部改正の主なポイント〉
　・自傷他害が著しい精神障害者に対する緊急措置入院制度の新設
　・通院医療費公費負担制度の新設
　・保健所を地域における精神保健行政の第一線機関に位置付ける
　・保健所へ精神衛生相談員の配置
　・保健所に対する技術指導援助等を行う精神衛生センターを各都道府県に設置 等

1954（昭和29）年の調査では、入院を必要とする患者が35万人に対して精神病床は3万床であることが判明しました。

▶ 精神保健法

1987（昭和62）年　精神保健法制定

・1984（昭和59）年に起きた**宇都宮病院事件**（入院患者に対する職員による暴行で患者2人が死亡）を契機に、精神衛生法を改正する形で制定（5年後の見直しを附則に規定）
・従来の医療に重点を置いたものから、入院患者の人権擁護や社会復帰の促進が取り入れられるなど、大きく転換することになった

〈精神保健法の主なポイント〉
・任意入院制度の新設
・応急入院制度の新設
・精神保健指定医制度の新設
・精神医療審査会制度の新設
・入院時等の書面による告知義務規定の新設
・精神障害者社会復帰施設の規定の新設

1993（平成5）年　精神保健法の一部改正

〈一部改正の主なポイント〉
・精神障害者地域生活援助事業(グループホーム)の法制化
・保護義務者から保護者への名称変更
・都道府県事務を政令市に移譲する大都市特例の規定
・精神障害者社会復帰促進センターを全国で1か所設置

以前は全国精神障害者家族会連合会が精神障害者社会復帰促進センターとして指定されていましたが、現在、指定されている団体はありません。

▶ 精神保健福祉法

1993（平成5）年　障害者基本法制定

・精神保健法の改正後の12月に成立。初めて精神障害者を身体障害者や知的障害者と同様に施策の対象となる障害者の範囲として、明確に位置付けた法律
・障害者基本法の基本理念として、「社会を構成する一員として社会、経済、文化その他あらゆる分野の活動に参加する機会を与えられる」ことが示され、医療施策だけではなく、福祉施策についても充実させる必要があるとの考えが高まってきた

1995（平成7）年　精神保健及び精神障害者福祉に関する法律（精神保健福祉法）制定

・障害者基本法制定を受け、精神保健法を改正・改称して制定。手帳制度をはじめ社会復帰施策が強化されることになった

〈精神保健福祉法の主なポイント〉
・精神障害者福祉手帳制度の創設
・通院患者リハビリテーション事業を精神障害者社会適応訓練事業として法制化（2012（平成24）年の改正により社会適応訓練事業の項目は削除）
・市町村の役割について明記
・社会復帰施設の4類型の明記（生活訓練施設・授産施設・福祉工場・福祉ホーム）
・公費負担医療の医療保険優先化
・精神保健指定医制度の充実

その後、精神保健福祉法の見直しが行われ、1999（平成11）年に改正が行われました。特に精神障害者の人権擁護について多くの改正が行われています。また、施行時期がそれぞれずれていることにも注意が必要です。

■ 1999（平成11）年の改正精神保健福祉法の主なポイント

2000（平成12）年4月施行分
・精神医療審査会の機能強化（委員数の制限廃止など） ・医療保護入院の要件の明確化 ・移送制度の新設 ・精神科病院に対する指導監督の強化 ・保護者の自傷他害防止監督義務規定の削除等の負担軽減 ・精神障害者地域生活支援センターを社会復帰施設に追加
2002（平成14）年4月施行分
・精神保健福祉センターでの通院医療費公費負担・精神障害者保健福祉手帳の審査及び精神医療審査会の事務局業務の追加 ・精神障害者地域生活援助事業（グループホーム）に、精神障害者居宅介護等事業（ホームヘルプサービス）、精神障害者短期入所事業（ショートステイ）が加わり、精神障害者居宅生活支援事業を法定化 ・市町村の役割強化（福祉サービスの利用に関する相談、助言等を市町村中心で行う）

施行時期が内容によって異なるものは、いつ施行されたのかをしっかり覚えておきましょう。

▶ **精神保健医療福祉の改革ビジョン**

2004（平成16）年9月、厚生労働大臣を本部長とする精神保健福祉対策本部によって、**精神保健医療福祉の改革ビジョン**が提出されました。これは、日本の精神保健医療福祉のあり方について今までの入院医療中心から地域生活中心へと改革していくため、今後約10年間においての目標を表したものです。

特に、条件さえ整えば退院可能とした7万人に対して、10年後までに解消を図ることを表し、それを受けて受け皿となる地域整備についても検討していくこととなりました。

国民意識の変革の達成目標	精神疾患は生活習慣病と同じく誰もがかかりうる病気であることについての認知度を90%以上とする
精神保健医療福祉体系の再編の達成目標	・各都道府県の平均残存率（1年未満群）を24%以下とする ・各都道府県の退院率（1年以上群）を29%以上とする

> 2011（平成23）年には地域保健医療計画における4大疾患（がん・脳卒中・急性心筋梗塞・糖尿病）に精神疾患が加わることになり、その認知はより高まってきているといえます。

▶ 改革のグランドデザイン

2004（平成16）年10月、厚生労働省の試案として、今後の障害保健福祉施策について（改革のグランドデザイン）が発表されました。これは、地域の基盤や実施体制の整備に一定の準備期間を要する項目と制度の持続可能性の確保の観点から、できる限り速やかに実施すべき項目等に区分して実施スケジュール等を整理するものです。精神障害者に対しては、先に提出された精神保健医療福祉の改革ビジョンに基づいて改革を進めるものとしました。

■ 改革のグランドデザインの基本的な視点

・障害保健福祉の総合化
・自立支援型システムへの転換
・制度の持続可能性の確保
障害者本人を中心にした個別の支援を効果的・効率的に進められる基盤づくり

→ 障害者自立支援法のベース

さらに、2005（平成17）年に「精神保健医療福祉の改革ビジョン」や「改革のグランドデザイン」に基づいて精神保健福祉法の改正が行われました。この改正では、その内容が「障害者自立支援法等の施行に伴って削除された内容」「精神保健医療福祉の改革ビジョン等に基づいた改正」の大きく2つに分けられています。その他、精神障害者の定義も変更が行われました。

■ 2005（平成17）年改正精神保健福祉法の主なポイント

2005（平成17）年11月施行
・精神障害者の定義の中で、精神分裂病が統合失調症に改められる（日本精神神経学会では2002（平成14）年に名称変更）
2006（平成18）年4月施行
・法律の目的に、「障害者自立支援法に相まって」と文言を追加 ・障害者自立支援法の施行に伴う精神保健福祉センターの業務規定の整理 ・地方精神保健福祉審議会を義務設置から任意設置に変更 ・精神障害者通院医療費公費負担制度に関する規定の削除 ・市町村による精神障害者の福祉に関する相談指導の義務規定化 ・市町村に精神保健福祉相談員の配置を可能とした ・精神障害者居宅生活支援事業に関する規定を削除
2006（平成18）年10月施行
・精神医療審査会の合議体の医療委員数を3名から2名以上に変更 ・緊急やむを得ない場合に12時間を限度として指定医の診察がなくても特定医師の診察により任意入院患者に対する退院制限、医療保護入院または応急入院を行うことができる仕組みの導入 ・改善命令等を受けた精神科病院に入院する任意入院患者の定期病状報告を条例に基づき求めることができる仕組みの導入 ・精神障害者社会復帰施設に関する規定の削除

特定医師になるには4年以上診療または治療に従事した経験を有し、かつ精神科の臨床経験を2年以上有していること、精神科医療に従事する医師として著しく不適当でないことが必要、とされています。

▶ 2013（平成25）年改正精神保健福祉法

　2013（平成25）年に改正精神保健福祉法が成立し、翌年から順次施行されることになりました。この改正では、精神障害者の医療の提供を確保するための指針の作成や、従来の保護者制度が廃止され、医療保護入院における保護者の同意要件が外れて家族等の同意によるものとなりました。さらに、医療保護入院者の退院に向けた支援が新たに設置されることとなりました。

■ 2013（平成25）年改正精神保健福祉法の主なポイント

2014（平成26）年4月施行（4の①のみ2016（平成28）年4月1日施行）

1 精神障害者の医療の提供を確保するための指針の策定
2 保護者制度の廃止
3 医療保護入院の見直し
　① 医療保護入院における保護者の同意要件を外し、家族等のうちのいずれかの者の同意を要件とする（家族等とは、配偶者、親権者、扶養義務者、後見人または保佐人。該当者がいない場合等は、市町村長が同意の判断を行う）
　② 精神科病院の管理者に、以下を義務付ける
　・医療保護入院者の退院後の生活環境に関する相談及び指導を行う者（退院後生活環境相談員）の設置
　・地域援助事業者（入院者本人や家族からの相談に応じ必要な情報提供等を行う相談支援事業者等）との連携
　・退院促進のための体制整備（医療保護入院者退院支援委員会等）
4 精神医療審査会に関する見直し
　① 精神医療審査会の委員として、「精神障害者の保健または福祉に関し学識経験を有する者」を規定
　② 精神医療審査会に対し、退院等の請求をできる者として、入院者本人とともに、家族等を規定

ここでいう扶養義務者とは、直系血族、兄弟姉妹及び家庭裁判所に選任された三親等以内の親族のことを指します。また、地域援助事業者の範囲としては、一般相談支援事業者及び特定相談支援事業者や、居宅介護支援事業者等が該当します。

■ 退院後生活環境相談員となる者の資格

① 精神保健福祉士
② 看護職員（保健師を含む）、作業療法士、社会福祉士または公認心理師として精神障害者に関する業務に従事した経験を有する者
③ 3年以上精神障害者及びその家族等との退院後の生活環境に関する相談及び指導に関する業務に従事した経験を有する者で、厚生労働大臣が定める研修を修了した者

■ 医療保護入院者退院支援委員会の概要（2024（令和6）年度以降）

対象者	入院時に定めた入院期間（2回目以降の更新については、更新された入院期間）の更新が必要な医療保護入院者
出席者	1 当該医療保護入院者の主治医（主治医が精神保健指定医でない場合は、主治医以外の精神保健指定医も出席） 2 看護職員（当該医療保護入院者を担当する看護職員の出席が望ましい） 3 当該医療保護入院者について選任された退院後生活環境相談員 4 1～3以外の病院の管理者が出席を求める当該病院職員 5 当該医療保護入院者本人（本人が出席を希望する場合） 6 当該医療保護入院者の家族等（本人が出席を求めた場合であって、出席を求められた者が出席要請に応じるとき） 7 地域援助事業者その他の当該精神障害者の退院後の生活環境に関わる者（6と同様）

> 措置・医療保護入院患者に対する退院後生活環境相談員の選任は、入院後7日以内に行うこととなっています。また、医療保護入院者退院支援委員会では、医療保護入院の入院継続の必要性や、推定される入院期間、入院期間中の退院に向けた取り組みなどが審議されます。

▶ 精神障害にも対応した地域包括ケアシステム

　2017（平成29）年の「これからの精神保健医療福祉のあり方に関する検討会」報告書で、精神障害者が地域の一員として、安心して自分らしい暮らしができるよう、医療、障害福祉・介護、社会参加、住まい、地域の助け合い、教育が包括された「精神障害にも対応した地域包括ケアシステム」の構築を目指すことが示されました。

　これに基づき、第5期障害福祉計画においても、成果目標として、保健・医療・福祉関係者による協議の場の設置（圏域、市町村ごと）や、入院患者数の減少、退院率の上昇が示されました。

　2021（令和3）年度からの第6期障害福祉計画では、精神障害者の精神病床から退院後1年以内の地域における平均生活日数を316日以上にすることが盛り込まれました。

> 精神障害にも対応した地域包括ケアシステム構築のため、地域分析を行うデータベースとして「ReMHRAD（リムラッド）」が公開されています。

▶ 2022（令和4）年精神保健福祉法改正

　国連による障害者権利条約の査察を受け、不適切な入院や虐待など、精神科の入院について多くの事案が上がる中、障害者総合支援法とともに、精神保健福祉法も改正されることとなりました。この改正では、精神科病院における虐待対応についての規定や、医療保護入院について改正がなされました。

■ 2022（令和4）年改正精神保健福祉法の主なポイント

- 家族等が同意・不同意の意思表示を行わない場合にも、市町村長の同意により医療保護入院を行うことを可能に
- 退院後生活環境相談員について、措置入院者にも選任することを義務化
- 地域援助事業者の紹介を義務化するとともに、措置入院者にも適用
- 医療保護入院の入院期間を定め、入院中の医療保護入院者について、一定期間ごとに入院要件の確認を行うことに
- 市町村長同意による医療保護入院者を中心に、本人の希望のもと、入院者の体験や気持ちを丁寧に聴くとともに、必要な情報提供を行う「入院者訪問支援事業」を創設
- 医療保護入院者等に対して行う告知の内容に、入院措置を採る理由を追加し、通知先に家族を追加
- 虐待防止に向け、精神科病院において従事者等への研修、普及啓発等を行う。また、従事者による虐待を発見した場合に都道府県等に通報する仕組みを整備
- 都道府県及び市町村が実施する精神保健に関する相談支援について、精神障害者のほか精神保健に課題を抱える者も対象にできるようにするとともに、これらの者の心身の状態に応じた適切な支援の包括的な確保を旨とすることを明確化

精神の健康と関連する要因及び精神保健の概要

頻出度 | 🐾🐾🐾

ストレス予防

・一次予防（健康増進や疾病予防）

・二次予防（早期発見、早期治療により
障害を残さない）

・三次予防（リハビリテーション）

ストレスと精神の健康　㉑㉒㉓㉔㉕

　ストレスとは、セリエ（Selye, H.）が提唱したもので、物理的、心理的な刺激（ストレッサー）が加わることにより生じる生体のゆがみを指します。人は常に何らかの刺激を受けていますが、過度な刺激を受けると、受けた人の抵抗力が低下します。その後、抵抗力がつくものの、この段階で何らかのストレス回避行動が行われず、そのまま刺激を受け続けると疲憊（ひはい）状態になります。

　ストレスを受けることによる障害は、主に身体面、精神面、行動面の3つに生じてくるとされています。

　ストレッサーになるのは、必ずしも嫌なことだけではありません。結婚や昇格など、一般的に喜ばしいことも大きなストレスとなります。

■ 人におけるストレス障害

	現れるストレス性障害
身体面	心身症など
精神面	うつ病、燃え尽き症候群など
行動面	逸脱行動、アルコール・ギャンブル依存など

問題	内容
人間関係	家庭、学校、職場などにおける人間関係
役割上の問題	家庭や職場などで求められる役割
欲求不満	食事や金銭などの基本的欲求など
社会環境の問題	職場、住環境、社会情勢など

▶ ストレス管理

　ストレス管理の上では、「ストレスに気づく」ことがとても重要であると考えられています。ストレスに気づくことで、それに対してどのような行動をとるかを考えることができ、受けなくてもよいストレスを受ける事態を避けることができます。例えば、自分に合う様々な発散方法を使う、ストレスの原因になっている自分の行動パターンや人生目標、環境などを少し変えてみるなどがあります。

　また、どれだけ避けようとしても避けられないストレスも出てきます。乗り越えるためには、それぞれのストレス発散法やリラクゼーション技法、**ストレス・コーピング**などを活用して、受けるストレスをしのぐ必要があります。

急性ストレス反応と心的外傷後ストレス障害（PTSD）については、第1章39ページを参照してください。

ここは覚える！

第21回で、ストレス・コーピングについて出題されました。ストレスへの対処法のことであり、ストレスをどうとらえて行動するのかによって、ストレスから受ける影響を小さくできます。

▶ トラウマインフォームドケア

　大きな事件や事故、災害や虐待やいじめなどによりトラウマを生じることは実は身近なことといえます。トラウマとその影響について知識を持ち、それに基づいた関わりを行うことを**トラウマインフォームドケア**といいます。トラウマインフォームドケアにおいては、4つのR（理解する（Realize）、気づく（Recognize）、対応する（Respond）、再受傷させない（Resist re-traumatize））が重要とされています。

▶ ストレス予防の考え方

● 保健学における予防

　保健事業の目的は、①健康の保持・増進、②疾病予防、③早期発見・早期治療に加え、④早期の社会復帰、⑤再発予防などがあるといわれています。これを実施するために、疫学などを活用しながら行っていくこととなります。

　保健学における予防について、リーベル（Leavell, H. R.）らは「**一次予防**」（健康増進や疾病予防）、「**二次予防**」（早期発見、早期治療により障害を残さない）、「**三次予防**」（リハビリテーション）として述べており、多くの分野でこの概念が生かされています。

疫学は「人間集団の健康と疾病に関わる諸要件と諸条件の相互関係を頻度と分布によって明らかにしようとする医学の一方法論」と定義されています。

▶ 予防精神医学

　リーベルの述べた予防は全般的なものであったことから、**カプラン**（Caplan, G.）は予防という概念に対して、それを精神保健に置き換えた概念を新たに提示しています。

　カプランは**予防精神医学**について、「本質的には機能的あるいは地理的に限定された人口集団内の精神保健ニーズを満たすプロセスである」と定義しています。精神保健における予防の概念としてはリーベルと同じ形態ですが、内容については、次表のように精神疾患に合わせたものになっています。

■ **カプランによる精神保健における予防の概念**

第一次予防	精神障害者の発生を予防する
第二次予防	精神障害の早期発見や早期治療を進める
第三次予防	社会復帰支援を推進すること

 ここは覚える！

第23回で、予防精神医学の提唱者が問われました。第22・25回では、精神保健の予防の概念について問われました。第一次から第三次まで、概念を押さえておきましょう。

▶DUPとは

　精神疾患の発症から受診に至るまでの機関のことをDUP（精神疾患未治療期間）と呼び、概ね1年から2年とされています。DUPが長いほど回復が遅れる、予後不良、適切な支援を受ける機会の喪失などのデメリットが生じます。

　精神疾患の受療率は、人口10万対で入院が188、外来が211と入院患者は減少傾向ですが、一方で外来患者は増加傾向にあります（2023（令和5）年現在）。以前に比べて受診に至るハードルは下がっているともいえますが、より早期に対応できる社会になっていくことが望まれます。

▶精神保健に関する各種統計

　精神保健に関する各種の統計は、その時代時代の精神保健について明確に表す指標といえます。ここでは、特に精神科医療に関する統計について記しますので、必ず確認しておきましょう。

■ 2020（令和2）年の傷病分類別入院・外来患者数（単位：千人）

	入院	外来
血管性及び詳細不明の認知症	25.3	13.8
統合失調症、統合失調症型障害及び妄想性障害	143.0	50.0
気分（感情）障害（躁うつ病も含む）	28.0	91.4

資料：厚生労働省「令和2年患者調査」

■ 2022（令和4）年の病床の種類別にみた平均在院日数

	平均在院日数
全病床	27.3
精神病床	276.7
感染症病床	10.5
結核病床	44.5
療養病床	126.5
一般病床	16.2

資料：厚生労働省「令和4年医療施設（動態）調査・病院報告」

■ 入院形態別入院患者の推移（各年6月30日時点の在院患者数）

	総数	措置入院	医療保護入院	任意入院	その他
令和4年	258,920	1,546	130,490	125,459	900
令和元年	272,096	1,585	127,429	141,818	860
平成29年	284,172	1,621	130,360	150,722	829
平成27年	284,806	1,515	127,599	153,833	1,859
平成25年	297,436	1,663	136,680	157,178	1,915
平成23年	304,394	1,501	133,096	167,968	1,829

資料：国立精神・神経医療研究センター「令和4年度 精神保健福祉資料」

■ 入院患者の疾病別構成割合

	人数
統合失調症、統合失調症型障害及び妄想性障害	130,257
症状性を含む器質性精神障害	72,929
気分（感情）障害	24,915
精神作用物質による精神及び行動の障害	10,220
神経症性障害、ストレス関連障害及び身体表現性障害	4,922

資料：国立精神・神経医療研究センター「令和4年度 精神保健福祉資料」

■ 入院患者の在院期間別構成割合

	人数	割合（%）
1か月未満	25,918	10.0
1か月以上3か月未満	29,293	11.3
3か月以上6か月未満	18,524	7.2
6か月以上1年未満	24,875	9.6
1年以上5年未満	81,251	31.4
5年以上10年未満	34,646	13.4
10年以上20年未満	25,479	9.8
20年以上	18,933	7.3

資料：国立精神・神経医療研究センター「令和4年度 精神保健福祉資料」

3 家族に関連する精神保健の課題と支援

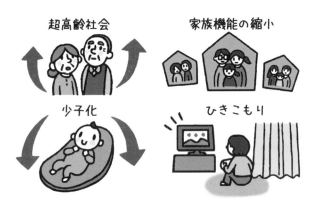

超高齢社会　家族機能の縮小

少子化　ひきこもり

現代日本の家族の形態と機能

▶ 人口動態

　日本の総人口は、現在約1億2,434.2万人（2023（令和5）年11月1日現在）とされています。前年に比べて約57.1万人の減少となっており、現在の人口増減率は下降傾向をたどっているとされています。

　出生率は、第2次ベビーブームである1971（昭和46）～1974（昭和49）年をピークとして年々減少しており、2015（平成27）年度では100万5,677人と、1973（昭和48）年の209万人に比べほぼ半減しているといえます。このことから、人口ピラミッドで見た場合、第1次ベビーブームであった1947（昭和22）～1949（昭和24）年と1971（昭和46）～1974（昭和49）年の2か所に山があり、支えている年少人口（0～14歳）が細い形となっています。

　人口を年齢別で3区分に分けると、老年人口（65歳以上）が年少人口（0～14歳）の倍近くを占め、1997（平成9）年に年少人口と老年人口の割合が逆転して以来、差は広まる一方です。

■ 出生数及び合計特殊出生率の推移

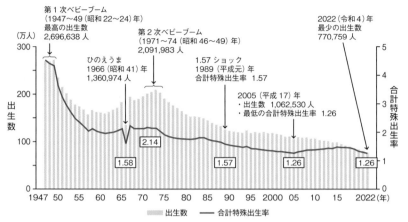

資料：厚生労働省「人口動態統計」

■ 日本の人口ピラミッド（2022年10月1日現在）

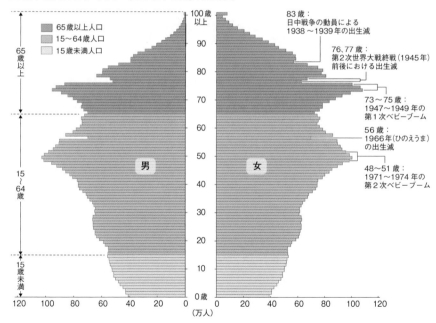

資料：総務省「人口推計（2022年（令和3年）10月1日現在）結果」
(https://www.stat.go.jp/data/jinsui/2022np/index.html)

▶ 家族の形態

　現代では、以前多く見られた大家族から核家族、共働きの家庭が増加したり、個人のプライベートが重視されがちとなることから、家族機能の縮小化が見られるようになりました。

　具体的には、子どもの保育や親の介護など、以前は家庭内で完結していたことが、保育所、特別養護老人ホームなどの外部施設の利用が普通になってきていることなどが挙げられます。

　また、家族内における**性による役割**や**価値観が多様化**してきたことも特徴といえます。例えば、育児休暇を男性が取得する、また主夫として妻を支えることも一つの選択肢として考えられるようになりました。

📖 **核家族**：①両親に未婚の子ども、②夫婦のみ、③父親もしくは母親と未婚の子どもで構成される家族のこと。この反対が大家族で、定義上は他の世帯が入っていなければ未婚の子どもが何人いても核家族として取り扱われる。

結婚生活と精神保健　　㉒ ㉔

▶ 未婚・晩婚化

　女性の社会進出が進むにつれ、結婚をすることにより家庭に縛られたくない、仕事をしたいという女性が増えるなど晩婚化が進み、母親の年齢別出生率も高年齢にシフトしてきています。また女性だけでなく男性も結婚を早くに望まない人が増えてきており、結婚に対する認識が大きく変わってきているといえるでしょう。

■ 年齢別合計特殊出生率

年	合計特殊出生率	15〜19歳	20〜24歳	25〜29歳	30〜34歳	35〜39歳	40〜44歳	45〜49歳
2005	1.26	0.0253	0.1823	0.4228	0.4285	0.1761	0.0242	0.0008
2022	1.26	0.0085	0.0921	0.3483	0.4706	0.2722	0.0629	0.0019

資料：厚生労働省「人口動態調査」をもとに作成

▶ DV

　DVとは、配偶者もしくは内縁者に対する家庭内暴力（Domestic Violence）のことを指します。近年、DVの相談件数は増え続けており、配偶者暴力相談支

援センターによると、2022（令和4）年度には約12.2万件の相談がありました。なお日本語が十分に話せない被害者はそのうち1,495件でした。警察が関与した家庭内暴力についての対応件数も、2013（平成25）年では約4.9万件だったのが2022（令和4）年では約8.4万件と増加を続けています。

　DV対策として行われたものの一つに、2001（平成13）年施行の**配偶者からの暴力の防止及び被害者の保護等に関する法律（DV防止法）**があります。これにより、**一時保護委託制度**や**配偶者暴力相談支援センター**の設置が行われました。なお、DV防止法はたびたび一部改正が行われています。

■ DV防止法の改正内容

2004（平成16）年改正	・配偶者からの暴力の定義の拡大 ・保護命令制度の拡充 ・市町村による配偶者暴力相談支援センターの業務実施 ・被害者の自立支援の明確化
2007（平成19）年改正	・市町村基本計画の策定 ・市町村による配偶者暴力相談支援センター設置の努力義務化 ・保護命令制度の拡充 ・配偶者暴力相談支援センターの長への保護命令等に関する通知
2013（平成25）年改正	・適用対象の拡大（生活の本拠を共にする交際相手（婚姻関係における共同生活を営んでいない者を除く））
2019（令和元）年改正	・相互に連携・協力する機関として児童相談所が明確化 ・保護対象として被害者の同伴家族を含むことを明確化
2023（令和5）年改正	・保護命令制度の拡充・保護命令違反の厳罰化 ・基本方針・都道府県基本計画の記載事項の拡充 ・協議会の法定化

　暴力の原因として、夫が妻に暴力を振るうのはある程度は仕方がないものだといった考え方や、妻に収入がない場合が多いといった男女の経済的格差など、個人の問題として片付けられないような、社会全体としての構造的問題も大きく関係しているとされています。

ここは覚える！

第22・24回で、DV防止法について出題されました。配偶者の定義や配偶者暴力相談支援センターなど関連事項を押さえておきましょう。

落とせない！重要問題

DV防止法において、配偶者からの身体に対する暴力を受けた被害者の申立てにより、配偶者に保護命令を発することができる機関は警察署である。 第24回

×：裁判所である。

育児を巡る精神保健　㉓

▶ 少子化

　2022（令和4）年の人口動態統計を見ると、出生数は約77.8万人、人口千対の出生率が6.3、合計特殊出生率は1.26と低い水準を維持している状況です。近年の合計特殊出生率の低下傾向は20歳代の出生率の低下によるものですが、30〜49歳の層が増加傾向にあり、最も高いのは30〜34歳の層となっています。医療が進歩するにつれ、40歳を過ぎてから初産を経験するということも珍しくはなくなりました。

　合計特殊出生率：一人の女性が生涯に出産する子どもの数のことを指す。人口維持のために必要な合計特殊出生率は2.07程度といわれている。

▶ 少子化対策

　1990（平成2）年の「1.57ショック」を契機に、政府は仕事と子育ての両立支援など、子どもを生み育てやすい環境づくりに向けての対策を検討していくことになりました。その結果、1994（平成6）年の「今後の子育て支援のための施策の基本的方向について」（**エンゼルプラン**）や、1999（平成11）年の「重点的に推進すべき少子化対策の具体的実施計画について」（**新エンゼルプラン**）が策定されていきます。

　2002（平成14）年には厚生労働省により「少子化対策プラスワン」が作成され、従来の施策に加え、男性を含めた働き方の見直しなどについても行われるようになりました。それを受けて2003（平成15）年7月、**次世代育成支援対策推進法**が制定されました。同法は、次代の社会を担う子どもが健やかに生まれ、育成されるための環境整備を進めていくことを目的としています。

● その他の対策

2003（平成15）年7月、**少子化社会対策基本法**が制定され（同年9月から施行）、同法に基づき2004（平成16）年6月に国の基本施策をまとめた少子化社会対策大綱が閣議決定されました。同年12月には、**少子化社会対策大綱**に盛り込まれた施策の効果的な推進を図るため、「少子化社会対策大綱に基づく具体的実施計画」（**子ども・子育て応援プラン**）が策定されています。これにより、2005（平成17）年度〜2009（平成21）年度の5年間で、従来の保育関係だけでなく若者の自立や働き方の見直しも含めた分野について、具体的な施策内容と目標が掲げられました。

その後、2010（平成22）年に子ども・若者と子育てを応援する社会をつくりあげるための考え方や姿勢をまとめた「**子ども・子育てビジョン**」が閣議決定。それに続き、2015（平成27）年に第3次、2020（令和2）年に第4次少子化社会対策大綱が閣議決定されました。「希望出生率1.8」の実現に向け、社会情勢の変化等を踏まえた、令和の時代にふさわしい当事者目線の少子化対策を進めることになっています。2020（令和2）年までを集中取組期間と位置付け、取り組みが行われました。

■ 第4次少子化社会対策大綱の数値目標（一部）

	大綱策定時の直近値	目標
放課後学童クラブ	130万人	152万人
女性（25〜44歳）の就業率	77.7%	82%
くるみん取得企業	3,312社	4,300社
男性の育児休暇取得率	6.16%	30%

📖 **くるみん**：次世代育成に対して十分な対策を行っていると判断される職場については厚生労働大臣の認定（くるみん認定）を、認定企業がさらに一定の基準を満たすと特例認定（プラチナくるみん）を受けることができる。

2012（平成24）年8月には、子育てに関する課題を解消するために「子ども・子育て支援法」、「認定こども園法の一部改正」などの子ども・子育て関連3法が成立し、これらの法律に基づいて**子ども・子育て支援新制度**が2015（平成27）年からスタートしました。これに合わせ内閣府に「子ども・子育て本部」が設定されました（2023（令和5）年、こども家庭庁の発足に伴い廃止）。

> ① 認定こども園、幼稚園、保育所を通じた共通の給付（施設型給付）及び小規模保育等への給付（地域型保育給付）の創設
> ② 認定こども園制度の改善
> ③ 地域の実情に応じた子ども・子育て支援の充実
> ④ 実施主体を市町村とする
> ⑤ 消費税率の引き上げにより財源確保を前提とする、社会全体による費用負担
> ⑥ 内閣府に子ども・子育て本部を設置し、政府の推進体制を整備
> ⑦ 国に子ども・子育て会議の設置、市町村等の合議制機関の設置努力義務

　また、待機児童の解消を図るため、2010（平成22）年から「国と自治体が一体的に取り組む待機児童解消『先取り』プロジェクト」が行われていましたが、2013（平成25）年4月に取り組みを加速化させるため、**待機児童解消加速化プラン**が策定されました。子ども・子育て支援新制度の施行を待たずに、待機児童解消に意欲的に取り組む地方自治体に対しては、その取り組みを全面的に支援することとしています。

● **ニッポン一億総活躍プラン**

　2016（平成28）年に事業所内保育施設の設置者に対する助成・援助を行う事業の創設などを盛り込んだ子ども・子育て支援法の改正が行われました。また、2016（平成28）年6月にはニッポン一億総活躍プランが閣議決定され、「**希望出生率1.8**」の実現に向けたロードマップを示しています。2017（平成29）年には子育て安心プランが、2020（令和2）年には新子育て安心プランが公表されました。

● **こども家庭庁の発足**

　これまで子どもに関わる所管は内閣府や厚生労働省などバラバラでしたが、子どもと家庭の福祉の増進・保健の向上等の支援、子どもの権利利益の擁護を任務とする、**こども家庭庁**が2023（令和5）年4月に発足しました。これにより、子どもに関する政策について一元的に進めることができるとされています。

　また、それと同時に**こども基本法**が制定されました。基本理念が示され、それに基づいて国や地方公共団体はこども施策を進めていくこととなっています。

■ こども基本法の主なポイント

- 国は子ども施策に関する基本的な方針、重要事項を定めたこども大綱の策定（「少子化社会対策大綱」「子供・若者育成支援推進大綱」「子供の貧困対策に関する大綱」の一元化）
- こども大綱に基づいて、都道府県こども計画、市町村こども計画の策定を努力義務に

▶ 児童虐待

児童虐待の種類は、大きく①身体的虐待、②心理的虐待、③ネグレクト、④性的虐待の4つとされています。児童虐待の実態として、2021（令和3）年度福祉行政報告例によれば、児童相談所への相談件数を内容別に見ると心理的虐待が60.1％と最も多く、身体的虐待（23.7％）、ネグレクト（15.1％）、性的虐待（1.1％）と続いています。

児童虐待の要因として、親の問題、子の問題が複雑に絡み合って起きており、一概に何が問題であるということは困難です。そのような中で、2000（平成12）年に児童虐待の防止等に関する法律（児童虐待防止法）が制定されました。この法律では、児童虐待の早期発見努力、児童虐待の通告義務、都道府県知事の立入調査権、虐待する親の親権行使の制限などが盛り込まれ、この法律を3年後に見直すことが定められていました。しかし、その後も児童虐待は急増し、2004（平成16）年、2007（平成19）年に法改正されていますが、児童虐待については家庭内で行われることから、発見までに時間がかかってしまうケースが多くあることが、今なお問題視されています。

2016（平成28）年、2020（令和2）年にも、児童虐待に対する更なる対策強化に向けた、児童福祉法等の一部が改正されました。2020（令和2）年改正では、児童福祉法において親権者の体罰の禁止、児童相談所の業務の明確化、児童相談所への弁護士の配置、また児童福祉司及びスーパーバイザーの配置基準等が示されました。

明らかな虐待行為のほかにも、行き過ぎた子育て行為を指す「マルトリートメント」という概念があります。

■ 虐待になりえる要因

家庭の状況	両親間の葛藤、心労過労、孤立、子に対する過度で非現実な期待・要求、親になることへの心理的拒否
子の状況	障害児、夜泣きが激しいなど「難しい子」、望まない妊娠からの出産

■ 児童虐待防止法の主な改正点

2004 (平成16) 年改正	・児童虐待の定義の見直し ・国及び地方公共団体の責務の強化 ・児童虐待に係る通告義務の拡大 ・警察署長に対する援助要請等 ・面会・通信制限規定の整備
2007 (平成19) 年改正	・保護者に出頭要求する制度の創設 ・出頭を拒否した場合は、児童相談所に裁判所の令状に基づき、自宅などへ、解錠の上強制的に立ち入る権限を付与 ・接近禁止命令の創設
2016 (平成28) 年改正	・児童相談所から市町村への事案送致を新設 ・臨検・捜索について、再出頭要求を経ずとも裁判所の許可状により実施可能に ・被虐待児に関する資料等の提出ができる機関について、地方公共団体の機関に加え、医療機関、児童福祉施設、学校等が追加 ・親子関係再構築支援として、措置解除時の助言や、保護者への相談・支援を実施
2017 (平成29) 年改正	・接近禁止命令を行うことができる場合の拡大
2020 (令和2) 年改正	・児童の親権を行う者に対し、児童のしつけについて監護及び教育に必要な範囲を超えた懲戒の禁止 ・児童相談所の介入機能と支援機能の分離 ・児童虐待の早期発見の努力義務の対象者の明確化

ここは覚える！

たびたび改正される児童虐待防止法については、それぞれのポイントを把握しておきましょう。

▶ 要保護児童対策地域協議会

　2004（平成16）年の児童福祉法改正において、虐待を受けている子どもをはじめとした要保護児童の適切な保護のため、地方公共団体は、関係機関等により構成され、要保護児童及びその保護者に関する情報の交換や支援内容の協議を行う要保護児童対策地域協議会を置くように努めなければならないとされています。

要保護児童対策地域協議会は、要保護児童の適切な保護を図るために必要な情報の交換、要保護児童に対する援助内容に関する協議を行います。

 ここは覚える！

要保護児童対策地域協議会の設置を定めているのは児童福祉法です。児童虐待防止法ではないので注意しましょう。

■ 要保護児童対策地域協議会の利点

① 要保護児童等を早期に発見することができる
② 要保護児童等に対し、迅速に支援を開始することができる
③ 各関係機関等が連携を取り合うことで情報の共有化が図られる
④ 情報の共有化を通じて、それぞれの関係機関等の間で、それぞれの役割分担について共通の理解を得ることができる
⑤ 関係機関等の役割分担を通じて、それぞれの機関が責任をもって関わることのできる体制が作れる
⑥ 情報の共有化を通じて、関係機関等が同一の認識の下に、役割分担しながら支援を行うため、支援を受ける家庭にとってより良い支援が受けられやすくなる
⑦ 関係機関等が分担し合って個別の事例に関わることで、それぞれの機関の限界や大変さを分かち合うことができる

社会的ひきこもりをめぐる精神保健 ㉑

ひきこもりは、「様々な要因の結果として社会的参加を回避し、原則的には6か月以上にわたって概ね家庭にとどまり続けている状態」（ひきこもりの評価・支援に関するガイドライン）と定義されています。

もともとは精神疾患を有する人が、社会で生活をすることが困難なことからひきこもるケースが多くありましたが、現在は、特に精神疾患を有していなくても、社会適応がうまくいかないためにひきこもる「社会的ひきこもり」が相当数いるとされています。

▶ ひきこもりの問題

　ひきこもりの状態になった契機や実態は人それぞれであるため、明確に原因といえるものはありません。しかし、精神疾患から不登校になり、そのままひきこもってしまうケースも多いとされ、早期の対応が望まれます。ひきこもりに対する具体的な支援方法が少なく、そもそも本人が相談機関に来所しないことなどから、ひきこもりが長期化しやすいことも問題視されています。

　結果として、ひきこもることにより強いストレスを避け、仮の安定を得ているものの、同時にそこから離れることも難しくなっていることがひきこもりの特徴といえ、多様性を持ったメンタルヘルスに関する問題といえるでしょう。

■ ひきこもり対策において押さえるべき事項

> ① 多様な人々が、ストレスに対する一種の反応として「ひきこもり」という状態を呈すること
> ② 狭義の精神疾患の有無にかかわらず長期化するものであること
> ③「ひきこもり」という状態の特徴として、本人の詳しい状況や心理状態が分からぬままに、援助活動を開始せざるを得ないことが多々生じていること

▶ ひきこもり支援推進事業

　2009（平成21）年度より、都道府県・指定都市に、ひきこもりに特化した第1次相談窓口としての機能を持った**ひきこもり地域支援センター**を整備した**ひきこもり支援推進事業**が行われています。同センターには、社会福祉士や精神保健福祉士等のひきこもり支援コーディネーターが配置され、ひきこもりの状態にある本人や家族が、地域の中で最初にどこに相談したらよいかを明確にして、より支援に結びつきやすくすることを目的としています。2011（平成23）年度からは、家庭訪問を中心としたアウトリーチ型の支援も行われています。また、2024（令和4）年度からは、相談支援、居場所づくり、連絡協議会・ネットワークづくりを必須事業とする**ひきこもり支援ステーション事業**が行われています。

ひきこもりサポーター養成研修・派遣事業	地域に潜在するひきこもりを早期に発見し、問題を抱える家族や本人に対するきめ細かな支援ができるよう、継続的な訪問支援等を行うサポーターを養成・派遣
ひきこもりサポート事業	市町村において、利用可能なひきこもりの相談窓口や支援機関の情報発信、ひきこもり支援拠点づくり等を行う。2018（平成30）年度より開始
ひきこもり等児童福祉対策事業	ふれあい心の友訪問援助・保護者交流事業、ひきこもり等児童宿泊等指導事業等を実施

緩和ケアとグリーフケア　㉑㉕

▶ 死の受容

　死は誰にとっても怖いものですが、平等に訪れるものでもあります。老年期になり、年を重ねるごとに死が近づいていることを実感するようになります。また、何らかの疾病によって死を意識するようになるとき、それに対して少しずつ受容していくことになります。

　キューブラー・ロス（Kübler-Ross, E.）は、この受容に至る過程について5つの階層があるとしています。

■ キューブラー・ロスの死の受容における段階

衝撃と否認	私が病気であるわけがないと否認する
怒り	なぜ私が、とその事実に対する怒りを表す
取引	死ななくてもよいのなら、と懇願するように交換条件を持ち出す（タバコが原因ならタバコをやめる、など）
抑うつ	死が避けられないものとして抑うつになる
受容	死を受け入れるようになる

■ 死にゆく過程のチャート

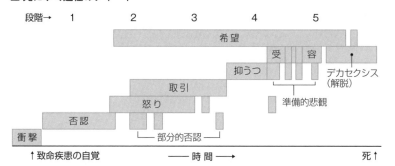

出典：キューブラー・ロス著、川口正吉訳『死ぬ瞬間』（読売新聞社、1971年）

▶ 緩和ケアとグリーフケア

　がんの末期など、これ以上の積極的な治療が意味をなさない終末期の状態になった方においては、苦しい治療を続けるのではなく、希望する場所で安心して過ごすことも、QOLにおいて大切な要素になります。このように、積極的治療ではなく、痛みなどの苦痛や死を迎えるまでの期間を患者が有意義に過ごすことができるよう支援を行うのが緩和ケアです。

　緩和ケアでは、自宅などでの生活を支援する場合もあれば、ホスピス、緩和ケア病棟において支援を行う場合もあります。

■ WHOの緩和ケアの定義

> 生命を脅かす疾患による問題に直面している患者とその家族に対して、疾患の早期より痛み、身体的問題、心理社会的問題、スピリチュアルな問題に関してきちんとした評価をおこない、それが障害とならないように予防したり対処したりすることで、クオリティー・オブ・ライフを改善するためのアプローチ

　一方、残された遺族や友人についても、近しい人を亡くしたことによる悲しみ（悲嘆：grief）が生じます。この悲嘆反応は人それぞれ違い、悲しみ、怒り、不安、非現実感、無力感、泣く、過活動、食欲不振、不眠など、多様で複雑なものとなります。このような悲嘆した状況の人に対して、寄り添い、立ち直るための支えになる支援がグリーフケアです。

ここは覚える！

グリーフケアの理解度がしばしば問われます。「悲嘆は正常な反応であることを伝える」「悲嘆が長期化したときは精神保健の専門家の介入を検討する」といった基本を押さえましょう。

4 精神保健の視点から見た学校教育の課題とアプローチ

頻出度 🐾🐾🐾

スクールソーシャルワーカー

カウンセラー　　　　　　　　　　　　　養護教諭

現代日本の学校教育と生徒児童の特徴　㉑㉓㉖

▶ 学校における精神保健

　学校は教育的な観点から組織運営され、全ての教員が教育的指導を行うという枠組みで活動を行ってきました。しかし、校内暴力が問題になったころから、教員や養護教諭だけでは解決できない問題が出てくるようになり、その後も、いじめ、不登校などが社会問題として取りざたされます。こうした問題に対応するために、各自治体において**スクールカウンセラー**の導入が進みました。

　現在では子どもだけではなく、教員のメンタルヘルスに対しての支援も含まれるようになっています。うつ病等の精神疾患を理由に休職した公立小中高、特別支援学校の教職員は、2022（令和4）年度において6,539人と高い水準で推移しています。この原因として、校内におけるいじめや学級崩壊などへの対応、人員不足などが考えられており、文部科学省はメンタルヘルス対策、勤務時間管理などの働き方改革、ハラスメント防止、保護者等からの過剰要求に対する法務相談体制の整備を挙げています。

　また、児童の家庭が抱える問題について社会福祉の視点で対応するために、**スクールソーシャルワーカー**が一部の地域において配置が進められています。

▶ いじめ

　いじめとは、学校のみならず社会に出た後も起こりえる問題です。毎年、文部科学省による調査が行われています。個々の行為が「いじめ」に当たるか否かの判断は、表面的・形式的に行うことなく、いじめられた児童生徒の立場に立って行うものとしています。

　2022（令和4）年度の調査では、小・中・高等学校及び特別支援学校におけるいじめの認知件数は68万1,948件であり、児童生徒1,000人当たりの認知件数は53.3件でした。前年度調査に比べ認知件数は増加しており、今後も対策が必要な状況です。

■ いじめ問題に対する基本的認識

① 「弱いものをいじめることは人間として絶対に許されない」との強い認識を持つこと
② いじめられている子どもの立場に立った親身の指導を行うこと
③ いじめは家庭教育のあり方に大きな関わりを有していること
④ いじめの問題は、教師の児童生徒観や指導のあり方が問われる問題であること
⑤ 家庭・学校・地域社会など全ての関係者がそれぞれの役割を果たし、一体となって真剣に取り組むことが必要であること

　なお、学校教育法では、市町村教育委員会はいじめなど、他の児童に傷害、心身の苦痛や財産上の損失を与える行為等を繰り返し行う等、性行不良であって、他の児童の教育に妨げがあると認められる児童の保護者に対して、児童の出席停止を命ずることができます。

▶ いじめ防止対策推進法

2013（平成25）年、**いじめ防止対策推進法**が可決、成立しました。この法律は、いじめがいじめを受けた児童等の教育を受ける権利を著しく侵害し、その心身の健全な成長や人格形成に重大な影響を与えるだけでなく、生命や身体に重大な危険を生じさせるおそれがあることから、いじめの防止等のための対策に関し基本理念を定め、国及び地方公共団体等の責務を明らかにし、**いじめの防止等のための対策に関する基本的な方針の策定**（国と学校は義務、地方公共団体は努力義務）について定め、いじめの防止等のための対策の基本となる事項を定めたものです。

2017（平成29）年には「いじめの防止等のための基本的な方針」の改定及び「いじめの重大事態の調査に関するガイドライン」が策定されています。

■ いじめ防止対策推進法におけるいじめの定義

> 児童等に対して、当該児童等が在籍する学校に在籍している等当該児童等と一定の人的関係にある他の児童等が行う心理的又は物理的な影響を与える行為（インターネットを通じて行われるものを含む）であって、当該行為の対象となった児童等が心身の苦痛を感じているもの（2条1項）

ここでの「学校」は小学校、中学校、高等学校、中等教育学校及び特別支援学校（幼稚部を除く）を指します。また、行為の起こった場所は学校の内外を問いません。

学校の設置者及び学校が 講ずべき主な基本的施策	・道徳教育等の充実 ・早期発見のための措置 ・相談体制の整備 ・インターネットを通じて行われるいじめに対する対策の推進
国及び地方公共団体が講 ずべき主な基本的施策	・関係機関との連携等 ・いじめの防止等の対策に従事する人材の確保等 ・調査研究の推進 ・啓発活動

▶ 不登校

不登校とは、文部科学省の定義によれば、「何らかの心理的、情緒的、身体的あるいは社会的要因・背景により児童生徒が登校しない、あるいはしたくともできない状況にある者（ただし病気や経済的な理由による者を除く）」とされています。学校基本調査に不登校の項目ができたのは1998（平成10）年のことで、それまでは「学校嫌い」などの項目で対応されていました。

文部科学省の「令和4年度児童生徒の問題行動・不登校等生徒指導上の諸問題に関する調査」では、不登校を理由に年間30日以上欠席した長期欠席児童は、小学校で10万5,112人、中学校で19万3,936人となり、小学生全体の約**1.3%**、中学生全体の約**5.0%**に上りました。前年度に比べ、どちらも増加しており、依然として多くの人が不登校状態にあります。

▶ 障害児教育

1994（平成6）年、ユネスコの世界会議において提唱されたサラマンカ宣言において、「全ての者の教育」という標語のもとに、**特別ニーズ教育とインクルージョン**（包括化）の考え方が示されました。インクルージョンとは、障害の有無によらず全ての子どもを対象として、一人ひとりの特別な教育的ニーズに応じて教育を行うべきという考え方です。

また、日本において従来特殊教育の対象であった障害に該当してこなかった限局性学習症（LD）、注意欠陥・多動症（ADHD）や高機能自閉症なども含め、障害のある児童生徒に対して一人ひとりの教育的ニーズを把握し、持てる力を高め、生活や学習上の困難を改善・克服できるよう必要な支援を行う教育のことを特別ニーズ教育（特別支援教育）としています。こうした流れの中、2007（平成19）年、従来各障害で整備されていた盲学校、聾学校、養護学校が特別支援学校として制度上一本化しました。

▶ 性犯罪被害

若年層では、性の問題も大きく取り上げられます。近年では、SNSなどのコミュニティサイトを通じて犯罪被害を受けるケースが増加しており、特に低年齢の被害者が目立ちます。被害状況では、児童売春事犯等は年間4,000件を超えており、児童ポルノの被害では、児童が自らを撮影した画像に伴う被害が多くなっています。

1999（平成11）年に児童買春、児童ポルノに係る行為等の規制及び処罰並びに児童の保護等に関する法律が制定され、法的な規制は進んでいます。2014（平成26）年には一部改正され、自己の性的好奇心を満たすための児童ポルノの所持・保管が禁止されました。児童買春に関わる機会が社会の中に多くある状況の改善に努めることと同時に、関わってしまった児童に対して、その家庭環境などの背景についても理解しながら、支援をより進めていく必要があります。

関与する専門職と関係法規　㉔ ㉕ ㉖

▶ スクールカウンセラー

スクールカウンセラーは、児童生徒の臨床心理に関して高度に専門的な知識・経験を有し、①児童生徒へのカウンセリング、②教職者に対する助言・援助、③保護者に対する助言・援助を目的に教育機関で心理相談業務を行うものとされ、一定の資格要件が必要となります。

1995（平成7）年度から始まったスクールカウンセラー活用調査研究委託事業で試験導入が始まり、その後スクールカウンセラー等活用事業に制度は変わりましたが、現在ではほとんどの学校で導入が進められています。

■ スクールカウンセラーの条件

- 公認心理師
- 公益財団法人日本臨床心理士資格認定協会の認定に係る臨床心理士
- 精神科医
- 心理学系の大学の学長、副学長、学部長、教授、准教授、講師（非常勤を除く）、または助教
- このほか、スクールカウンセラーに準ずる者

▶ スクールソーシャルワーカー

スクールソーシャルワーカーは、主に学校や教育委員会に配置され、児童家庭の問題に対して社会福祉の専門職として支援を行います。日本では近年急速にその需要が高まってきており、2008（平成20）年にスクールソーシャルワーカー活用事業が開始されたことなどから、配置する市町村は増えてきています。

近年では、障害学生や家庭に課題を抱える学生の進学率が高まっていることもあり、大学にも「キャンパスソーシャルワーカー」という名称で配置されることが増えてきました。

■ スクールソーシャルワーカーの職務内容

① 不登校、いじめや暴力行為等問題行動、貧困、虐待等課題を抱える児童生徒と、児童生徒が置かれた環境への働きかけ
② 学校内におけるチーム支援体制の構築支援、複数の視点で検討できるケース会議とするための事前調整やケースのアセスメント及び課題解決のプランニングへの支援
③ 関係機関とのネットワークの構築、連携・調整
④ 不登校、いじめや暴力行為等問題行動、子どもの貧困、虐待等を学校として認知した場合、自然災害、突発的な事件・事故が発生した際の援助

資料：文部科学省「SSWガイドライン（試案）」

スクールソーシャルワーカーは学年度ごとの非常勤採用も多く、まだ制度として安定しているとはいえません。学校に福祉の専門職が入り、児童生徒の支援を行うことは今まで日本ではなかったことであり、制度のあり方を含め今後の活動に期待されています。

 ここは覚える！

第24・25・26回で、キャンパスソーシャルワーカーについて出題されました。特に事例問題では、同級生とのコミュニケーションや授業の履修、就職活動など、多岐にわたる支援内容が問われました。

▶ 養護教諭と保健室の役割

養護教諭とは、学校内で児童生徒の養護を担当する教諭で、在学生の心身の健康について対応する教員です。養護教諭は通常クラスを持たず保健室で勤務をすることから、保健室の先生とも呼ばれます。

保健室は身体的ケアのみではなく、教室に行くことができない不登校生徒や居場所がない子どもたちの逃げ場所にもなっており、保健室を管理する養護教諭は心身両面について相談に応じています。また、担任や教科担任とは異なる役割を持っており、学校における精神保健の実践の場として非常に大切な役割を担っているといえます。

最近では、養護教諭が身体的な虐待や心理的な虐待などを発見しやすい立場にあることから、児童虐待の早期発見・早期対応にその役割が期待されています。

● 学校保健安全法

2009（平成21）年に学校保健法等の一部を改正する法律が施行され、学校保健法が学校保健安全法に改正されました。もともと学校保健法は児童生徒等及び職員の健康の保持増進を図ることを目的として、法律の面から児童生徒等を守る役割を果たしてきました。2009（平成21）年の改正では、これに加え国や地方公共団体との相互連携の強化、さらに保健及び安全に関わる取り組みを確実かつ効果的に進めていくことを目的に挙げています。つまり、学校で安全に教育を受けるための施策を講じていくことが求められたのです。

学校保健に関する事項にはいくつか変更点がありますが、今まで補足だった保健室が学校保健安全法第2章に記載されており、保健室の重要性が法の中で示されたといえるでしょう。

> 学校保健安全法における学校とは、学校教育法の第1条に示されている幼稚園、小学校、中学校、義務教育学校、高等学校、中等教育学校、特別支援学校、大学及び高等専門学校を指します。対象も幼児、児童、生徒、学生となります。

5 精神保健の視点から見た勤労者の課題とアプローチ

労働基準法

労働安全衛生法

『職場における自殺の予防と対応』

自殺予防マニュアル 2001～

トータルヘルスプロモーション

現代日本の労働環境

　日本の労働環境は諸外国に比べて良いものとは言い切れず、以前と比べて減ってきてはいるものの、派遣切り、任期制といった雇用の問題や、過度の残業などによる体調不良の問題などは現在でも話題に上がります。

　2022（令和4）年の労働安全衛生調査では仕事や職業生活に強い不安・悩み・ストレスを感じている労働者は82.2％と高い割合を示しています。内容別にみると、「仕事の量」（36.3％）が最も高く、次いで「仕事の失敗・責任の発生」（35.9％）、「仕事の質」（27.1％）と続いています。なお、仕事や職業生活に関する不安、悩み、ストレスについて相談できる人の有無等では「相談できる人がいる」が91.4％と高く、その内訳は「家族・友人」（68.4％）、「同僚」（68.0％）などとなっています。

うつ病と過労自殺　㉖

　労働環境によって労働者が心理的な負担を感じ、うつ病を発症してしまう、また結果として自殺してしまうケースが近年数多く聞かれています。しかしながら、その因果関係は目に見えるものではないため、なかなか認められるもの

ではありませんでした。

　しかし、1999（平成11）年に心理的負荷による精神障害等に係る業務上外の判断指針が策定され、労働者の自殺について業務の起因性が認められるようになりました。2009（平成21）年には一部改正され、心理的負荷評価表の項目に「ひどい嫌がらせ、いじめ」など、ハラスメントに関する項目が多数追加されました。また、2011（平成23）年には、心理的負荷による精神障害の労災認定基準が策定されました。しかし、労働を起因とする精神疾患や自殺などについて雇用主との協議が難航する場合が現在でも多いのが実情です。

■ 業務における心理的負荷評価表（一部抜粋）（2023（令和5）年改正）

① 事故や災害の体験	・重度の病気やケガをした ・悲惨な事故や災害の体験（目撃）をした
② 仕事の失敗、過重な責任の発生等	・違法な行為を強要された ・自分の関係する仕事で多額の損失を出した ・達成困難なノルマが課された　等
③ 仕事の量・質	・仕事内容・仕事量の大きな変化を生じさせる出来事があった ・勤務・拘束時間が長時間化する出来事が生じた　等
④ 役割・地位の変化等	・退職を強要された ・複数名で担当していた業務を1人で担当するようになった ・自分の昇格・昇進があった　等
⑤ パワーハラスメント	・上司から身体的攻撃、精神的攻撃等のパワーハラスメントを受けた
⑥ 対人関係	・同僚等から暴行または（ひどい）いじめ、嫌がらせ ・上司とのトラブルがあった ・同僚等の昇進、昇格があり、昇進で先を越された　等
⑦ セクシュアルハラスメント	・セクシュアルハラスメントを受けた

職場内の問題を解決するための施策と関連法規　㉑ ㉕

▶ 労働基準法

　労働基準法は労働三法の一つに挙げられ、労働者の労働条件の最低基準を定めた法律です。パートタイム労働者などを含めた労働者を雇用するすべての事業場に適用されます。雇用形態、賃金や労働災害等についても労働基準法で定められており、労働基準法を下回るような劣悪な労働条件で雇用されていても、その部分については無効になります。

▶ 労働安全衛生法

　労働安全衛生法は、労働者の健康と安全に関する基本的な法律として制定されました。労働におけるメンタルヘルスにおいて産業医の存在は重要であり、同法では50人以上の従業員を抱える事業所に産業医を配置し、1,000人以上（一部危険事業等は500人以上）の事業所に専属の産業医を置くことが義務付けられています。2006（平成18）年に施行された改正では、一定以上の時間外労働をした者に対して医師面接を義務付け、過重労働による健康障害の防止策が強化されました。2014（平成26）年の改正では、精神保健に関して**ストレスチェック制度**の創設がなされました。

> 産業医には、医師である他に以下の基準が存在します。
> ①厚生労働大臣の指定する者が行う研修を修了した者、②産業医科大学その他の大学で産業医養成課程を修めて卒業し、その大学が行う実習を履修した者、③労働衛生コンサルタント試験に合格した者で、その試験区分が保健衛生である者、④大学において労働衛生に関する科目を担当する教授、准教授、常勤講師またはこれらの経験者

 ここは覚える！

第21・25回で、ストレスチェック制度の内容について出題されました。

■ 労働安全衛生法の改正内容（主に精神保健に関するもの）

1988（昭和63）年改正	・健康保持増進措置の実行を事業所の義務・労働者の努力義務に
1992（平成4）年改正	・快適な職場環境の形成のための措置
1996（平成8）年改正	・産業医の専門性の確保 ・健康診断結果に基づく就業上の措置の実施
2006（平成18）年改正	・一定以上の時間外労働をした者に対して医師面接を義務付け、過重労働による健康障害の防止策を強化 ・時間外・休日労働時間の削減、労働時間等の設定の改善、年次有給休暇の取得促進、労働者の健康管理の徹底等
2014（平成26）年改正	・労働者の心理的な負担の程度を把握するための、医師、保健師等による検査（**ストレスチェック**）の実施を事業者に義務付け（従業員50人未満の事業場については当分の間努力義務） ・ストレスチェックを実施した場合、事業者は、検査結果を通知された労働者の希望に応じて医師による面接指導を実施し、その結果、医師の意見を聴いた上で、必要な場合には、作業の転換、労働時間の短縮その他の適切な就業上の措置を講じなければならない

ストレスチェックの実施者は、医師、保健師、厚生労働大臣の定める研修を修了した歯科医師・看護師・精神保健福祉士または公認心理師とされています。

▶ 労働者のメンタルヘルス対策

2001 (平成13) 年	労働者のうつ、自殺問題などの対応のため「職場における自殺の予防と対応（自殺予防マニュアル）」を取りまとめ（2010（平成22）年に改訂版公表）
2004 (平成16) 年	心の健康問題による休業者の円滑な職場復帰のために「心の健康問題により休業した労働者の職場復帰支援の手引き」を策定
2006 (平成18) 年	「労働者の心の健康の保持増進のための指針」を策定し、職場におけるメンタルヘルスの基本的な考え方が明示（2015（平成27）年改正）。4つのメンタルヘルスケア（①セルフケア、②ラインによるケア、③事業場内産業保健スタッフ等によるケア、④事業場外資源によるケア）の推進が重要とした
2009 (平成21) 年	厚生労働省が「当面のメンタルヘルス対策の具体的推進について」を通達。個々の事業場の実態に即した取り組みの実施を基本とし、さらにメンタルヘルス対策支援センター事業をはじめとした各種支援事業の積極的な活用を図る。そのため、現在では多くの企業で労働者の心の健康について対応がとられるようになってきた
2014 (平成26) 年	過労死等の防止のための対策を推進するために「過労死等防止対策推進法」が施行され、政府は「過労死等の防止のための対策に関する大綱」を定めることとなった
2016 (平成28) 年	厚生労働省が「ストレスチェック制度の施行を踏まえた当面のメンタルヘルス対策の推進について」を通達

　2022（令和4）年の調査では、メンタルヘルス不調により、連続1か月以上休職した労働者がいた事業所の割合は10.6%、退職した労働者がいた事業所の割合は5.9%でした。一方メンタルヘルスケアに取り組んでいる事業所は63.4%であり、そのうち実際の取り組み内容としては、「ストレスチェックの実施」が63.1%、次いで必要な配慮の実施になっています。

　大企業では自社内に産業精神保健の担当部署を設置しているところもありますが、中小規模の企業では自社内での対応が難しい場合もあります。そのため、各都道府県には産業保健総合支援センターが、さらに地区ごとに地域産業保健センターが設置され、産業保健に関する相談窓口となっています。

■ 事業場におけるメンタルヘルスケアの具体的な進め方

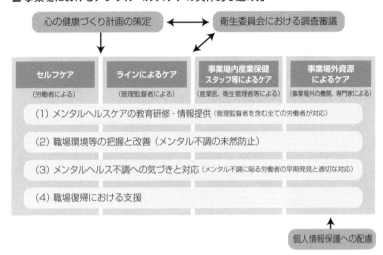

資料：厚生労働省・独立行政法人労働者健康安全機構「職場における心の健康づくり」

▶ EAP

EAP（Employee Assistance Program）は「従業員支援プログラム」ともいい、もともとはアメリカにおいてメンタル不調に伴い業務に支障をきたしている従業員に対応するため登場しました。事業場内にカウンセラーなどを設置して対応する内部EAPと、EAP機関に委託して行う外部EAPがあります。EAPは4つのケアのうち、事業場外資源によるケアに該当し、独立した機関に相談できる対応を整えることで、メンタルケアの促進や離職防止に資することが期待されています。

▶ トータル・ヘルスプロモーション・プラン

トータル・ヘルスプロモーション・プラン（THP：Total Health Promotion Plan）とは、厚生労働省が策定した「事業場における労働者の健康保持増進のための指針」に沿って実施される、すべての働く人を対象とした総合的な心とからだの健康づくり運動のことです。1988（昭和63）年の労働安全衛生法の改正により、企業の努力義務として導入されています。

THPは労働者の健康を守るというよりも、労働者をより健康に、生き生きとしてもらうために行う、前向きな対策であるといえるでしょう。

6 精神保健の視点から見た 現代社会の課題とアプローチ

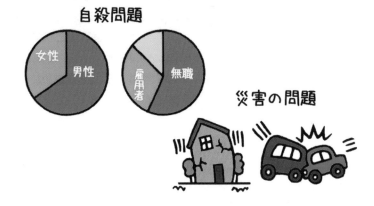

自殺問題　㉑ ㉓ ㉔ ㉕

　日本において、自殺は依然として大きな社会問題として取り扱われています。厚生労働省「令和4年人口動態統計月報年計（概数）の概況」「令和4年中における自殺の状況」によると、2022（令和4）年の死因順位で自殺は第10位以下となっていますが、約2万1,238人が自殺で亡くなっているとされています。特に10〜39歳までは自殺が死因の第1位となっており、40〜49歳でも第2位と高い位置にあります。

　男女別で見た場合、2022（令和4）年では男性が1万4,746人、女性が7,135人と男性が2倍以上多い結果が出ています。

 ここは覚える！

第24回で、著名人の自殺に関する報道の後で自殺者数が増加する現象の名称（ウェルテル効果）が問われました。

▶ 自殺の現状

　自殺者数では、東京、大阪などの大都市圏が多いものの、2022（令和4）年の自殺死亡率（人口10万人対）では、高い順に山梨県、秋田県、宮崎県となっ

ており、全国平均の16.0％に比べ高い数値を示しています。逆に、自殺者数の多い東京都、大阪府が共に自殺死亡率では平均を下回るなど、全体的に都心部よりも地方において自殺発生率が高く出ています。また、山梨県などでは県内に住所を有する人よりも、県外からの自殺者が多いことが問題になっています。

　自殺者を職業別で見てみると、無職者が1万1,775名と全体の53.8％を占め、次いで有職者の8,576人（39.2％）でした。学生では死亡理由として自殺が上位にあがりますが、自殺者数は1,063名と全体の4.9％となっています。

　自殺の動機では、動機特定者は1万9,164名と全体の87.6％を占め、最も多い動機が健康問題（1万2,774人）、次いで家庭問題の4,775人でした。年齢階級別では、50歳代が4,093人（18.7％）と最も高く、次いで40歳代が3,665人（16.7％）、70歳代が2,994人（13.7％）と続きます。

都会のほうが人口が多いことから、自殺率も高いと勘違いしやすいです。

▶ 自殺対策基本法

　2006（平成18）年に自殺対策基本法が制定されました。同法では、自殺対策の基本理念や国、地方公共団体、事業主、国民の責務を明らかにしています。また、政府による自殺総合対策大綱の策定と、国会への年次報告を義務付けているのも特徴です。自殺総合対策大綱では、ゲートキーパーの養成を挙げています。ゲートキーパーとは、自殺のサインに気付き、適切な対応を図ることができる人で、「命の門番」とも位置付けられています。

　2017（平成29）年の自殺総合対策大綱の見直しでは、自殺対策について過労や生活困窮、育児や介護疲れ、いじめや孤立を「生きることの阻害要因」としてこれらを減らし、自己肯定感や信頼できる人間関係、危機回避能力といった「生きることの促進要因」を増やすことが必要としています。

　さらに自殺対策基本法では、国、地方公共団体の基本的施策として9つの施策を挙げ、自殺の防止、また自殺者の遺族等に対する支援の充実を図っています。

　2016（平成28）年には法改正がなされ、地方自治体に自殺防止のための計画策定が義務付けられました。また、都道府県、政令指定都市に地域自殺対策推進センターが置かれ、市町村に対する助言指導、自殺者のデータ分析が行われます。国レベルでは、いのち支える自殺対策推進センターを指定調査研究等法人として、自殺対策の調査研究等が行われています。

■ 自殺対策基本法における基本的施策

① 自殺の防止等に関する調査研究の推進並びに情報の収集、整理、分析及び提供の実施並びにそれらに必要な体制の整備
② 教育活動、広報活動等を通じた自殺の防止等に関する国民の理解の増進
③ 自殺の防止等に関する人材の確保、養成及び資質の向上
④ 職域、学校、地域等における国民の心の健康の保持に係る体制の整備
⑤ 自殺の防止に関する医療提供体制の整備
⑥ 自殺する危険性が高い者を早期に発見し、自殺の発生を回避するための体制の整備
⑦ 自殺未遂者に対する支援
⑧ 自殺者の親族等に対する支援
⑨ 民間団体が行う自殺の防止等に関する活動に対する支援

ここは覚える！

2016（平成28）年の自殺対策基本法の改正で新たに加えられた内容を押さえておきましょう。

自殺予防では、プリベンション（事前対応）、インターベンション（危機介入）、ポストベンション（事後対応）の3段階に分けることができます。第23回では、ポストベンションの対応について出題されました。

　自殺総合対策大綱に基づき、2008（平成20）年に定められた自殺対策加速化プランでは、当時の自殺の動向を踏まえた自殺対策の一層の推進が図られました。ここでは「自殺の実際を明らかにする」「社会的な取り組みで自殺を防ぐ」など9項目を設けています。また、自殺対策加速化プランの決定に合わせて自殺総合対策大綱の一部が改正され、インターネット上の自殺関連情報対策の推進等が盛り込まれています。

　2022（令和4）年に決定された自殺総合対策大綱（第4次）では、子ども・若者の自殺対策のさらなる推進・強化、女性に対する支援の強化、地域自殺対策の取組強化等を進め、2026（令和8）年までに自殺死亡率を2015（平成27）年度比30%以上減少させる、などの目標をかかげています。

▶ その他の自殺予防対策

自殺予防に対しては、他にも様々な取り組みが行われています。例えば、毎年9月10日から1週間は世界自殺予防デー（9月10日）にちなんで自殺予防週間としています。また、2006（平成18）年には自殺予防に向け自殺予防総合対策センターを設置し、政府の総合的な対策を支援する取り組みを行っています。民間団体としては、日本いのちの電話連盟が自殺予防のためのボランティア組織として全国的に組織されています。

ここは覚える！

第25回で、日本いのちの電話連盟について出題されました。一般市民への自殺予防に関する普及啓発事業や、フリーダイヤル相談を行っています。

犯罪被害者等基本法 ㉒ ㉖

日本では、様々な犯罪の被害を受けた人たちの権利について尊重されてきたとは言いがたく、逆に社会生活を送る上で困難を強いられるケースも多く存在していました。そのため2004（平成16）年に犯罪被害者等（犯罪やこれに準ずる心身に有害な影響を及ぼす行為の被害者及びその家族または遺族）のための施策を総合的かつ計画的に推進することによって、犯罪被害者等の権利利益の保護を図ることを目的に、犯罪被害者等基本法が成立しました。

法の中で犯罪被害者等のための施策に関する基本理念を規定し、国・地方公共団体・国民の責務、施策の基本事項について規定しています。国は、内閣府に犯罪被害者等施策推進会議を設置し、犯罪被害者等基本計画の作成、その他重要事項の審議等を行うことになっています。また、政府は年次報告の提出が求められています。

ここは覚える！

第22・26回で、同法について出題されました。犯罪被害者等の定義や、国・地方公共団体の責務などを押さえておきましょう。

■ 犯罪被害者等基本法の概要

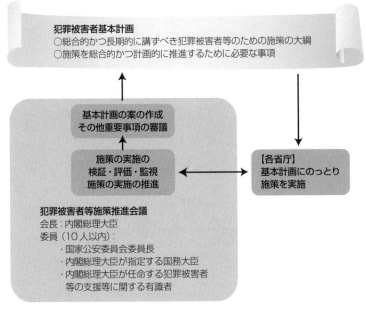

資料：警視庁ホームページ（https://www.npa.go.jp/hanzaihigai/kuwashiku/kihon/gaiyo.html）

災害時における精神保健の対策　㉒ ㉔ ㉕ ㉖

　通常、災害は以下のように分類できます。いずれにしても、災害は多くの人に対して精神的に過度のストレスを与えるものであり、その対応については慎重に行っていく必要があります。

人為災害	戦争、火災、交通事故、原子力事故など、人によって引き起こされる災害
疾病災害	インフルエンザなどの伝染病や口蹄疫などの家畜の疫病、また古くはペストなど疾病によって引き起こされる災害
長期間にわたる災害	戦争、飢饉など長期的に影響を及ぼす災害

▶ 災害時の心理状況

　災害時の心理状況として、例えば災害の時間的経過については「衝撃期」「反動期」「後外傷期」「解決期」の4段階に分けられます。衝撃期では恐怖の情動が主となり、高度の覚醒状態から人によっては「英雄的」な行動も見られます。

衝撃の段階を過ぎると、その反動で相互扶助の感情が高まるものの、報道等により現実を直視することで現状に「幻滅」してしまう局面が見られる、とされています。

■ 災害時の心理状況

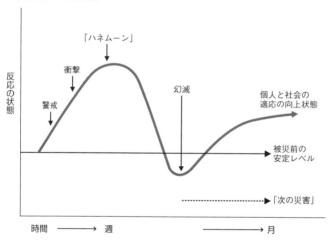

出典：ビヴァリー・ラファエル著、石丸正訳『災害の襲うとき』（みすず書房、1989年）

高度の覚醒状態になると自らの安全確保のために対応しますが、生命への脅威が強いと強烈な恐怖状態も生まれます。また、災害に対して無力感が生まれ、さらに世間から見捨てられる感覚、また救助救済への切望が生まれるとされています。

ここは覚える！

第22・24回で、災害時の精神保健について出題されました。時間経過に伴う被災者の心理的変化について押さえておきましょう。

▶ 災害から受けるストレス

　災害時には、被災者はもちろん支援者にとっても悲惨な状況や大量の死者を目のあたりにすることで、多大なストレスを受けることになります。また、被災者の感情に共感したり、感情をぶつけられたりすることで受けるストレスも存在しま

す。そのため、被災者・支援者ともに急性ストレス反応、心的外傷後ストレス障害（PTSD）に注意が必要です。

▶ 災害に対する心のケア対策

近年、地震・水害などの自然災害に対する心のケアの重要性が高まっています。防災対策や災害時の心のケア対策については、国立精神・神経医療研究センターに**ストレス・災害時こころの情報支援センター**が設置され、各自治体に対する技術支援、情報発信を行っています。

東日本大震災の際、自治体や医療機関から精神科医を中心とした被災地住民のメンタルヘルス対応を行う「こころのケアチーム」が派遣されました。この活動を経て、都道府県等が組織する災害等緊急対応が必要な事態が発生した際に活動する災害派遣精神医療チーム（DPAT）の準備、及び通常時のPTSD、トラウマ等に関する相談体制の強化を目的とした**災害派遣精神医療チーム体制整備事業**を2012（平成24）年度より実施しており、2019（令和元）年度からは、**医療提供体制整備等推進等事業**の中で実施されています。

DPATは、1チームに精神科医、看護師、後方支援全般を行う業務調整員を含め、現地のニーズに合わせた職種数名で構成されます。

ここは覚える！

第25回で、DPATの名称が問われました。DMAT（災害派遣医療チーム）、JMAT（日本医師会災害医療チーム）、DWAT（災害派遣福祉チーム）など似た名称のチームとの混同に注意しましょう。

▶ PFA

PFA（Psychological First Aid）は、危機的状態にあい、精神的に苦しんでいる人や助けが必要と思われる人に対して行う人道的、支持的な対応をいいます。基本的には危機的な出来事にあってすぐの段階で行われます。専門家が行うカウンセリングとは異なり、必要なケアなどの提供、ニーズや心配事の確認、話を聞くなどを通して安心できる環境を作っていきます。ただし、支援者側の押し付けにならないように気をつける必要があります。

LGBTQと精神保健 ㉑ ㉔

LGBTQは、レズビアン（女性を好きになる女性）、ゲイ（男性を好きになる男性）、バイセクシャル（両性を好きになる者）、トランスジェンダー（身体的な性等と性自認が一致しない者）、クエスチョニング（性自認が定まらない者）の頭文字を取ったもので、性的マイノリティの総称としても利用されています。

性的マイノリティは人口の3〜8％とされていますが、**カミングアウト**（自らが性的マイノリティであることを公表すること）されている方は少ないのが現状です。また、性の多様性については社会の中で十分に認知されているとはいえず、性的マイノリティであることによる差別や、**アウティング**（性的マイノリティであることを第三者が許可なく公表すること）の問題など、課題は多くあります。近年では、自治体による独自の**パートナーシップ制度**の導入など、社会制度も変化を続けています。

 ここは覚える！

第24回で、セクシュアリティに関する問題が出題されました。関連用語の意味や概念を押さえておきましょう。

▶ 性同一性障害（性別不合）

性同一性障害（性別不合）は、2004（平成16）年施行の「性同一性障害者の性別の取扱いの特例に関する法律（性同一性障害特例法）」において「生物学的には性別が明らかであるにもかかわらず、心理的にはそれとは「別の性別」（他の性別）であるとの持続的な確信を持ち、かつ、自己を身体的及び社会的に他の性別に適合させようとする意思を有する者であって、そのことについてその診断を的確に行うために必要な知識及び経験を有する二人以上の医師の一般に認められている医学的知見に基づき行う診断が一致しているもの」と定義され、自身の身体上の性と自己意識の性が一致しないものといえます。なお、DSM-5では「性別違和」、ICD-11では「性別不合」に名称が変更されました。

性同一性障害（性別不合）の原因は現時点で明らかになっていませんが、染色体によって決められる身体上の性と**性同一性**（自身がどの性別に属するかという感覚）は異なるものによって決定されることが分かってきており、何らかの原因でこれらが分かれたものと考えられます。

> **ここは覚える！**
>
> 性同一性障害特例法で規程している、性別の取扱いの変更の審判をすることができる請求者の条件（18歳以上、婚姻をしていないなど）を押さえておきましょう。

> 同性愛は、自分の性別には違和感がなく、恋愛の対象が同性に向くことを指します。あくまでも「恋愛の対象がどこに向かうのか」の問題であり、自身の性別の認識の問題である性同一性障害（性別不合）とは、問題の種類が全く違います。

▶ 性同一性障害（性別不合）の実際

　性同一性障害（性別不合）は、医学的な問題が身体上の性と性同一性がずれているだけで他は健常者と何ら変わりがないため、その実数を把握することは極めて困難です。

　その治療は、主に精神上の性に身体上の性を合わせることになります。また現在では法整備によって一定条件の下、性別の変更が認められるようになりました。

■ 性同一性障害（性別不合）に対する治療法

精神科領域の治療	状態の診断、社会生活を送っていくための助言など
身体的治療	性ホルモン投与、性別適合手術など

■ 性別の取扱いの変更の審判における条件

① 18歳以上であること

② 現に婚姻をしていないこと

③ 現に未成年の子がいないこと

④ 生殖腺がないことまたは生殖腺の機能を永続的に欠く状態にあること

⑤ その身体について他の性別に係る身体の性器に係る部分に近似する外観を備えていること

ホームレス問題

「ホームレスの自立の支援等に関する特別措置法」では、ホームレスを「都市公園、河川、道路、駅舎その他の施設を故なく起居の場所とし、日常生活を営んでいる者」として定義しています。しかしながら、何らかの事情で元いた家に住み続けることが困難な状況にある人（家賃の滞納、家族間トラブルなど）についても考えていく必要があるといえます。

▶ ホームレス問題の現状

2024（令和6）年1月の調査では、ホームレス数は2,820人であり、そのほとんどを男性が占めています。数的には減少傾向にありますが、目視による調査になるため、実際にはさらにいることが予想されます。ホームレスが確認された自治体は全市区町村のうち217市区町村であり、その多くが東京都23区内や政令指定都市に集中しているのが特徴です。最もホームレス数が多かったのは大阪府（856人）、次いで東京都、神奈川県となっています。

▶ ホームレスと精神保健

2021（令和3）年の生活実態調査では、ホームレスのうち60歳以上が約70%を占め、70歳以上も34.4%と、高齢化が見られます。路上生活の期間についても10年以上が40%と、前回調査よりも5.4%増加しました。一方で廃品回収などの仕事をしている者が48.9%と半分程度を占めており、平均月収は約5.8万円となっています。

ホームレスには自ら望んでなった人はほとんどおらず、失業、倒産などによるものや家族問題などの他に、アルコール・薬物依存などの精神疾患が原因の人も少なくありません。また、近年の調査でホームレスの約3割が知的障害を有しており、また4割が何らかの精神疾患を有している状況があることが分かりました。そのような状況の中、精神保健福祉センターや保健所などによる相談機会の確保などが課題となっています。

7 精神保健に関する予防と対策

依存症問題

認知症高齢者

あなたは誰?

依存症問題　㉒ ㉓ ㉔ ㉕ ㉖

▶ 薬物依存

　近年、薬物問題は現代社会で大きな問題となっており、非常に身近な問題であるともいえます。薬物依存とは、「生体がある薬物に対して精神依存、または（さらに）身体依存にある状態」のことを指します。薬物を使用することを主に薬物乱用といいますが、常習性があり、使用を続けることで耐性ができ使用量が増えていく特徴があります。さらに一部の薬物では強い身体依存を引き起こし、薬物が切れると身体に激痛が走ったり、悪寒、嘔吐、失神などの激しい禁断症状が現れる場合があります。また、一度薬物をやめても、何らかのきっかけで幻覚や妄想が出てくること（フラッシュバック）があります。

> 薬物乱用とは、「医薬品を医療目的以外に使用すること、または医療目的にない薬物を不正に使用すること」を指します。薬物は1回でも使用すれば「乱用」になるのです。

■ 薬物使用の生涯経験率の推移（推計値）

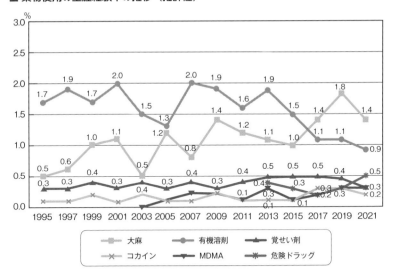

（注）全国の15～64歳が対象。男女、年齢別に地区ごとに補正した値。生涯経験率とはこれまでに1回
　　　でも乱用したことのある者の率（違法薬物の使用を乱用という）。有機溶剤（シンナー、トルエン）、
　　　大麻（マリファナ、ハシッシ）、覚せい剤（ヒロポン、シャブ、エス、スピード）、コカイン（ク
　　　ラック）、MDMA（エクスタシー、エックス）。カッコ内は別名の例。
資料：国立精神・神経医療研究センター「薬物使用に関する全国住民調査」（2021）

● 薬物依存の要因

　生体と薬物の相互作用により生じた薬物依存には3つの要因があるといわれ
ており、それぞれ薬物側の問題、使用する人の問題、そして環境側の問題とさ
れています。薬物乱用の現場では、これらの問題が複雑に絡み合っています。

薬物側因子	身体的依存、耐性による使用量の増加、精神的依存など
個体側因子	アダルトチルドレンなどの心理学的特性、薬物感受性、所属集団との関係など
環境側因子	薬物の入手難度、法的制度、経済状況など

● 精神作用物質の効果

　精神作用物質は脳に作用して、中枢神経を興奮または抑制させる効果があり、
それぞれ依存を引き起こします。近年は覚醒剤、大麻などの他、鎮咳剤などの
OTC（OverTheCounter）医薬品の乱用が問題視されています。

■ 精神作用物質の影響

	作用	身体依存	精神依存	耐性
モルヒネ型（あへん・ヘロイン等）	抑制	＋＋＋	＋＋＋	＋＋＋
バルビツール型	抑制	＋＋＋	＋＋	＋＋
アンフェタミン型	興奮		＋＋＋	＋＋＋
コカイン型	興奮		＋＋＋	
LSD型	興奮		＋	＋
大麻型（マリファナ等）	抑制		＋＋	＋
有機溶剤型	抑制	＋	＋	＋

　＋：軽度　＋＋：中程度　＋＋＋：高度

バルビツール型：主に鎮静剤、麻酔などに使用されるもの。
アンフェタミン型：いわゆる覚せい剤の一種。ADHDなどの治療薬として用いられる場合もあるが、日本では使用が認められていない。

● 薬物依存の治療

　薬物依存の治療は困難で、特に身体依存の強い薬物は入院して退薬症状に対応する必要があります。状況によっては一時的な隔離入院の必要もあります。

　また、薬物依存は社会病理の側面も強いとされています。繁華街に行けば薬物に触れる機会が少なからずあり、人によっては薬物に頼りたくなる環境を抱えています。社会が薬物依存者を生んでしまっていることも否定できません。そのため、本人の意志の力だけで完全に依存から立ち直ることは難しいとされ、社会生活をする上で再犯を防いでいくために薬物依存者を支えるシステムが必要とされています。自助グループとしては民間リハビリ施設であるDARC(Drug Addiction Rehabilitation Center）などが有名です。

● 薬物問題の現状

　警察庁は1998（平成10）年1月、「第3次覚せい剤乱用期」を宣言しています。終戦直後の第1次乱用期、1965年代半ば〜 1988（昭和63）年の第2次乱用期に次いで、戦後3番目の覚せい剤乱用期に突入したと考えられています。この状況を受け、次のように取り組みが進められてきました。

2008（平成20）年	第3次薬物乱用防止5か年戦略
2010（平成22）年	**薬物乱用防止戦略加速化プラン。薬物乱用の未然防止と再乱用防止を進める**
2013（平成25）年	第4次薬物乱用防止5か年戦略。合法ハーブと称して販売される薬物等への対応、再乱用防止対策の強化などを図る
2014（平成26）年	麻薬や覚せい剤の構造式に似せ人工的に作られた**危険ドラッグ**がお香などと称して販売され、その使用に起因したと思われる事件・事故が頻発したことから、「**危険ドラッグの乱用の根絶のための緊急対策**」を取りまとめ（薬物乱用対策推進会議）。危険ドラッグの実態把握の徹底、危険性の啓発強化、指定薬物の迅速な指定と危険ドラッグに係る犯罪の取り締まりの徹底、危険ドラッグの規制のあり方の見直しを示す
2023（令和5）年	**第6次薬物乱用防止5か年戦略。大麻の乱用拡大、入手手段の巧妙化に対する対策を進める**

第1次乱用期には比較的限られた人々（引揚者や不定期労働者、暴力団など）、第2次乱用期は主婦やサラリーマンにまで薬物乱用が広がっていきました。第3次覚せい剤乱用期は、さらに未成年者や中・高校生にまで乱用が広がっているという特徴が見られました。

■ 第6次薬物乱用防止5か年戦略の内容

戦略策定に向けた5つの視点
・大麻乱用期への総合的な対策の強化 ・再乱用防止対策における関係機関の連携した"息の長い"支援強化 ・サーバー空間を利用した薬物密売の取締強化 ・国際的な人の往来増加への対応強化 ・薬物乱用政策についての国際社会との連携・協力強化と積極的な発信
5つの目標
・広報・啓発を通じた国民全体の規範意識の向上による薬物乱用未然防止 ・薬物乱用者に対する適切な治療と効果的な社会復帰支援による再乱用防止 ・国内外の薬物密売組織の壊滅、大麻をはじめとする薬物の乱用者に対する取締りの徹底及び多様化する乱用薬物等に対する迅速な対応による薬物の流通阻止 ・水際対策の徹底による薬物の密輸入阻止 ・国際社会の一員としての国際連携・協力を通じた薬物乱用防止

令和5年の大麻取締法及び麻薬及び向精神薬取締法の改正により大麻の栽培、所持だけでなく、使用についても罰則規定が適応されることになりました。

▶ アルコール問題

アルコールは手に入りやすく、多くの人にとって身近な存在です。しかし、精神作用物質の一つとして捉えられており、場合によってはアルコール依存症やアルコール幻覚症を引き起こす可能性があります。また、身体疾患として慢性肝炎や肝硬変などの肝臓障害、慢性膵炎、高血圧、食道静脈瘤、脳卒中などの原因ともされています。さらに、飲酒に関連した問題として交通事故や犯罪、家族問題など、多くの社会的な問題を引き起こす可能性を含んでいます。

受診しているアルコール依存症患者は全体で約5万人とされていますが、潜在患者数は約107万人と推定されています。アルコール依存症は「否認の病気」とも呼ばれ、自分がアルコール依存であることをなかなか認めないことでも知られています。また、共依存も起こりやすく、アルコール依存症の対策では家族支援が極めて重要であるといえます。

■ アルコール依存症により引き起こされる症状の一部

身体的症状	・慢性胃炎、胃潰瘍 ・アルコール性心筋症	・アルコール性肝硬変 ・小脳変性	・動脈硬化症 ・アルコール性弱視　など
精神神経症状	・振戦せん妄 ・ウェルニッケ脳症	・アルコール幻覚症 ・アルコール性認知症	・コルサコフ症候群 など

● アルコールの有害使用を低減するための世界戦略

WHOは2010（平成22）年5月に「アルコールの有害使用を低減するための世界戦略」を議決しました。これにより、加盟国はアルコールの有害使用を低減し、またその目的のために政治的意思と財源を結集することを目指した公衆衛生政策を補完かつ支援するために、この世界戦略を適切に採用し、かつ実行することが求められました。

世界戦略では標的とすべき以下の10分野を策定し、介入法を示しています。

■ 推奨する10の標的分野

① リーダーシップ、自覚、および関与

② 保健医療の対応

③ 地域社会の活動

④ 飲酒運転政策と防止策

⑤ アルコールの入手規制
⑥ アルコール飲料のマーケティング（販売促進活動）
⑦ 価格政策
⑧ 飲酒や酩酊による悪影響の低減
⑨ 密造酒又は非公式に製造されたアルコールが公衆衛生に与える影響の低減
⑩ 監視と査察

● アルコール健康障害対策基本法

アルコール関連問題については各関係団体が別々に対応しており、包括的に対応するための法整備がなされていませんでした。2013（平成25）年12月に成立した**アルコール健康障害対策基本法**では、アルコール健康障害対策に対する基本理念や国・地方公共団体の責務を示しました。

アルコール健康障害対策の基本計画として、2016（平成28）年に**アルコール健康障害対策推進基本計画**を策定。あわせて都道府県も、都道府県アルコール健康障害対策推進計画の策定努力義務が課せられています。2021（令和3）年度より第2期が始まっており、飲酒ガイドラインや早期介入ガイドラインの作成、連携体制の推進などが掲げられています。

また、国民の間に広くアルコール関連問題への関心と理解を深めるため、アルコール関連問題啓発週間（11月10日～16日）が規定されています。

アルコール健康障害とは、アルコール依存症その他の多量の飲酒、20歳未満の者の飲酒、妊婦の飲酒等の不適切な飲酒の影響による心身の健康障害のことを指しています。

■ 基本理念（2条）

1項　アルコール健康障害の発生、進行及び再発の各段階に応じた防止対策を適切に実施するとともに、アルコール健康障害を有し、又は有していた者とその家族が日常生活及び社会生活を円滑に営むことができるように支援すること

2項 アルコール健康障害対策を実施するに当たっては、アルコール健康障害が、飲酒運転、暴力、虐待、自殺等の問題に密接に関連することに鑑み、アルコール健康障害に関連して生ずるこれらの問題の根本的な解決に資するため、これらの問題に関する施策との有機的な連携が図られるよう、必要な配慮がなされるものとすること

ここは覚える！

アルコール健康障害対策基本法の基本理念を押さえるとともに、第2期アルコール健康障害対策推進基本計画にまとめられている、日本におけるアルコール消費量や飲酒の状況などにも目を通しておきましょう。

落とせない！重要問題

アルコール健康障害対策基本法では、飲酒に起因する危険運転致死傷罪の刑罰を規定している。

×：「自動車運転死傷行為処罰法」に規定されている。

● アルコール依存症の治療

抗酒剤などの薬物療法、隔離入院療法、内観療法などの心理的アプローチなどがありますが、いずれにしてもアルコール依存症は治りにくいものだと考える必要があります。治療法としてはあくまでも断酒以外にはなく、断酒のために様々な治療法があると考えるべきです。

また、薬物依存と同じく、**AA（アルコホーリクス・アノニマス）** や断酒会などの自助グループも断酒を進めていく上で非常に重要な存在といえます。

AAは1935年にアメリカに誕生した自助グループで、「無名のアルコール依存症者たち」という意味。参加者は匿名で参加し、ミーティングを活用して断酒を継続すること、また他者の断酒を助けることを目的としています。一方で断酒会は、1963（昭和38）年に日本で誕生した自助グループで、名前を名乗ることや、会費と役員により運営されていることなどがAAとの大きな違いです。

第23・24回で、AAについての理解が問われました。第25回では、アルコール依存症の患者や家族への支援に関する事例問題が出題されました。

落とせない！重要問題

AAでは、メンバーの無名性を基礎におく。 第24回

○：一人ひとりが無名にとどまることで、グループにおける個人支配を防ぎ、AAの回復、一体性、サービスの原理をあくまで優先させることが可能になるとしています。

▶ ギャンブル等依存

ギャンブル等依存症は「ギャンブル等にのめりこむことにより日常生活または社会生活に支障が生じている状態」と定義されます。2018（平成30）年、**ギャンブル等依存症対策基本法**が施行され、内閣にギャンブル等依存症対策推進本部（本部長：内閣官房長官）を設置することとなりました。また、政府にはギャンブル等依存症対策推進基本計画の策定義務、都道府県には都道府県ギャンブル等依存症対策推進計画の策定を努力義務として課しています。

ギャンブル等依存症対策基本法では、「ギャンブル等」を「法律の定めるところにより行われる公営競技、ぱちんこ屋に係る遊技その他の射幸行為」と定義しています。また、ギャンブル等依存症問題啓発週間（5月14～20日）を設けることを定めています。

▶ 依存症対策総合支援事業

2014（平成26）～2016（平成28）年度　依存症治療拠点機関設置運営事業
・依存症の治療及び回復支援を目的として実施 ・依存症の治療を行っている精神科医療機関のうち、5か所程度を「依存症治療拠点機関」として指定し、依存症に関する専門的な相談支援、関係機関や依存症者の家族との連携・調整等を試行的に実施。全国拠点機関病院も指定し、依存症の治療・回復プログラムや支援ガイドラインの開発などが行われた

2017（平成29）年度〜　依存症対策全国拠点機関設置運営事業
・久里浜医療センターと国立精神神経医療研究センターを全国拠点機関に位置付け、依存症に関する施策を総合的に支援する体制を構築 ・依存症対策総合支援事業として、専門医療機関の拡充、相談拠点の形成等を行う

▶ その他の依存物質

　薬物やアルコールの他に、タバコなども身近な精神依存物質です。例えば、禁煙を決意してもなかなか実行できないのは、タバコのニコチンによる依存がすでに形成されているからと考えられるでしょう。離脱症状として、24時間以内に不快、不眠、集中困難、心拍数の減少などが見られるとされています。

　他にも、鎮痛剤、鎮咳剤なども依存を形成する場合があります。

　また、物質に限らず精神的にのめりこんでしまい、抜け出せなくなってしまうものもあり、近年ではネット・ゲーム依存が注目されています。

認知症高齢者への対策

　認知症は、一旦正常に発達した知能が徐々に低下していき、日常生活にも影響を及ぼす状態のことで、脳血管性認知症、アルツハイマー型認知症、レビー小体型認知症などがあります。

　症状としては、記憶、知能などの認知に関する能力が低下していくことと、幻覚妄想や抑うつ、徘徊、以前は見られなかった暴言などの異常な行動などがあります。うつ病やせん妄と間違えやすく、認知症と分かった時には相当の時間が経過してしまうということも起こりえます。

　また、認知症の人に見られる知覚、思考、気分または行動の障害による症状をBPSD（Behavioral and Psychological Symptoms of Dementia）といいます。物忘れや判断能力の低下など脳機能の低下を示す「中核症状」に対応して、BPSDは「周辺症状」などともいわれます。BPSDの症状は、次の2つに分けられます。

行動症状	暴力・暴言・徘徊・拒絶・不潔行為 など
心理症状	抑うつ・不安・幻覚・妄想・睡眠障害 など

▶ 認知症対策

　認知症対策で大切なのは、今まで行われてきた日常生活の変化に気づくこと

といえます。家族視点が重要であり、早期発見するためには家族にかかる負担が多くなってきます。

認知症の早期発見のツールとしては、改訂長谷川式簡易知能評価スケール（HDS-R）やミニメンタルステート（MMS）検査等が、比較的簡単に検査することができることから、多くの医療機関で実施されています。

精神保健福祉士として認知症対策に関わる場合、各種の社会資源を用いて早期発見、予防に努めることが求められることと、二次予防として認知症患者の家族に対する支援についても考えていかなければなりません。

▶ 新オレンジプランと認知症施策推進大綱

2012（平成24）年9月に、厚生労働省による認知症施策推進5か年計画（オレンジプラン）が公表されました。認知症における政策課題を示したもので、2013（平成25）～ 2017（平成29）年度までの計画として実施されました。

今後の高齢化の進展に伴い、これまで以上に認知症の人が増えていくと予測されることや、高齢化に伴う認知症の増加への対応が世界共通の課題となっていることから、2015（平成27）年には認知症施策推進総合戦略（新オレンジプラン）が発表されました。基本的な考え方は、認知症の人の意思が尊重され、できる限り住み慣れた地域の良い環境で自分らしく暮らし続けられる社会の実現を目指すものです。

具体的な内容としては、認知症サポーターの養成と活動の支援や、認知症疾患医療センター等の整備、認知症サポート医の養成、認知症初期集中支援チームの設置、認知症地域支援推進員の配置、認知症カフェ等の設置などが挙げられます。

認知症地域支援推進員	市町村において医療機関や介護サービス及び地域の支援機関をつなぐコーディネーターとしての役割を担う
認知症サポート医	認知症の人の診療に習熟し、かかりつけ医等への助言その他の支援を行い、専門医療機関や地域包括支援センター等との連携の推進役となる
認知症初期集中支援チーム	複数の専門職が家族の訴え等により認知症が疑われる人や認知症の人及びその家族を訪問し、アセスメント、家族支援などの初期の支援を包括的、集中的に行い、自立生活のサポートを行う

📖 **認知症初期集中支援チーム：**チーム員は条件を満たす専門職2名以上、条件を満たす専門医1名の計3名以上で編成される。精神保健福祉士は、医療保健福祉に関する国家資格を有する者として専門職の資格要件の一つに挙げられている。

● 認知症サポーター

認知症について理解し、認知症の人や家族を見守る人のことを認知症サポーターと呼んでいます。90分間の養成講座を受けることで誰でもサポーターになれる制度で、新オレンジプランでは、1,200万人の養成を目標としています。

2019（令和元）年には、これまでの取り組みを踏また認知症施策推進大綱が取りまとめられ、「共生」と「予防」を両輪として施策を推進することとなりました。①普及啓発・本人発信支援、②予防、③医療・ケア・介護サービス・介護者への支援、④認知症バリアフリーの推進・若年性認知症の人への支援・社会参加支援、⑤研究開発・産業促進・国際展開の5つを施策の柱としています。

▶ 認知症基本法

2023（令和5）年に、共生社会の実現を推進するための認知症基本法が成立しました。認知症施策は認知症の人が尊厳を保持しつつ希望を持って暮らすことができるよう基本理念に則って実施することとし、国・地方公共団体は基本理念にのっとり、認知症施策を策定・実施する責務があることを示しています。

また、政府に認知症施策推進基本計画を作成することを求め、都道府県・市町村は都道府県計画・市町村基本計画の策定を努力義務としています。

8 地域精神保健をめぐる問題

地域精神保健の流れ

▶ 公衆衛生から地域保健へ

　WHOは、2000（平成12）年までに「地球上のすべての人に健康を」を達成することを提唱していました。その実践的な目標として行われたのが、1978（昭和53）年のプライマリヘルスケア国際会議において、積極的に保健医療を進めるというアルマ・アタ宣言です。

　その後、1986（昭和61）年にWHOは第1回ヘルスプロモーション会議で健康づくりが公衆衛生活動であるとして、人々が自らの健康とその決定要因をコントロールし、改善できるようにするヘルスプロモーションを、公衆衛生の中心にしていくというオタワ憲章を示しています。

　日本においては、1973（昭和48）年に公衆衛生局保健所課を「地域保健課」に変更し、また1984（昭和59）年には公衆衛生局を健康政策局と保健医療局に改組して、管理的な感じが強く出てしまう公衆衛生の言葉を健康保持・増進という積極的な意味を持った「保健」へと変更しています。

ヘルスプロモーションは「人々が自らの健康とその決定要因をコントロールし、改善することができるようにするプロセス」と定義されています。WHOは「医療費の抑制」も大きな目標としていました。

▶ コミュニティケア

施設入所によるケアから在宅ケアへと重点を移し、多くの選択肢の中から最も適切なサービスを提供することを目的として、イギリスではコミュニティケアという概念が生まれました。1980（昭和55）年にWHOにより「**総合地域精神保健ケア活動の一般原則**」が報告され、コミュニティケアの有効性を認めた上で、実施のための4つの要件が述べられています。

欧米各国では精神障害者に対する脱施設化は進んでいますが、日本においてはまだ充分とはいえず、課題としてこれからも取り組む必要があります。

■ コミュニティケア実施のための要件

① 患者が居住する家庭の近くで治療を受けることができるように、一定の人口集団に治療機関や施設を置くこと
② あらゆる形態の疾患と社会的不利のある患者のニーズに対応するために、一連の機関・施設を一定の人口集団に置くこと。ただし、特殊なケアについては広域で設けること
③ 一定の人口集団にサービスを行う機関・施設の間の効果的な調整を行うこと
④ 利用者は誰でも同質のサービスを受けられること。ただし、身体疾患に対する標準的なサービスの質よりも低いものであってはならない

▶ 関連法規

地域保健法
【目的】地域保健対策の推進に関する基本指針や保健所の設置、その他の地域保健対策の推進に関して基本となる事項を定め、母子保健法その他の地域保健対策に関する法律による対策が地域において総合的に推進されることを確保し、以て地域住民の健康の保持及び増進に寄与すること
1994（平成6）年の地域保健対策の推進に関する基本的な指針により、市町村は精神障害者の社会復帰対策のうち、身近で利用頻度の高い保健サービスは市町村保健センター等において、保健所の協力の下に実施することが望ましいとされている

母子保健法
【目的】母性並びに乳児及び幼児の健康の保持及び増進を図るため、母子保健に関する原理を明らかにするとともに、母性並びに乳児及び幼児に対する保健指導、健康診査、医療その他の措置を講じ、もつて国民保健の向上に寄与すること
基本的なサービスを市町村が担うことで、妊婦、乳幼児に対して一貫して提供できるような仕組みを構築。特に発達障害への対応や、母親の負担に対する相談など、精神保健分野についても重要

▶ 健康日本21

　日本では、健康増進に係る取り組みとして、1978（昭和53）年に第1次国民健康づくり対策、1988（昭和63）年にアクティブ80ヘルスプランが実施されてきました。その後、2000（平成12）年、2010（平成22）年度を目途とした具体的な目標等を提示すること等によって、健康に関連する全ての関係機関・団体等をはじめ、国民が一体となった健康づくり運動を総合的かつ効果的に推進し、国民各層の自由な意思決定に基づく健康増進への意識の向上及び取り組みを促すことを目的に、21世紀における国民健康づくり運動（健康日本21）が策定されました。健康日本21やその後継となった健康日本21（第二次）の結果を踏まえて、2024（令和6）年より健康日本21（第三次）が始まります。

　第三次では、社会が多様化する中で各人の健康課題も多様化していることを受け、「誰一人取り残さない健康づくり」を推進することとしています。また、健康寿命は着実に延伸してきていますが、さらに生活習慣の改善を含め、個人の行動と健康状態の改善を促す必要があるとし、「より実効性をもつ取組の推進」に重点を置くこととなっています。

■ 健康日本21（第三次）の主な目標

健康寿命の延伸と健康格差の縮小	① 健康寿命の延伸 ② 健康格差の縮小
個人の行動と健康状態の改善	① 適正体重を維持している者の増加 ② 野菜摂取量の増加 ③ 運動習慣者の増加 ④ 睡眠時間が十分に確保されている者の増加 ⑤ 生活習慣病のリスクを高める量を飲酒している者の減少 ⑥ 喫煙率の減少 ⑦ 糖尿病有病者の増加の抑制 ⑧ COPDの死亡率の減少
社会環境の質の向上	①「健康的で持続可能な食環境づくりのための戦略的イニシアチブ」の推進 ② 健康経営の推進
ライフコースアプローチを踏まえた健康づくり（女性の健康関係）	① 若年女性の痩せの減少 ② 生活習慣病のリスクを高める量を飲酒している女性の減少 ③ 骨粗鬆症検診受診率の向上

出典：厚生労働省「健康日本21（第三次）の推進に関する参考資料」

📖 **健康格差：** 地域や社会経済状況の違いによる、集団における健康状態の差。
COPD： 主として長期の喫煙によってもたらされる肺の炎症性疾患で、咳・痰・息切れを主訴として緩徐に呼吸障害が進行する。

■ 健康日本21（第三次）の概念図

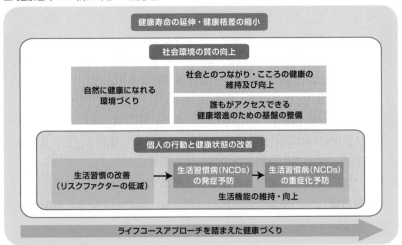

出典：厚生労働省 第1回健康日本21（第三次）推進専門委員会資料2「健康日本21（第三次）の概要」令和5年10月20日
　　　（https://www.mhlw.go.jp/content/10904750/001158810.pdf）を一部改変

▶ スマート・ライフ・プロジェクト

　健康寿命の延伸に向け、幅広い企業連携を主体とした取り組みとして2011（平成23）年より開始された、厚生労働省の国民運動で、運動、食生活、禁煙の3分野を中心に、具体的なアクションの呼びかけを行っています。2014（平成26）年度からは、これらの他に、健診・検診の受診を新たなテーマに加え、さらなる健康寿命の延伸を目指しています。

● 健康増進法

　国民の健康維持と現代病予防を目的に、栄養改善法に代わるものとして2002（平成14）年に健康増進法が制定されました。この法律では、健康の維持を国民の義務と規定しており、医療機関や各種自治体にも協力義務を設ける点に特徴があります。具体的には、生活習慣病を防ぐ他に食生活、運動、飲酒、喫煙などの習慣改善に取り組むことが盛り込まれています。2018（平成30）年に改正され、望まない受動喫煙の防止を図るため、多数の者が利用する施設等での喫煙の禁止や、国、地方公共団体の責務等が示されました。

施設コンフリクト　㉑ ㉕

　施設コンフリクトとは、身体・知的あるいは精神障害者や高齢者のための社会福祉施設の新設計画にあたって、近隣住民との間で起こる反対運動などの摩擦のことを指します。その発生原因としては、施設・利用者に対する正しい理解の不足や偏見、差別意識などが挙げられます。特に精神障害者を対象とした施設の場合、「怖い」「何をするか分からない」という考えに縛られ、現在でも様々な場所で施設設立の反対運動が起きている現状があります。

▶ Not In My Backyard

　Not In My Backyard（NIMBY）は、「うちの裏庭には困る」という言葉のとおり、必要性は認めるものの自身の関係する地域には置かないでほしい、という考え方です。ダムや発電所、葬儀場など極めて公共性の高い施設で起こりやすく、福祉施設についても「必要だとは思うが、人のいないところで作って欲しい」という訴えが起こることがあります。

9 精神保健に関わる専門機関

頻出度 | 🐾🐾 🐾🐾 🐾

専門機関 ㉖

市町村

- 2005（平成17）年成立の障害者自立支援法により、障害の種別に関わらずサービスの提供主体が市町村に一元化
- 地域生活支援事業（相談援助事業）、障害区分認定、自立支援給付、精神障害者保健福祉手帳関係事務、障害福祉計画の策定など多岐にわたる業務を担う（精神保健福祉士などの専門職を新規に採用して対応を図る市町村もある）
- 市町村保健センターにおいても、精神保健に関する相談対応を行う場合がある
- 自治体の相談支援の対象の見直しが行われ、2024（令和6）年から精神障害者のほか精神保健に課題を抱える者も対象となった

保健所

- 公衆保健活動の中心的機関であると同時に、地域における精神保健福祉業務の中心的な機関で、主な職務は地域における精神保健福祉の実態把握や精神保健福祉相談、訪問指導、家族会への助言、関係諸団体との連絡調整など
- 都道府県の場合、二次医療圏または介護保険事業支援計画に規定する区域と概ね一致することを原則に設置（人口20万人以上の市においては、保健所政令市へ移行し、個別に設置できる）

精神保健福祉センター

- 精神保健福祉に関する総合技術センターとして都道府県、政令指定都市に設置
- 精神科医、精神保健福祉相談員、公認心理師、保健師などで構成され、精神保健及び精神障害者に関して、知識の普及、調査研究を行い、相談及び指導のうち通常では複雑困難なものを行う専門的機関
- 精神医療審査会の事務機能、精神障害者保健福祉手帳の判定業務が特徴的

■ **市町村保健センター**：地域保健法で規定されており、住民に対する相談や地域保健に必要な事業を行う。

通常、保健所は都道府県と政令指定都市、中核市に設置されますが、それ以外の市は政令によって個別に認定されていました。そのため、保健所を置くことができる政令によって定められた市ということで「保健所政令市」と呼ばれています。なお、必ずしも人口20万人以上でなければ保健所政令市になれないわけではありません。

■ **保健所及び精神保健福祉センターの精神保健福祉に関する業務**

保健所		精神保健福祉センター	
・企画調整	・普及啓発	・企画立案	・技術指導及び技術援助
・研修	・組織育成	・教育研修	・普及啓発
・相談	・訪問指導	・調査研究	・精神保健福祉相談
・ケース記録の整理と秘密保持		・組織育成	
・社会復帰及び自立と社会参加への支援		・精神医療審査会の審査に関する事務	
・入院及び通院医療関係事務		・精神障害者保健福祉手帳の判定	
・市町村への協力及び連携			

精神保健を支える団体　㉑ ㉒ ㉕ ㉖

▶ 精神障害者家族会

　統合失調症、うつ病、躁うつ病などの精神疾患の人を身内にかかえる家族によって構成されたもので、各地域の保健所を拠点に創設されていきました。家族会の活動は相互支援、学習、社会的運動の3つを柱とし、現在、全都道府県に1,600ほどの家族会が設立されています。病院を中心に作られる病院家族会と、地域単位で作られる地域家族会に大きく分けられます。近年では施設を中心としたものもあり、その規模も大小様々です。

　精神障害者家族会の全国組織としては、1965（昭和40）年に設立された全国精神障害者家族会連合会（全家連）がありましたが、2007（平成19）年に解散し、その後継組織として全国精神保健福祉連合会（全福連、みんなねっと）が立ち上がっています。

▶ セルフヘルプグループ

　セルフヘルプグループとは、同じような苦しみや悲しみを経験した当事者同

士が、それぞれの問題の解決を目指して行う活動のことで、AAや断酒会、GA（ギャンブラーズ・アノニマス）などが代表的です。また、最近では統合失調症、うつ病などの患者同士で作られるセルフヘルプグループなども多く誕生しています。精神障害者の家族会もその一つと考えることができるでしょう。

セルフヘルプグループはあくまでも当事者間による活動であり、援助者が関わる場合は管理的になることを避けなければなりません。助言、情報提供、リンケージなどに重点を置き、メンバーが自分のペースで成長できる過程を提供する立場として関わることが求められます。また、セルフヘルプグループの機能として「援助を与える者が最も援助を受ける」（リースマン）とするヘルパー・セラピー原則が有名です。

ここは覚える！

セルフヘルプグループについてもしばしば問われます。精神保健福祉士の関わり方やヘルパー・セラピー原則について押さえておきましょう。

▶ いのちの電話

いのちの電話は、自殺予防を目的として設置されており、その起源は1953（昭和28）年にロンドンで始まった電話相談「サマリタンズ」とされています。日本では1971（昭和46）年に東京で始まりました。いのちの電話の相談員は、定められた養成課程を修了したボランティアが行っています。

国も自殺未遂者や自殺リスクの高い人が自殺することのないよう予防活動に力を入れています。いのちの電話は、自殺を考えている人、また相談相手がいないことから不安が募り、結果として自殺を考えてしまう人を水際で食い止める活動として期待されています。

📖 **サマリタンズ**：1952（昭和27）年、教会牧師であったチャド・バラーによって始まった活動。「自分の教区内で起きた少女の自殺は気軽に悩みを話せる人が身近にいたならば防ぐことができたはず」という思いから始まった。

10 諸外国における精神保健

WHO

世界保健機関（World Health Organization：WHO）とは、1948年に設立された国際連合の機関の一つで、国際的な保健、医療、福祉の幅広い分野に関わる健康問題に取り組み、国際協力の推進を図る組織です。世界を6つの地域に分け、事務局本部をスイスのジュネーブに置いています。

▶ WHO憲章

WHO憲章では健康の概念について述べていますが、健康とは、身体的、精神的、社会的に良好な状態のことを指し、単純に病気がない、身体が丈夫であることが必ずしも健康とはいえないことを国際的に確認しています。

また同時に、「基本的人権としての健康権」と「国民の健康に対して世界各国政府が責任を負っている」ことを確認したことは、歴史的に見ても大きな意義があったといえるでしょう。

▶ メンタルヘルスアクションプラン

2012（平成24）年、WHO総会においてWHA65.4（世界的な精神障害の疾病負担と国レベルの保健医療・社会部門による包括的・協調的な対応の必要性

に関する決議）が採択されました。その中で、サービス、政策、法令、計画、戦略、プログラムを含む包括的メンタルヘルスアクションプランを、WHO事務局長が加盟国と協議の上、策定することを求めています。

　メンタルヘルスアクションプランは、「メンタルヘルスなしに健康なし」を原則として、精神的に満たされた状態を促進し、精神障害を予防し、ケアを提供し、リカバリーを促し、人権を促進し、そして精神障害を有する人々の死亡率、罹患率、障害を低減することを目標としています。このプランの目的としては、①メンタルヘルスのためのより効果的なリーダーシップとガバナンス、②地域ベースの環境におけるメンタルヘルスサービスと社会ケアサービスの統合、③プロモーションと予防のための戦略の実施、④情報システム、科学的根拠と研究の強化が挙げられており、2020年までに達成すべき目標が設定されました。

ここは覚える！

第22・23回で、メンタルヘルスアクションプランについて出題されました。WHOが作成したものであることや、「メンタルヘルスなしに健康なし」の原則などを押さえておきましょう。

各国における精神保健活動　㉒ ㉓ ㉔

▶ 世界における精神保健の現状

　WHOでは、世界人口の0.8～1％が重度の精神神経疾患に、10％が中程度及び軽度を含む精神神経疾患に罹患していると推計しています。精神神経疾患は直接の死亡原因になることは少ないものの、長期的に障害に悩まされるため、QOL（生活の質）やDALY（障害を考慮に入れた平均寿命）に影響を与えることになります。そのため、各国においても精神保健については非常に重要な問題と考えられ、様々な取り組みが行われています。

　多くの国で、入院中心の医療から地域精神医療への脱施設化が行われていますが、現在の日本の人口千対精神病床数は世界的に見ても高い数値であり、脱施設化が求められています。

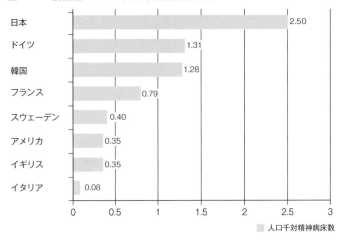

■ OECD加盟国における人口千対精神病床数

国	人口千対精神病床数
日本	2.50
ドイツ	1.31
韓国	1.28
フランス	0.79
スウェーデン	0.40
アメリカ	0.35
イギリス	0.35
イタリア	0.08

出典：『OECD Health Statistics 2023』より著者作成。日本は2021年データ

ここは覚える！

第24回で、疾患による損失生存年数と障害生存年数の合計で表される指標として、DALYの名称が問われました。DUP（精神病未治療期間）、ADL（日常生活動作）、QOL（生活の質）など様々な指標とともに覚えておきましょう。

▶ 世界精神保健調査

　世界精神保健調査（WMH）は、精神障害の総合的疾病負担に関する調査で、28か国において一般住民を対象に訪問面接法で実施されました。その結果、先進、発展途上国のいずれでも、多くの人が精神障害を有していることが明らかになりました。また、精神障害を有する人で、先進国では3～5割、発展途上国では7～8割の人が治療を受けておらず、かつ治療を受けているとはいえないほど重度であることが示されました。

　発展途上国における受療率の低さは、感染症など、その地域における他の重度な問題に予算が振り分けられている現状や、精神疾患に対する認識の低さなどが考えられます。先進国と発展途上国における精神保健医療資源の差（先進国8：発展途上国2）の問題を含め、格差の解消は容易ではないといえるでしょう。この格差を埋めるための施策として、WHOは2008年に精神保健ギャップアクションプログラム（mh GAP）を実施しています。

ここは覚える！

第24回で、mh GAPについて問われました。WHOの取り組みとしては他に「アルコールの有害な使用を低減するための世界戦略」「メンタルヘルス・アトラス」なども押さえておきましょう。

▶ イギリス

イギリスでは、1960年代の脱施設化政策によって、精神科病院中心主義から地域ケアを重視した精神保健サービスへの転換が行われました。基盤となったのは、1948年の国民保健サービス制度（NHS）であり、脱施設化によって人口１万人あたりの在院患者数は1954年で35人、1970年で23人、1993年で10人と減少しています。

地域精神医療では、プライマリ・ケアを行う一般家庭医（GP）、地域精神疾患看護者（CPN）、ソーシャルワーカー、臨床心理士等が包括的チームを組み、管轄地域を設定し担当しています。

📖 **国民保健サービス制度：** NHS機構改革として、1990（平成2）年にNHS及びコミュニティケア法が成立し、国営の保健医療システム競争原理が導入されている。

● 治療共同体

イギリスの精神科医であるジョーンズ（Jones, M.）は、1946年にメイン（Main, T. F.）によって紹介された「治療共同体」という概念を臨床的・論理的に展開していきました。治療共同体は、病院や施設といった生活環境を共同社会と捉え、患者と治療者という従来の階層をなくして、患者が運営へ参加することなどを治療上の手段の要素として取り上げたものです。つまり、施設内で行われる処遇の一部分のみを問題とするのではなく、施設全体を問題として捉えるところに特徴があります。

● 精神保健に関するナショナル・サービス・フレームワーク

1999年、精神保健施策10か年計画ともいえる精神保健に関するナショナル・サービス・フレームワーク（精神保健NSF：The National Service Framework for Mental Health）が発表されました。これを受け、2004年には中間総括と今後５年間の達成課題を示した報告書も発表されています。

精神保健NSFには、①精神的健康の増進、②プライマリー精神保健ケア、③サービスの利用、④専門家によるケア、⑤病院と危機対応住居、⑥家族（carers）への支援、⑦自殺を防止する、という7つの基準があります。

ここは覚える！

第22回で、精神保健NSFが出題されました。諸外国の脱施設化及び地域ケアの歴史を押さえておきましょう。

▶ フランス

　フランスでは、地域で生活する住民すべての精神医療・福祉ニーズに対応するため、国内で地域を設定し、その中で精神医療・福祉サービスに必要な体制が組織化されたセクトゥール（セクター）制が導入されています。

　全国に800以上の成人精神医療セクトゥールと300以上の小児・児童精神医療セクトゥールがあり、それぞれに少なくとも１か所の医学心理センター、昼間病院、デイケア、治療的アパート、時間限定治療センターなどを備えています。

■ **セクトゥール制**：1945（昭和20）年3月の国民精神医療の日に、精神衛生対策上、公的機関が担当する地理的区間として初めてセクトゥールの概念が出された。

▶ イタリア

　イタリアでは1960年代から、精神科医であるバザーリア（Basaglia, F.）によりトリエステの病院で脱施設化を目指した改革が行われました。その結果、1978（昭和53）年に180号法（バザーリア法）が成立し、精神科病院の閉鎖を含む地域精神医療への転換という、他に類を見ない改革が始まりました。

■ バザーリア法の特徴

① 新たな精神科病院の設立の廃止と精神科病院の漸次閉鎖
② 地域保健単位による地域サービスの向上
③ 総合病院内に15床の精神科病棟（SPDC）の設置
④ 危険性より要治療の緊急度を強制入院の要件に

▶アメリカ

アメリカでは、「精神疾患と精神衛生に関する合同委員会」の報告を受け、1963年にケネディ教書（精神病及び精神薄弱に関する大統領教書）が発表され、積極的な脱施設化・福祉施策がとられるようになりました。その後、1976年に急激な脱施設化に伴う課題を克服するためカーター教書が提出され、脱施設化は加速していくことになります。

脱施設化の流れの中、メンドータ州立病院の精神科医であったスタイン（Stain, L.I.）らが、長期収容されていた患者を地域に戻す運動を始めました。しかし、実際には重い精神障害を抱えた入院患者が院内で身につけたことが地域で活かされず、頻回な入院を繰り返す状態（回転ドア状態）が存在することを実感していました。

そこで、彼らは活動を進める中で国の地域支援プログラムの考えを取り入れ、多様なニーズを抱えたクライエントに様々なサービスを包括的に提供する積極型地域援助プログラム（PACT：Program for Assertive Community Treatment）を開発しています。現在では、包括的地域生活支援モデル（ACT：Assertive Community Treatment）として、世界各国で実践されています。

ケネディ教書については、急激な患者の退院とそれをケアする地域資源のなさ、特に拠点となるべき地域保健センター（Community Mental Health Center）の不足が指摘されており、必ずしも順調な経過をたどったわけではありません。

▶ 韓国

韓国では、1970（昭和45）年代以降、精神障害者に対する支援は大家族制度によるものから、無認可施設へ収容されることに変化していきました。当時国による精神保健問題への対策はなされておらず、人権侵害や非医学的治療が行われていました。その後、精神障害者への処遇は多少改善されたものの、社会的防衛の点から、長期入院、長期収容が続いていました。その後、地域ケアへの展開が行われ、1999（平成11）年より、精神保健センターが全国的に設置されるようになっています。

また、2008（平成20）年から障害者差別禁止法が実施、2009（平成21）年には、「精神障害者の人権保護と増進のための国家報告書」が発表されました。これらの政策により、差別や人権侵害が緩和されることが期待されています。

ここは覚える！

第23・24回で、韓国の精神保健福祉について出題されました。

第2章の理解度チェック

Q — A

☐ **1** 呉秀三らは「精神病学集要」のなかで、「わが国十何万の精神病者はこの病を受けたるの不幸のほかに、この国に生まれたるの不幸を重ぬるものというべし」と述べ、悲惨な状況を明らかにした。 予想問題 　×

☐ **2** 宇都宮病院事件を契機として、精神衛生法が制定された。 予想問題 　×

☐ **3** 退院後生活環境相談員は、退院に向けた意欲の喚起や相談支援を行う。 第21回 　○

☐ **4** マタニティ・ブルーとは、産後うつ病の別名のことである。 第18回改変 　×

☐ **5** 著名人の自殺に関する報道の後で自殺者数が増加する現象をハロー効果という。 第24回 　×

☐ **6** エリクソンは、青年期の発達課題は、同一性（アイデンティティ）の確立に特徴づけられると規定した。 第25回 　○

☐ **7** 予防精神医学の概念を提唱したのは、ソンダースである。 第23回 　×

☐ **8** ストレス・コーピングとは、個人が有するストレスへの対処方法のことである。 第21回 　○

☐ **9** 心的外傷後ストレス障害（PTSD）とは、強いストレスに曝されることにより、一時的に強い不安や混乱、怒り、絶望感などの状態を示すことをいう。 予想問題 　×

☐ **10** グリーフケアは、がん患者のADL向上を目的としている。 第20回 　×

☐ **11** DV防止法では、結婚していなくても、同棲相手であれば対象となる。 予想問題 　○

☐ **12** 要保護児童対策地域協議会は都道府県の児童相談所に設置されている。 第19回 　×

☐ **13** 児童虐待の定義をしているのは児童福祉法である。 第23回改変 　×

解説

1 「精神病者私宅監置ノ実況及ビ其統計的観察」である。

2 精神保健法である。

4 マタニティ・ブルーは、軽いうつ状態で一過性のものである。産後うつ病は、出産後の数週間～数か月間続くうつ病。

5 ウェルテル効果という。

7 予防精神医学を提唱したのはカプラン。

9 これは急性ストレス障害のこと。通常1か月以上続くものをPTSDと呼んでいる。

10 残された遺族等が立ち直るための支えになる支援のこと。

12 設置主体は地方公共団体とされている。

13 児童虐待防止法である。

Q　　　　　　　　　　　　　　　　　　　　　　　　　　**A**

☐ **14** ひきこもり地域支援センターは、ひきこもり支援コーディネーターが配置されている。　第21回　　〇

☐ **15** 学校外で生じた児童生徒のトラブルもいじめに該当することがある。　第26回　　〇

☐ **16** 文部科学省による不登校の定義は「何らかの心理的、情緒的、身体的あるいは社会的要因・背景により、登校しない、あるいはしたくともできない状況にあるため年間90日以上欠席した者のうち、病気や経済的な理由による者を除いたもの」とされている。　予想問題　　✕

☐ **17** 学校保健安全法施行規則では、保健室について補足に記載されている。　予想問題　　✕

☐ **18** 常時労働者50人以上の事業主は、ストレスチェック制度の実施義務がある。　第21回改変　　〇

☐ **19** 自殺による死亡は労災の対象から除外される。　第15回　　✕

☐ **20** ラインによるケアでは、外部の機関を活用して労働者の相談支援を行う。　第19回改変　　✕

☐ **21** 過労死等防止対策推進法が規定する過労死等の原因には、精神障害が含まれている。　第26回　　〇

☐ **22** アルコホリークス・アノニマス（AA）とは、アルコール依存症患者の回復を支えることを目指す親の会である。　第14回改変　　✕

☐ **23** 自殺対策基本法では、都道府県と市町村は、自殺対策計画を策定することが努力義務とされている。　第21回　　✕

☐ **24** トランスジェンダーは、生物学的・身体的性と性自認が一致しない人を表す言葉である。　第24回　　〇

☐ **25** DPATとは、都道府県等によって組織された災害時に精神保健活動を行う専門的チームである。　第19回改変　　〇

解説

16 年間90日ではなく30日以上である。

17 学校保健安全法第2章第1節第7条に記載されている。

19 業務起因性が認められれば、補償対象となる。

20 管理監督者による支援を行う。

22 AAは当事者の互助グループである。

23 努力義務ではなく、策定をしなければならない。

Q ────────────────────────── **A**

☐ **26** サイコロジカル・ファーストエイド（PFA）は、重大な危機的出来事にあったばかりで苦しんでいる人びとへの人道的、支持的、かつ実際的な支援である。 第26回

〇

☐ **27** 被災者へのケア活動によって被災を直接経験していない支援者に生じる外傷性ストレス反応のことを二次受傷という。 第22回

〇

☐ **28** 総合地域精神保健ケア活動の一般原則では、その用件として、患者が居住する家庭の近くで治療を受けることができるように、一定の人口集団に治療機関や施設を置くことなどが挙げられている。 予想問題

〇

☐ **29** 施設コンフリクトとは、労働時間の増加した施設職員の生活満足度が低下することである。 第21回

×

☐ **30** 市町村保健センターの設置は、地域保健法で規定されている。 第20回改変

〇

☐ **31** 精神医療審査会の事務は保健所が行う。 第23回改変

×

☐ **32** 保健所は、精神障害者保健福祉手帳の取得申請に対する判定業務を行う機関である。 第22回

×

☐ **33** セルフヘルプグループでは、本人たちの相互援助を重視する。 第18回

〇

☐ **34** ヘルパー・セラピー原則とは、自らが他のメンバーを援助することによって自分自身に効果が生まれることである。 第22回

〇

☐ **35** 疾患による損失生存年数と障害生存年数の合計で表される指標をDALYという。 第24回

〇

☐ **36** フランスでは法律第180号により、精神科病院への新たな入院を禁止し、地域ケアと外来医療中心に転換した。 第22回

×

☐ **37** 従業員支援プログラム（EAP）は、職場の管理監督者が、職場環境の改善や心の健康相談を実行するものである。 第20回

×

解説

29 施設建設にあたって、地域住民から反対運動が起こることである。

31 精神保健福祉センターが担当する。

32 判定業務は精神保健福祉センターである。

36 フランスではなくイタリアである。

37 EAPはメンタルヘルスの専門家による支援。

第 **3** 章

精神保健福祉の原理

この科目のよく出るテーマ5

❶ 障害福祉の理念

　ノーマライゼーションやアドボカシーが頻出項目となります。前者では、代表的な人物の功績を整理しておくことが重要です。後者では、アドボカシーの分類や機能について、それぞれの違いを理解しているかが問われます。説明文から該当する分類や機能を説明できるようにしましょう。

❷ 精神障害の障害特性

　障害特性を表す上田モデルや蜂矢モデルは、精神障害者やその生活を理解する上で基礎となる考え方で、事例問題を解くために重要です。国際生活機能分類（ICF）とあわせ、その考え方を理解しておきましょう。

❸ 精神保健福祉施策に影響を与えた出来事

　相馬事件は精神病者監護法の成立に、ライシャワー事件は精神衛生法の改正にと、ある出来事が精神保健福祉施策の見直しにつながってきた歴史があります。何をきっかけに、どのような改正がなされたのかを整理しましょう。

❹ 精神保健福祉の観点・視点

　ストレングス、レジリエンス、リカバリーが頻出項目です。それぞれの用語の意味を知るだけでなく、事例問題において、どのような観点での言動がそれにあたるのか、より実践的な理解まで深めていきましょう。

❺ 精神保健福祉士法

　2024（令和6）年4月に改正精神保健福祉士法が施行され、精神保健福祉士の対象を拡大させる定義の見直しが行われています。新旧の定義の違いを理解するとともに、法に規定された義務等と対応する罰則の内容も押さえておきましょう。

攻略のポイント

「ソーシャルワークの基盤と専門職」（共通科目）と重複する項目が多く、一体的に学習を進めることが効果的・効率的です。また、「ソーシャルワークの理論と方法」（共通・専門科目）につながる基盤・基礎となる科目であることを意識して、基本的な用語の理解に努めましょう。

1 障害者福祉の理念

人権の尊重と社会正義　　　権利擁護

自立と
社会参加

障害者福祉の思想と原理

▶ 優生思想と社会防衛思想

　優生思想は、ダーウィン（Darwin, C.）の『種の起源』による自然淘汰説を
もとに、それを人間社会で説明しようとするソーシャルダーウィニズム（社会
進化論）に根拠があります。つまり、人間を優れた生と劣った生に分け、障害者
は劣った生であるため社会から排除することを正当化しようとする考え方です。

　現代では優生思想が誤った考えであると否定されていますが、1907年にアメ
リカで断種法が制定され、日本でも1940（昭和15）年に国民優生法、1948（昭
和23）年に優生保護法が制定されるなど、優生思想に基づく施策が各国で行わ
れました。

　また、精神障害者は社会の安寧秩序を乱すものとして、社会防衛思想のもと、
社会から強制的に隔離されてきた歴史もあります。1950（昭和25）年制定の
精神衛生法では、精神障害者の病院への強制的な隔離収容が認められました。

▶ 基本的人権の保障

1971（昭和46）年	知的障害者の権利宣言（障害者の権利について明確に提示）
1975（昭和50）年	障害者の権利宣言（全障害者を対象とした）
1981（昭和56）年	国際障害者年（完全参加と平等をスローガンに定めた）
1982（昭和57）年	障害者に関する世界行動計画（1983（昭和58）～1992（平成4）年を「国連・障害者の10年」とし、各国での積極的な障害者施策の推進を提唱）
1993（平成5）年	障害者の機会均等化に関する標準規則（「障害」を機能的制約を要約した言葉とし、「ハンディキャップ」を他の市民と平等なレベルで地域社会の生活に参加する機会が欠如もしくは制約されていることと定義）
2001（平成13）年	障害者に関する世界行動計画の実施：21世紀における万人のための社会に向けて
2006（平成18）年	障害者権利条約（国際人権法が規定するすべての人に認められている既存の諸権利と基本的人権について、障害者に対して完全かつ平等に保障することを義務付け。日本は翌年に署名）
2013（平成25）年6月	日本で障害者差別解消法が成立（条約批准のための取り組み）
2014（平成26）年1月	日本が障害者権利条約を批准

　精神保健福祉分野では、1991（平成3）年に**精神疾患を有する者の保護及びメンタルヘルスケアの改善のための諸原則（国連原則）**が出されています。これは各国が最低限守るべき精神病者保護の原則で、精神障害者の諸権利が国際人権規約に従い明確に規定され、確立されることを目指したものです。「原則11　治療への同意」では、精神科医療においても**インフォームド・コンセント**を前提とすることが強調されるなど、精神障害者の人権保障をする上で極めて重要なものであることを示しています。

▶ 社会正義

　全英ソーシャルワーカー協会の倫理綱領（2002（平成14）年）では、社会正義を以下のように定義しています。

① 基本的なヒューマンニーズを満たすために、公平かつ公正な資源の分配を行うこと
② 公的サービスや利益に対して、公平に接近できるようにし、また、公平に潜在能力を発揮できるようにすること

③ 個人、家族、集団及びコミュニティの有する権利と義務について認識すること

④ 法の下で平等に扱い、保護すること

⑤ 現在そして未来の福祉に関心を向けながら、社会的発展と環境的マネジメントを行うことを含む

また、ソーシャルワーカーの倫理綱領では、「ソーシャルワーカーは、差別、貧困、抑圧、排除、無関心、暴力、環境破壊などの無い、**自由、平等、共生に基づく社会正義の実現をめざす**」としています。

障害者福祉の理念 ㉑ ㉒ ㉓ ㉕ ㉖

▶ リハビリテーション

リハビリテーションは、身体機能の回復だけではなく、精神的、社会的な回復も含め、**全人間的復権**を目的とした考え方です。

1942年の全米リハビリテーション協議会では、「障害者の身体的、精神的、社会的、職業的、経済的な側面を可能な限り回復させること」と定義されました。

1982年の国連による障害者に関する世界行動計画では、「身体的、精神的、かつまた社会的に最も適した機能水準の達成を可能にすることにより、各個人が自らの人生を変革していくための手段を提供していくことを目指し、かつ時間を限定したプロセス」と定義されました。

▶ ソーシャル・インクルージョン

ソーシャル・インクルージョン（社会的包摂）は、障害のある人も含め、あらゆる人々を社会の一員として包み込み、共生社会の実現を目指す考え方です。

インテグレーション（統合教育）や**メインストリーミング**（主流化教育）といった、障害児を通常の教室で共に教育しようとする考え方などとも共通します。

そして、これらの考え方をさらに発展させて示されたのが、**インクルージョン**の考え方です。1994年にスペインのサラマンカで開催された「特別なニーズ教育に関する世界会議」において、すべての子どもを包括的・総合的に支援しようとする「インクルージョン」が示され、その後、日本をはじめ多くの国に浸透し、教育分野や福祉分野の政策に反映されてきています。

▶ ノーマライゼーション

　ノーマライゼーションは、障害がある人も、ない人と同じような通常の生活を送る権利があり、そのような生活が可能となるような社会にしていくべきであるとする考え方です。

バンク-ミケルセン（デンマーク）	1950年代に知的障害児の親の会によって行われていた、知的障害児にできる限り通常の生活を送らせようとする運動を受け、ノーマライゼーションを1959年法において提唱し、理念として掲げた
ニィリエ（スウェーデン）	知的障害者の生活様式をできる限り社会の標準に近づけることを主張し、8つの原理（1日のリズム、1週間のリズム、1年のリズム、ライフサイクルでの経験、要求の尊重、異性との生活、経済的水準、環境水準）を提示
ヴォルフェンスベルガー（アメリカ）	障害者の社会的な役割の実践を重視しながら、人々の意識にも働きかけていくこと（ソーシャルロール・バロリゼーション）を主張

 ここは覚える！

第26回では、ノーマライゼーション理論（ソーシャルロール・バロリゼーション）を提唱した人物としてヴォルフェンスベルガーが出題されました。上記3名の主張について押さえておきましょう。

▶ エンパワメント

　エンパワメントは、社会的に弱い立場に置かれている人々が本来持っている潜在的な力を活かし、様々な問題に対処していこうとする考え方です。

　アメリカのソロモン（Solomon, B.）は、著書『黒人のエンパワメント』（1976年）でエンパワメントの重要性を主張しました。今日では、要援護者のプラス面に着目して支援していくという対人援助サービスの基本的な理念として活用されています。

 ここは覚える！

第26回で、ソロモンが提唱したソーシャルワーク理論（エンパワメントアプローチ）が問われました。第4章「ソーシャルワークの理論と方法」にある他の理論とともに確認しておきましょう。

▶ バリアフリー

バリアフリーは、障害のある人の生活における、あらゆるバリア（障壁）を取り除こうという考え方です。

建築や交通機関では物理的なバリアを取り除くといった意味合いで使用されることが多い言葉ですが、障害者の社会参加を困難にしている制限の撤廃や、人々の持つ偏見や差別といった意識上の障害の除去という意味でも多く用いられています。

今日では、障害者基本法の条文やバリアフリー新法（高齢者、障害者等の移動等の円滑化の促進に関する法律）などの法律用語としても用いられるようになってきています。

▶ ユニバーサル・デザイン

ユニバーサル・デザインは、利用する人の障害の有無にかかわらず、すべての人にとって使いやすいようにあらかじめ工夫したデザインにしようとする考え方です。

アメリカのロナルド・メイス（Mace, R. L.）は、すべての人は人生のどこかの時点で何らかの障害を持つと考えられることから、そうした人々のためにもデザインの段階でできる限り多くの人が使いやすいものにしようと、この考え方を提唱しました。

▶ アドボカシー（権利擁護）

アドボカシーは、当事者の持つ権利を明確にし、権利侵害を防ぎ、権利が侵害された場合にはその救済や解決を支援する活動です。

■ アドボカシーの分類

ケースアドボカシー（パーソナルアドボカシー、ミクロアドボカシー）	認知症患者や精神障害者、知的障害者など判断能力がないか、あるいは不十分な人を対象とし、援助者には弁護、代弁、代行、代理の役割が求められる（制度としては、日常生活自立支援事業や成年後見制度が対応）
クラスアドボカシー（コーズアドボカシー）	権利擁護にかかる同じニーズを持つ特定の層（クラス）に対する権利擁護活動
リーガルアドボカシー	法務の専門職が担う権利擁護活動
セルフアドボカシー	クライエント自身による権利擁護活動
ピアアドボカシー	クライエント同士で代弁などを行う

■ アドボカシー機能

発見の機能	権利侵害の問題発見や問題提起
調整の機能	制度・組織との仲介や媒介（主にケースアドボカシーにおける機能）
介入の機能	権利擁護の理念と制度や組織の問題を結び付けるため、クライエント集団と地域福祉政策を結び付ける攻撃的介入
対決の機能	権利侵害を生む制度や組織に対するクライエントの利益の代弁
変革の機能	ソーシャルワーカーの変革主体者、弁護的変革者としての機能

▶ 自立生活

　アメリカで、1970年代初め頃からカリフォルニア大学バークレー校等を中心にIL運動（自立生活運動）が展開され、CIL（自立生活センター）などが設立されるなど、当事者運動が積極的に展開されるきっかけとなりました。その取り組みは、自立生活の理念とともに、日本をはじめ世界各国に広がっていきました。

アドボカシー実践におけるソーシャルワーカーの役割は、ブローカー・ロール（仲介者）、アドボケイド・ロール（弁護者）、イネイブラー・ロール（側面的支援）、の3つに整理できます。

ここは覚える！

第23回では精神障害者の権利擁護、第25・26回ではアドボカシーの機能について問われました。アドボカシー機能は、名称とその内容を確実に覚えておきましょう。

障害者福祉の歴史的展開

▶ 魔女裁判

　15世紀頃にヨーロッパで魔女狩りが横行しました。魔女狩りとは、魔女とされた者に対する死刑を含む不当な裁判や、法的手続きを経ない私刑などの迫害です。精神医学の立場から魔女狩りを非難したのはワイヤー（Weyer, J.）で、魔女とされた者の多数が精神病を患っていたことを指摘しました。1700年頃より魔女狩りが衰退すると同時に、医学的な治療が進められましたが、それは大規模な収容施設での隔離・収容を伴うものでした。

2 「障害」と「障害者」の概念

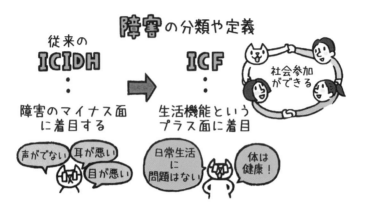

国際生活機能分類（ICF）

▶ 国際生活機能分類（ICF）による精神的健康

国際生活機能分類（ICF）は、WHOが国際障害分類（ICIDH）の改訂版として2001（平成13）年に発表したものです。

ICIDH	・死因や疾病の国際的な統計基準としてWHOが公表した疾病及び関連保健問題の国際統計分類（ICD）、いわゆる国際疾病分類の補助分類として発表 ・障害を病気の諸帰結として、機能障害（impairment）、能力障害（disability）、社会的不利（handicap）の3つのレベルに分類して概念を提示
ICF	・人間の生活機能と障害について「心身機能・身体構造」「活動」「参加」の3つの次元と、それに影響を及ぼす「環境因子」を約1,500項目に分類 ・従来の「能力障害」に代えて「活動」を、「社会的不利」に代えて「参加」を用いることにより肯定的側面を強調し、「環境因子」の観点を加えた。否定的な側面については「活動制限」「参加制約」として、全体的に前向きで中立的な表現を用いた構造となっている

■ ICFの構成要素間の相互作用

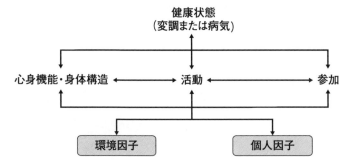

出典：厚生労働省「国際生活機能分類—国際障害分類改訂版—」（日本語版）

　ICFでは、各次元や要素が相互に関連するものとして、二次元的・双方向的に構造化されている点が特徴的です。この概念により、疾病の次元だけではなく、能力レベル、社会的レベルの次元で捉えることができるようになり、しかもその相互関連性への影響因子（個人因子や環境因子）を据え、一般的な健康という概念の中での生活分類による障害として捉えることを可能にしています。

誰もが対象となる健康状況全体の中で精神障害を捉えたことから、一般的な特徴に包摂された概念であり、特別な存在ではなく、一人の人が精神障害を抱えていると考えることができるのです。

制度における「精神障害者」の定義

▶ 精神障害の概念

　精神保健福祉法では、精神障害者の概念を「統合失調症、精神作用物質による急性中毒又はその依存症、知的障害、精神病質その他の精神疾患を有するもの」と定義しています。また、精神疾患に該当する個々の病名についてはICDで詳細に分類されており、一般的には精神疾患と精神障害は同一のものと考えられています（ただし、精神保健福祉法における精神障害は、ICDにおける精神疾患と完全に一致したものではない）。

　このように、精神障害の特徴として医療を必要とする患者であること、福祉を必要とする障害者であることの2つの側面を持っているといえます。医療で

ある措置入院の条件や、福祉サービスである精神障害者保健福祉手帳の交付条件など、各制度によって判断基準が設けられています。

■ 精神保健福祉士の役割の拡大

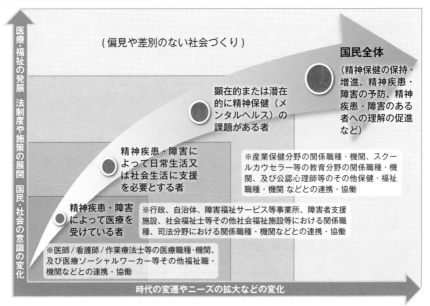

出典：厚生労働省『精神保健福祉士の養成の在り方等に関する検討会中間報告書』2019（平成31）年3月29日

■ 各法律における精神障害者の定義

障害者権利条約 （1条）	障害者には、長期的な身体的、精神的、知的又は感覚的な機能障害であって、様々な障壁との相互作用により他の者との平等を基礎として社会に完全かつ効果的に参加することを妨げ得るものを有する者を含む
障害者基本法 （2条）	身体障害、知的障害、精神障害（発達障害を含む）その他の心身の機能の障害（以下、障害）がある者であって、障害及び社会的障壁により継続的に日常生活又は社会生活に相当な制限を受ける状態にあるもの
精神保健福祉法 （5条）	精神障害者とは統合失調症、精神作用物質による急性中毒又はその依存症、知的障害、精神病質その他の精神疾患を有する者
精神保健福祉士法 （2条）	精神科病院その他の医療機関において精神障害の医療を受け、若しくは精神障害者の社会復帰の促進を図ることを目的とする施設を利用している者（※精神保健に課題を抱える者も相談援助の対象）
障害者雇用促進法 （2条1号）	身体障害、知的障害又は精神障害（発達障害を含む）その他の心身の機能の障害があるため、長期にわたり、職業生活に相当の制限を受け、又は職業生活を営むことが著しく困難な者

一方で、精神科医の臺弘は精神障害者の特有の困難さとして「生活のしづらさ」の存在を挙げ、ソーシャルワーカーの谷中輝雄は精神障害者を患者や障害者ではなく生活者と捉え、ごく当たり前の生活の実現という理念を掲げました。

精神障害の障害特性

▶ 上田敏モデル

　上田モデルは、医療と福祉に分断された障害者施策の改善に影響を与えた「障害」を構造化したモデルです。はじめは、ICIDHで示された「機能・形態障害」「能力障害」「社会的不利」を客観的障害と捉え、新たに主観的障害としての「体験としての障害」を位置づけました。その後、ICFへの変更に伴い上田モデルも見直され、客観的次元と主観的次元とが相互に影響を与え合う双方向性を明示しました。

▶ 蜂矢モデル

　蜂矢モデルは、ICIDH版の上田モデルをもとに、精神障害が「疾患と障害の共存」状態であることを示したことに特徴があります。疾患と障害が区別され、患者として医療の対象であるとともに、障害者として福祉サービスの対象であることが説明されたことで、精神保健福祉法における精神障害者社会復帰施設の創設につながっていきました。

3 社会的排除と社会的障壁

精神保健福祉施策に影響を与えた出来事

相馬事件	➡	精神病者監護法 制定
ライシャワー事件	➡	精神衛生法 改正
宇都宮病院事件	➡	精神保健法 制定
大和川病院事件	➡	精神保健福祉法 制定
池田小学校事件	➡	医療観察法 制定

諸外国の動向　㉒㉖

▶ ピネル

　ピネル（Pinel, P.）はフランスの医学者で、近代精神医学の創始者の一人として知られ、疾病分類を『疾病の哲学的分類』（1798年）を著しています。ピネルの功績は、「鎖からの解放」で説明されるように、精神障害者に対する非人道的な処遇を改め、人道的・医学的な治療の処遇にあたったことにあります。

▶ ビアーズ

　ビアーズ（Beers, C. W.）は、精神障害の当事者として自らの経験をもとに『わが魂にあうまで』（1908年）を著し、アメリカで精神衛生運動を興しました。その運動はアメリカ全土に広がり脱施設化の動きともなっていきました。また、ACTやケースマネジメント（ケアマネジメント）といった援助技術の発展にも影響を与えています。

▶ 精神疾患を有する者の保護及びメンタルヘルスケアの改善のための諸原則

　精神疾患を有する者の保護及びメンタルヘルスケアの改善のための諸原則とは、1991年に国連が示した25の原則で、これをもとに1996年にはWHOが

「精神保健ケアに関する法：基本10原則」を発表しました。精神保健に関する法律制定の規範のための、守るべき原則を示したものとされています。

■ 精神疾患を有する者の保護及びメンタルヘルスの改善のための諸原則

原則 1　基本的自由と権利	原則14　精神保健施設のための資源
原則 2　未成年者の保護	
原則 3　地域社会における生活	原則15　入院の原則
原則 4　精神疾患を有することの判定	原則16　非自発的入院
	原則17　審査機関
原則 5　医学的診察	原則18　手続き的保障
原則 6　秘密の保持	原則19　情報へのアクセス
原則 7　地域社会と文化の役割	原則20　刑事犯罪者
原則 8　ケアの基準	原則21　不服
原則 9　治療	原則22　監督と救済
原則10　薬物投与	原則23　実施
原則11　治療への同意	原則24　精神保健施設に関する諸原則の範囲
原則12　権利の告知	
原則13　精神保健施設における権利と条件	原則25　既得権の留保

■ 精神保健ケアに関する法：基本10原則

① 精神保健の推進と精神障害の予防
② 基本的精神保健ケアへのアクセス
③ 国際的に承認された原則に則った精神保健診断
④ 精神保健ケアにおける最小規制の原則
⑤ 自己決定
⑥ 自己決定の過程を援助される権利
⑦ 審査手続きの利用
⑧ 定期的審査の機構
⑨ 有資格者の決定者
⑩ 法の支配の尊重

ここは覚える！

第22・26回で、精神疾患を有する者の保護及びメンタルヘルスの改善のための諸原則の内容について問われました。前ページでは項目名のみ記載していますが、インターネット等ではそれぞれの内容も公開されていますので、目を通しておきましょう。

▶ 障害者権利条約

■ 日本の障害者権利条約の批准にあたっての取り組み

2011（平成23）年	障害者基本法　改正
2012（平成24）年	障害者自立支援法　改正（障害者総合支援法に改称）
2013（平成25）年	障害者差別解消法　成立・交付（2016（平成28）年施行）
2013（平成25）年	障害者雇用促進法　改正

障害者権利条約では、「障害」は障害者自身ではなく社会の側が生み出しているという「社会モデル」の考え方が反映されており、次のような特徴があります。

① 障害者の定義に幅を持たせ限定していない
「障害者には、長期的な身体的、精神的、知的又は感覚的な機能障害であって、様々な障壁との相互作用により他の者との平等を基礎として社会に完全かつ効果的に参加することを妨げ得るものを有する者を含む」（1条）
② 合理的配慮を定義し、合理的配慮の否定は差別と明示
「『合理的配慮』とは、障害者が他の者との平等を基礎として全ての人権及び基本的自由を享有し、又は行使することを確保するための必要かつ適当な変更及び調整であって、特定の場合において必要とされるものであり、かつ、均衡を失した又は過度の負担を課さないものをいう」（2条）
③ 障害者と緊密に協議し、障害者自身が積極的に関与する
「私たちのことを私たち抜きに決めないで」の理念を反映
④ バリアをなくしていくことを約束
施設及びサービス等の利用の容易さの確保を締結国の責務とする
⑤ 自立した生活及び地域社会への包容
締約国は、すべての障害者が地域社会で生活する平等の権利を有することを認め、障害者がこの権利を完全に享受し、地域社会に完全に包容され、参加することを容易にするための措置をとる

日本の精神保健福祉施策に影響を与えた出来事

▶ 相馬事件

相馬事件とは、1883（明治16）〜1895（明治28）年にかけて起こった一連の出来事を指します。旧中村藩主の主君、相馬誠胤の精神病状が悪化し、家族が自宅監禁の後に癲狂院に入院させたことに端を発します。当時、明治政府が社会防衛思想のもと進めていた、私宅監置を認める精神病者監護法（1900（明治33）年）の成立に影響を与えました。

その後、呉秀三が私宅監置の悲惨な状況を『精神病者私宅監置の実況及び其統計的観察』（1918（大正7）年）で発表したことで、1919（大正8）年の精神病院法の成立につながっていきます。ただし、精神病者監護法は廃止されず、法に基づく私宅監置が続きました。

▶ ライシャワー事件

ライシャワー事件とは、1964（昭和39）年、駐日アメリカ大使ライシャワー氏が統合失調症の青年に刺された事件で、翌1965（昭和40）年の精神衛生法（1950（昭和25）年制定）の改正につながりました。

同改正では、通院医療費公費負担制度の新設や保健所への精神衛生相談員の配置などがなされた一方で、緊急措置入院制度の新設など社会防衛的な施策も行われました。

▶ 宇都宮病院事件

1984（昭和59）年、宇都宮病院の職員による精神病入院患者の暴行死亡事件が発生。その後の調査で、暴力などの人権侵害が常態化していることが明らかになりました。事件を受けて精神衛生法が改正され、入院患者の権利擁護や社会復帰に重点を置いた福祉施策を含む精神保健法が制定されました（1987（昭和62）年）。

その後、1993（平成5）年に心身障害者対策基本法が障害者基本法へと改正されたことで、精神障害者が法的に「障害者」に位置づけられ、障害福祉分野の福祉施策の対象となりました。

▶ 大和川病院事件

　大和川病院事件は、1993（平成5）年に発覚した病院職員による精神病入院患者の一連の暴行死亡事件です。事件を受け、1993（平成5）年の障害者基本法の制定と相まって、1995（平成7）年の精神保健法改正による**精神保健福祉法**成立により、退院促進支援事業の創設や地域移行・地域定着支援事業の制度化につながりました。

▶ 池田小学校事件

　池田小学校事件は、2001（平成13）年に発生した精神障害者を装った犯人による無差別殺傷事件です。この事件をきっかけに、心神喪失と認められ無罪や不起訴となった触法精神障害者に対する処遇が議論され、**医療観察法**が制定されました。同法により、保護観察所に**社会復帰調整官**が置かれています。

▶ 津久井やまゆり園事件（相模原障害者殺傷事件）

　津久井やまゆり園事件は、強い**優生思想**を持った元職員が起こした大量殺人事件です。犯人は事件前に緊急措置入院をしており、**精神保健福祉法**における措置入院のあり方が問われました。措置入院の解除に至る手続きにも不備があり、精神保健福祉法で定める精神障害者の支援の対象とならないなど、運用面での問題も指摘されました。同法の改正法案が提出されたものの、反対意見も多く廃案となっています。

日本の社会的障壁

▶ 欠格条項

　欠格条項とは、ある人が一定の事由に該当する場合に、特定の地位または職に就くことを認めないことを規定するものを指します。当てはまれば必ず欠格になる**絶対的欠格条項**と、場合によっては資格が認められる**相対的欠格条項**に分かれます。

　欠格条項の要件には、年齢によるもの（一定の年齢まで認められない）、禁錮以上の刑に処せられたことによるものなどがあり、この中に障害を理由とするものも存在します。

　障害を理由とする欠格事由については、1999（平成11）年に障害者施策推

進本部の決定を受けて見直しが進められることとなりました。精神障害についても、「精神機能の障害により業務を適正に行えない場合に免許を与えないことがある」などの相対的欠格条項として取り扱われています。精神障害を理由とする絶対的欠格条項はありませんが、相対的欠格条項は相当数が存在します。

▶ 強制不妊手術

　強制不妊手術とは、1948（昭和23）年に制定された優生保護法に基づく優生手術（優生学に基づく不妊手術）です。1940（昭和15）年制定の国民優生法では優生手術の規定はありませんでしたが、優生学上の見地から不良な子孫の出生を防止し、母体保護を目的とした優生保護法となり、優生手術が法定化されました。

　1952（昭和27）年の法改正により、遺伝性でない精神障害や知的障害のある人に対象を拡大したことや、国が都道府県に対して手術件数の増加を催促したことで、多くの強制不妊手術が行われました。1996（平成8）年には、優生思想に基づく差別的な規定を削除し、母体保護法に改正されています。

▶ コンフリクトの種類と施設コンフリクト

　コンフリクトは争いや衝突を意味し、生産的なコンフリクトと破壊的なコンフリクトの2種類に分けられます。

生産的なコンフリクト	同じ目標達成に向かう過程で、立場の違いなどから意見が対立した状態。立場の違いを認め合い、より良い目標を達成するための前向きなものといえる
破壊的なコンフリクト	目標達成の妨害を意図した、後ろ向きなコンフリクト

　施設コンフリクトとは、社会福祉施設の設置計画に対する地域社会の強力な反対運動に遭遇して頓挫したり、計画の存立の同意と引き換えに大きな譲歩を余儀なくされたりする施設と地域の間での紛争事態といいます。

頻出度 🐾 🐾 🐾

4 精神障害者の生活実態

精神科医療の特異性

▶ 非自発的入院・治療

精神衛生法（1950（昭和25）年）では、精神障害者を医療機関に隔離収容する強制入院手続きを定めていました。1960年代以降は、入院収容政策の後押しで精神科病院の開院が相次ぐ精神科病院ブームと、入院医療費の公費負担が経済措置患者を生み、非自発的入院・治療が常態化することとなりました。

▶ 精神科特例

精神科特例とは、1958（昭和33）年に厚生省（現・厚生労働省）から出された通知で、他の診療科に比べて精神科の医療スタッフは少なくてよい、とするものでした。もともとは、無資格の看護者による劣悪な処遇改善を意図したものでしたが、結果として精神科病床の設置を容易にし、人材不足で十分なケアができないままの長期入院の温床となりました。なお、公的病院においては、2001（平成13）年に精神科特例は廃止されています。

▶ 病床数と在院日数

日本の病床数全体は他国に比べ多く、その中でも精神病床数は突出しています。「2022（令和4）年医療施設（動態）調査・病院報告」によると、精神病床

は減少しているとはいえ**32万1,828床**あり、全病床数（157万3,451床）の約2割を占めます。

　また、同報告における精神病床の平均在院日数は**276.7日**（全病床では27.3日）で、過去10年間で精神病床の平均在院日数は50日以上の短縮となりました。近年の新規入院患者の入院期間は短縮傾向にあり、約9割が1年以内に退院しています。しかし、国際的には日本の平均在院日数は非常に長いといえます。

■ 総病床数の国際比較

人口1,000人当たり病床数　　　　　　　　　　　　　　　　　（床／人口1,000人）

	調査年	Total hospital beds 計	Curative care beds 急性期	Rehabilitative care beds リハビリ	Long-term care beds 長期ケア	Other hospital beds その他	Psychiatric care beds 精神
カナダ	2019	2.5	2	0.1	0.4	0	0.4
フランス	2018	5.9	3	1.6	0.5	0.8	0.8
ドイツ	2017	8	6	2	0	0	1.3
イタリア	2018	3.1	2.6	0.4	0.1	0	0.1
日本	2018	13	7.8	—	2.6	2.6	2.6
英国	2019	2.5	内訳の報告なし				0.4
米国	2017	2.9	2.5	0.1	0.2	0.1	0.3

病床数　　　　　　　　　　　　　　　　　　　　　　　　　　　　（床）

	調査年	Total hospital beds 計	Curative care beds 急性期	Rehabilitative care beds リハビリ	Long-term care beds 長期ケア	Other hospital beds その他	Psychiatric care beds 精神
カナダ	2019	94,677	74,069	4,491	15,921	196	13,632
フランス	2018	395,670	203,662	105,550	31,081	55,377	55,377
ドイツ	2017	661,448	497,182	164,266	0	0	106,176
イタリア	2018	189,753	156,216	25,119	8,418	0	5,358
日本	2018	1,641,407	983,700	—	328,015	329,692	329,692
英国	2019	163,873	内訳の報告なし				23,658
米国	2017	931,203	809,880	21,319	60,295	39,709	82,489

日本の急性期は一般病床、感染症病床、結核病床の合計。　日本のCurative (acute) care beds(急性期)は一般病床で、一般病床の回復期リハビリーションを病棟を含む。　日本のLong-term care beds (長期ケア)は療養病床で、療養病床の回復期リハビリテーション病棟を含む。英国は民間セクターを含まない。
＊ "OECD Health Statistics 2020"から作成

出典：公益社団法人日本医師会「病床数の国際比較」（2021年2月22日改訂）

第7期障害福祉計画の基本指針では、「精神障害にも対応した地域包括ケアシステムの構築」として、精神障害者の精神病床から退院後1年以内の地域における平均生活日数、精神病床の1年以上入院患者数などの数値目標を掲げています。

▶ クラーク報告書
　クラーク報告書とは、WHOから派遣されたクラーク（Clark, D. H.）らによる地域精神医療を推進するための報告書です。劣悪だった入院処遇の改善を求めるとともに、慢性期患者の累積が進めば高齢化により多数の**社会的入院患者**を生じさせるとして、地域ケアへの移行の必要性を指摘しました。

▶ 多剤併用
　1950年代に薬剤療法の導入が始まり、日本においても1960年代に定着しました。欧米では薬物療法の導入により入院加療の必要性が低減され、社会復帰への道を歩むきっかけとなりました。一方で日本では、入院患者の管理を容易にするものとして、多くの社会的入院を生むきっかけとなり、また、長期にわたる大量処方による**悪性症候群**（重篤な副作用）も生じさせました。

家族

▶ 保護義務者の歴史

1900（明治33）年	・精神病者監護法制定により、**監護義務者**（医師の診断書とともに警察への届け出を行い、私宅か精神科病院に監置する役割を担う）が制度化 ・多くは家族が監護義務者となり、家族でありながら社会防衛や治安維持のための処遇を行った
1950（昭和25）年	・精神衛生法制定により私宅監置が廃止され、監護事務者は**保護義務者**となる ・監護義務はなくなったが、本人にかわり入院に同意する役割、自傷他害防止監督義務、治療を受けさせる義務、医師の診断に協力する義務、医師の指示に従う義務など、多くの義務が課された
2013（平成25）年	・改正精神保健福祉法で保護義務者制度が廃止

　なお、医療観察法では保護者の規定があります。医療観察制度における保護者は、医療観察法に基づく手続きにおいて、審判期日に出席したり、意見を陳

述したり、退院許可の申立て等をしたりします。後見人、保佐人、配偶者や親権者がいる場合はこれらの者が保護者になるので、家庭裁判所による保護者の選任は必要ありません。

社会生活

▶ 障害年金の受給状況

　厚生労働省「年金制度基礎調査（障害年金受給者実態調査）令和元年」によると、障害年金受給者209.6万人のうち、精神保健福祉手帳取得者は60.1万人（28.7％）で、うち、障害厚生年金の受給者は15.1万人（25.1％）、障害基礎年金は45万人（74.9％）でした。

■ 制度別・障害等級別・精神障害者保健福祉手帳の状況別　受給者数／受給者割合

（単位：千人）

精神障害者保健福祉手帳		計	厚生年金				国民年金		
				1級	2級	3級		1級	2級
計		2,096	430	70	223	137	1,666	636	1,030
保有		601	151	8	96	47	450	83	367
	1級	99	13	6	6	1	86	67	19
	2級	438	96	1	84	11	342	15	326
	3級	64	42	0	6	35	22	1	21
保有していない		1,184	238	50	108	79	946	443	503
不明		311	41	12	19	11	270	109	161

（単位：％）

精神障害者保健福祉手帳		計	厚生年金				国民年金		
				1級	2級	3級		1級	2級
計		100.0	100.0	100.0	100.0	100.0	100.0	100.0	100.0
保有		28.7	35.2	10.9	43.2	34.4	27.0	13.1	35.6
	1級	4.7	3.0	8.6	2.6	0.8	5.2	10.5	1.9
	2級	20.9	22.4	2.0	37.7	7.7	20.5	2.4	31.7
	3級	3.1	9.7	0.3	2.8	25.9	1.3	0.2	2.0
保有していない		56.5	55.4	72.6	48.5	57.9	56.8	69.7	48.8
不明		14.8	9.5	16.6	8.3	7.8	16.2	17.2	15.6

出典：厚生労働省「年金制度基礎調査（障害年金受給者実態調査）令和元年」制度別・障害等級別・身体障害者手帳／精神障害者保健福祉手帳／療育手帳の状況別 受給者割合

▶ 精神保健福祉手帳の取得状況

厚生労働省「令和4年度衛生行政報告例」によると、2022（令和4）年度末現在の精神障害者保健福祉手帳交付台帳登載数（精神障害者保健福祉手帳の保有状況）は134万5,468人（2018（平成30）年度比で28万2,768人（26.6%）増）となっています。等級別では、1級10.0%、2級58.5%、3級31.5%の割合です。

■ 精神障害者保健福祉手帳交付台帳登載数の年次推移

各年度末現在（単位：人）

| | 平成30年度
(2018) | 令和元年度
(2019) | 令和2年度
(2020) | 令和3年度
(2021) | 令和4年度
(2022) | 対前年度 | |
						増減数	増減率(%)
精神障害者保健 福祉手帳交付台 帳登載数※	1,062,700	1,135,450	1,180,269	1,263,460	1,345,468	82,008	6.5
（人口10万対）	840.5	900	935.6	1,006.7	1,076.8		
1級	124,278	127,453	128,216	132,163	134,005	1,842	1.4
2級	630,373	670,107	694,351	743,152	787,137	43,985	5.9
3級	308,049	337,890	357,702	388,145	424,326	36,181	9.3

※ 有効期限切れを除く。

出典：厚生労働省「令和4年度衛生行政報告例」

▶ 就労状況

厚生労働省「令和5年度障害者雇用実態調査」でみる精神障害者の雇用状況概況は次の通りです。

雇用状況 （精神障害者のみ）	・従業員規模5人以上の事業所に雇用されている者は21.5万人 ・精神障害者保健福祉手帳により精神障害者であることを確認している者は92.7%、医師の診断等により確認している者は6.9% ・精神障害者保健福祉手帳の等級は3級（43.0%）が最も多い ・最も多い疾病は「躁うつ病（気分障害）」（17.0%）
雇用形態	・32.7%が正社員 ※身体障害者：59.3%、知的障害者：20.3%、発達障害者：36.6%
最も多い職業	・事務的職業（29.2%） ※身体障害者：事務的職業（26.3%）、知的障害者：サービスの職業（23.2%）、発達障害者：サービスの職業（27.1%）

5 精神保健福祉の原理と理念

基本的人権　　共生社会の実現

原理・価値

　精神保健福祉士が行うあらゆる業務において共通して貫くべき価値と理念は、「精神保健福祉士の倫理綱領」から次の通り説明できます。

■ 精神保健福祉士の価値・理念を示す重要な概念

・個人としての尊厳、基本的人権、法の下の平等
・共生社会の実現（社会的包摂（ソーシャルインクルージョン）、ノーマライゼーション）
・多様な価値の尊重
・福祉／精神保健福祉の向上（ウェルビーイング、生活の質向上）
・社会的復権（社会的排除、社会的障壁への取り組み）
・権利擁護（差別の解消、合理的配慮、権利行使）
・自己決定の尊重、自己実現（意思決定支援（意思形成・意思表明支援を含む）、当事者主体／主権、説明責任）
・プライバシーと秘密の保持
・専門性の向上（資質向上）

▶ 人と環境の相互作用

　「精神保健福祉士業務指針 第3版」では、ソーシャルワークの基本的視点の一つとして、ソーシャルワークは実践上のあらゆる現象を「人と環境の相互作用」として捉える、としています。

　この考えに基づけば、人々が抱える生活問題を個人の問題とするのではなく、その人と環境の相互作用における不具合として認識します。そして、個人のニーズへの応答性を高めるために環境に働きかけると同時に、個人がその環境を活用して自身のウェルビーイングを高めるよう働きかけていきます。

▶ ストレングス

　人とその環境における長所や強みを活用して支援する視点を、ストレングス視点といいます。この視点に立って、クライエントの強さや健康な部分に焦点を当てて、それを伸ばしていこうとする考え方がストレングスモデルです。ラップ（Rapp, C. A.）らは、ストレングスの要素として願望、能力、自信などによる個人のストレングスと、資源、社会関係、機会などの環境のストレングスに整理できるとしており、ストレングスモデルの6つの原則を挙げています。

■ ストレングスモデルの基盤となる6つの原則

1. 精神障害者はリカバリーし生活を改善し高めることができる
2. 焦点は欠陥ではなく個人のストレングスである
3. 地域を資源のオアシスとして捉える
4. クライエントこそが支援過程の監督者である
5. ケースマネージャーとクライエントの関係性が根本であり本質である
6. われわれの仕事の主要な場所は地域である

▶ レジリエンス

レジリエンスは「リスクや逆境にかかわらず、よい社会適応をすること」という意味で、様々な苦難に対してそれを乗り切る能力、また乗り切るためのしなやかさを指します。この概念は、当初苦難を乗り越えてきた子どもから導き出され、多くはそうした子どもに対して用いられた考え方です。しかし今日では、青年や成人であっても、不幸な出来事やリスクを乗り越えることで、時には以前にも増して様々な能力が高められることが明らかになっています。

レジリエンスは、ストレングスを説明する概念の一つとしても捉えられており、人々の持つ回復力に焦点にあてた概念として盛んに研究されています。

ここは覚える！

第22・26回で、対人援助領域におけるレジリエンスについて問われました。どのような概念なのかを理解しておきましょう。

▶ リカバリー

疾病、障害によって失ったものを回復することをリカバリーといいます。「失ったもの」には機能だけでなく自尊心、生活、人生なども含まれ、たとえ機能障害を完全に回復できなくても、自尊心、生活、人生などは取り戻すことができるという考え方です。

アンソニー（Anthony, W.）は、リカバリーの概念について「疾患や障害を通して、その人の態度、価値観、感情、目的、技量、役割が建設的に変容していく独特の過程である」と定義しています。

また、ディーガン（Deegan, P.）は「一つの過程、生活の仕方、姿勢、日々の課題への取り組み方であり、完全な直線的過程ではない。必要なのは障害に立ち向かうことであり、新たな価値ある一貫性の感覚、障害のなかで、あるいはそれを超えた目的を回復させることである」としました。

ここは覚える！

第22回ではディーガンが述べるリカバリーについて、第25・26回では精神障害者のリカバリーについて出題されました。適切な説明文を選択する出題が多いので、リカバリーの概念をしっかり押さえておきましょう。

▶ アンチスティグマ

スティグマは「負の烙印」を意味し、社会から受容を拒否された人々のことを総称するものでした。**アンチスティグマ**とは、そのような偏見や差別の対象となり、社会的排除の状態にあることに反対する姿勢です。精神保健福祉士のアンチスティグマ活動とは、社会全体の意識を変えていく社会変革の実践といえます。

関係性

▶ 加害者性

クライエントと援助関係にあるとき、ソーシャルワーカーは自身が持つ加害者性について認識することが大切です。専門職としての立場ゆえ、ソーシャルワーカーには**パターナリズム（父権主義）**が生じやすくなります。また、専門職とクライエントの間では**情報の非対称性**が大きく、それらが加害者性をもたらします。

> 加害者性が顕著に現れた例として、Y問題があります。援助者側に違法性はなく、クライエントを医療につなげる職務を果たそうとした結果として、重大な人権侵害という加害者性を持つこととなりました。

▶ 援助関係の3つの性質

援助関係は、その性質から3つに分類できます。

一方的援助関係	危機介入の場面など、ソーシャルワーカーの専門的で客観的な判断が、クライエントの主観的な判断より優先されるような関係
相互的援助関係	ソーシャルワーカーとクライエントが相互に影響を与え合いながら、クライエント主体の支援が展開される関係
循環的援助関係	ソーシャルワーカーがクライエントの立場にたち、クライエントの思いなどへの理解を深めると同時に、ソーシャルワーカーから受ける影響を認識しようとする関係

▶ 協働関係

協働関係は、クライエントの主観に重きを置いた関係性で、ソーシャルワーカーは**無知の姿勢**でクライエントから教わる**ワン・ダウン・ポジション**を貫きます。つまり、「**クライエントこそ専門家**」という関係を形成します。この協働関係に基づく実践モデルとして、解決志向アプローチやナラティブ・アプローチが挙げられます。

頻出度 | 🐾 🐾 🐾

6 「精神保健福祉士」の機能と役割

入院 → 地域医療・福祉

司法 自立を支援

教育 ソーシャルワーカー 教員

労働 就労支援

精神保健福祉士法　㉑ ㉕ ㉖

▶ 精神保健福祉士法制定と改定の経緯

　精神保健福祉士の源流は、1912（大正元）年に開院した**ボストン精神科病院（アメリカ）**における、「精神科ソーシャルワーカー」の名称を持つ職員教育に求められます。これは医療的な支援だけでなく、生活状況や経済状況など生活の視点を持った支援を合わせることによる効果が注目されたことによります。

　日本における、精神保健福祉士制度の歩みは以下の通りです。

1948 (昭和23) 年	国立国府台病院に社会事業婦を配置（最初の精神科ソーシャルワーカーとされる）	〈1960年代〉 民間の精神科病院の急増に伴い、精神科ソーシャルワーカーも増加
1964 (昭和39) 年	日本精神医学ソーシャル・ワーカー協会（185ページ参照）が設立	
1987 (昭和62) 年	精神保健法が成立。精神障害者社会復帰施設に配置される職員に精神科ソーシャルワーカーが示される（まだ資格化されていなかったが、その専門性が認知された）	〈1970年代〉 Y問題や札幌宣言を経ながら、精神科ソーシャルワーカーとしてのアイデンティティを確立
1993 (平成5) 年	障害者基本法が成立。精神障害が身体障害・知的障害と並び障害福祉施策の対象となる	
1994 (平成6) 年	地域保健法が成立	

3

精神保健福祉の原理 ⑥「精神保健福祉士」の機能と役割

1995 (平成7) 年	障害者プランの策定、**精神保健福祉法の成立**など、遅れていた精神保健福祉施策の充実を図る政策が矢継ぎ早に打ち出される
1997 (平成9) 年	精神科ソーシャルワーカーの確保と専門性の向上が求められ、**精神保健福祉士法**が成立
2004 (平成16) 年	「精神保健医療福祉の改革ビジョン」の基本方策「入院医療中心から地域生活中心へ」による精神保健医療福祉体系の再編と基盤強化
2005 (平成17) 年	障害者自立支援法（現・障害者総合支援法）が成立
2010 (平成22) 年	精神保健福祉士法を改正（精神保健福祉士の定義や義務等の見直し。2012 (平成24) 年施行）
2022 (令和4) 年	精神保健福祉士法を障害者総合支援法とともに改正（新しい精神保健福祉士の定義を定める。2024 (令和6) 年施行）

> 社会福祉士及び介護福祉士法の成立から10年後

 ここは覚える！

第25回で、精神保健福祉士法の改正について出題されました。改正により新設された項目は、改正年とともに押さえておきましょう。

▶ 精神保健福祉士の定義

精神保健福祉士は、**精神保健福祉士法**を法的基盤とします。

■ 精神保健福祉士の定義

登録を受け、精神保健福祉士の名称を用いて、精神障害者の保健及び福祉に関する専門的知識及び技術をもって、精神科病院その他の医療施設において精神障害の医療を受け、若しくは精神障害者の社会復帰の促進を図ることを目的とする施設を利用している者の地域相談支援の利用に関する相談その他の社会復帰に関する相談又は精神障害者及び精神保健に関する課題を抱える者の精神保健に関する相談に応じ、助言、指導、日常生活への適応のために必要な訓練その他の援助を行うことを業とする者（2条）

■ 精神保健福祉士の定義のポイント

登録を受け
精神保健福祉士国家試験に合格し、厚生労働省に備える精神保健福祉士登録簿（29条）に登録（28条）されることで、精神保健福祉士となる
精神保健福祉士の名称を用いて
先の登録をしていない者、あるいは、厚生労働大臣によって精神保健福祉士の名称の使用の停止を命じられた者は、精神保健福祉士という名称を使用してはならない（42条）。これに違反した場合は、30万円以下の罰金に処せられる（47条）
精神障害の医療を受け
援助対象の一つは精神障害の医療を受けている者。この場合、主治医が存在することとなるが、精神保健福祉士はその主治医に指導を受ける連携が求められる（41条2項）。強い拘束力を持つ指示ではなく、対等な関係に基づく指導関係にある連携により、その指導を尊重しながらも精神保健福祉士としての取り組みが保障されている
地域相談支援の利用に関する相談
もう一つの援助対象が精神障害者の社会復帰の促進を図ることを目的とする施設を利用している者。その者に対して、地域相談支援の利用に関する相談その他の社会復帰に関する相談に応じる。このうち、「地域相談支援の利用に関する相談」の文言は2010（平成22）年の法改正で付け加えられた
精神障害者及び精神保健に関する課題を抱える者の精神保健に関する相談
2022（令和4）年の改正で精神保健福祉士の対象が拡大された

ここは覚える！

第21回で、2010（平成22）年の精神保健福祉士法改正で、精神障害者への地域相談支援の利用に関する精神保健福祉士の役割を位置付けられたことが出題されました。

▶ 精神保健福祉士の義務等

精神保健福祉士法には、精神保健福祉士の義務等が明示され、義務に違反した場合の罰則も定められています。このうち、誠実義務と資質向上の責務は2010（平成22）年の法改正で新たに加えられ、連携等の義務の内容が拡充されました。

誠実義務	その担当する者が個人の尊厳を保持し、自立した生活を営むことができるよう、常にその者の立場に立って、誠実にその業務を行わなければならない（38条の2）
信用失墜行為の禁止	精神保健福祉士の信用を傷つけるような行為をしてはならない（39条）

秘密保持義務	正当な理由がなく、その業務に関して知り得た人の秘密を漏らしてはならない。**精神保健福祉士でなくなった後においても同様とする**（40条）。この秘密保持義務に違反した場合には、**1年以下の懲役又は30万円以下の罰金に処せられる**（44条第1項）。ただし、告訴がなければ公訴を提起されない（44条2項）
連携等の義務	その業務を行うに当たっては、その担当する者に対し、保健医療サービス、障害福祉サービス、地域相談支援に関するサービスその他のサービスが密接な連携の下で総合的かつ適切に提供されるよう、これらのサービスを提供する者その他の関係者等との**連携を保たなければならない**（41条1項）。その業務を行うに当たって精神障害者に主治の医師があるときは、その**指導を受けなければならない**（41条2項）
資質向上の責務	精神保健及び精神障害者の福祉を取り巻く環境の変化による業務の内容の変化に適応するため、相談援助に関する知識及び技能の向上に努めなければならない（41条の2）

　なお、信用失墜行為の禁止、秘密保持義務、主治医による指導の規定に違反した場合には、厚生労働大臣は精神保健福祉士の登録の取り消しや、精神保健福祉士の名称の使用の停止を命ずることができます（32条2項）。

ここは覚える！

第25回で、2010（平成22）年の精神保健福祉士法改正で、精神保健福祉士の義務等に新たに設けられたものが問われました。

▶ 社会福祉士及び介護福祉士法との関係

　同じソーシャルワーカーである社会福祉士と精神保健福祉士とでは、法律上の位置づけに違いがあります。精神保健福祉士には、社会リハビリテーションとしての訓練や主治医との指導関係が示されるなど、精神科医療チームの一員としての役割を担っていることが読み取れます。

	社会福祉士	精神保健福祉士
対象	身体上若しくは精神上の障害があること又は環境上の理由により日常生活を営むのに支障がある者（2条1項）	精神科病院その他の医療施設において精神障害の医療を受ける者、精神障害者の社会復帰の促進を図ることを目的とする施設を利用している者、精神保健に関する課題を抱える者（2条）

| 業務 | 福祉に関する相談に応じ、福祉サービス関係者等との連絡及び調整その他の援助を行うこと（2条1項） | 地域相談支援の利用に関する相談その他の社会復帰に関する相談又は精神障害者及び精神保健に関する課題を抱える者の精神保健に関する相談に応じ、助言、指導、日常生活への適応のために必要な訓練その他の援助を行うこと（2条） |
| 主治医との関係 | 規定なし | 精神障害者に主治の医師があるときはその指導を受けなければならない（指導関係）（41条2項） |

※条文番号は、社会福祉士は社会福祉士及び介護福祉士法、精神保健福祉士は精神保健福祉士法のもの。

ここは覚える！

第26回で、社会福祉士の業について問われました。共通科目「ソーシャルワークの基盤と専門職」の内容を確認しておきましょう。

精神保健福祉士の専門性 ㉑

▶ 精神保健福祉士の職能団体

精神保健福祉士の全国的な職能団体には、公益社団法人日本精神保健福祉士協会があります。同協会の始まりは、1964（昭和39）年に設立された日本精神医学ソーシャル・ワーカー協会であり、精神保健福祉士の国家資格化に伴い、1999（平成11）年に名称変更しました。

同協会は、「日本精神保健福祉士協会倫理綱領」（次ページ参照）を定めているほか、成年後見活動に取り組むための組織として、認定成年後見ネットワーク「クローバー」を設立しています。

従来は精神保健福祉士の英訳標記をPSW（Psychiatric Social Worker：精神科ソーシャルワーカー）としていましたが、広く国民の精神的健康に寄与するため、2021（令和3）年よりMHSW（Mental Health Social Worker）としています。

ここは覚える！

第21回で、日本精神医学ソーシャル・ワーカー協会の設立年が問われました。181ページの年表で流れをつかんでおきましょう。

▶ 精神保健福祉士の価値・知識・技術

精神保健福祉士の価値は、「日本精神保健福祉士協会倫理綱領」で体現されているといえます。

精神科ソーシャルワーカー（当時）の価値が問われた出来事に、1969（昭和44）年に起きたY問題があります。Y氏本人の意思に反した強制入院に精神科ソーシャルワーカーが関与していたことの告発と人権侵害裁判により、精神科ソーシャルワークのあり方が問われたものでした。

日本精神医学ソーシャル・ワーカー協会は、Y問題からの学びをもとに、「精神障害者の社会的復権と福祉のための専門的・社会的活動をすすめる」ことを協会の基本方針とする札幌宣言（1982（昭和57）年）を採択し、1988（昭和63）年には倫理綱領を制定しました。

精神保健福祉士の職業倫理　㉒

▶ 日本精神保健福祉士協会倫理綱領

日本精神保健福祉士協会倫理綱領の概要は次の通りです。

前文

われわれ精神保健福祉士は、個人としての尊厳を尊び、人と環境の関係を捉える視点を持ち、共生社会の実現をめざし、社会福祉学を基盤とする精神保健福祉士の価値・理論・実践をもって精神保健福祉の向上に努めるとともに、クライエントの社会的復権・権利擁護と福祉のための専門的・社会的活動を行う専門職としての資質の向上に努め、誠実に倫理綱領に基づく責務を担う。

目的

この倫理綱領は、精神保健福祉士の倫理の原則および基準を示すことにより、以下の点を実現することを目的とする。

1. 精神保健福祉士の専門職としての価値を示す
2. 専門職としての価値に基づき実践する
3. クライエントおよび社会から信頼を得る
4. 精神保健福祉士としての価値、倫理原則、倫理基準を遵守する
5. 他の専門職や全てのソーシャルワーカーと連携する

---

6. すべての人が個人として尊重され、共に生きる社会の実現をめざす

倫理原則及び倫理基準の項目

1. クライエントに対する責務
   (1) クライエントへの関わり
   (2) 自己決定の尊重
   (3) プライバシーと秘密保持
   (4) クライエントの批判に対する責務
   (5) 一般的責務
2. 専門職としての責務
   (1) 専門性の向上
   (2) 専門職自律の責務
   (3) 地位利用の禁止
   (4) 批判に関する責務
   (5) 連携の責務
3. 機関に対する責務
4. 社会に対する責務

　倫理原則・倫理基準は、精神保健福祉士法に規定される業務等（誠実義務、信用失墜行為の禁止、秘密保持義務、連携等の義務、資質向上の責務）にも対応していることがわかります。精神保健福祉士は倫理綱領を策定し自らを律していると同時に、法律上でも高い倫理観を要求されている専門職なのです。

▶ 倫理的ジレンマ

　精神保健福祉士の実践においては、相反する倫理的根拠が存在することで、ある倫理基準を遵守すれば、それとは別の倫理基準を守ることができない倫理的ジレンマに陥ることがあります。

■ 倫理的ジレンマの例

ジレンマの発生	倫理綱領が提示する対処
「専門職としての責務」の「連携の責務」を果たすためには、他職種との情報共有が不可欠 ⇕ 「クライエントに対する責務」の「プライバシーと秘密保持」においては、業務上知り得た個人情報について秘密の保持が求められる	・本人の了承を得る ・個人情報の提供は必要最小限にとどめる ・秘密保持に関して細心の注意を払う
〈クライエントが自傷他害をほのめかした場合〉 「クライエントに対する責務」の「プライバシーと秘密保持」は遵守すべき ⇕ 自傷他害の発生を見過ごせば、クライエントや第三者の利益等を損なう重大な倫理違反	秘密を保持することにより、クライエントまたは第三者の生命、財産に緊急の被害が予測される場合は、**クライエントとの協議**を含め慎重に対処する

　いずれの例においても、倫理的ジレンマの回避のためであっても、秘密保持義務が一律に免除されるものではなく、クライエントの権利を最大限に尊重することが求められています。

　なお、**ドルゴフ（Dolgoff, R.）**らは、「生命の保護の原則」を頂点とする**倫理的原理のスクリーン**を提唱し、倫理的ジレンマが生じた際の価値の優先順位を示しました。また、**ビューチャンプ（Beauchamp, T. L.）**らは、「第三者に重大な危害が及ぶことが予測されること」など、**守秘義務違反が正当化される状況**を整理しています。

ここは覚える！

第22回で、倫理的ジレンマに関する事例問題が出題されました。「専門職的価値と個人的価値」などジレンマの対象を的確に読み取る必要があります。

精神保健福祉士の職業特性と業務内容

▶ 精神保健福祉士の業務指針作成の経緯

　1973（昭和48）年、本人の意思に反して強制入院の手続きを行ったY問題が提起され、その反省をもとに、日本精神医学ソーシャルワーク協会は1982（昭和57）年に札幌宣言を採択しました。その札幌宣言の基本方針をもとに作成されたのが、「精神科ソーシャルワーカー倫理綱領」（1988（昭和63）年）と「精

神科ソーシャルワーカー業務指針」（1989（平成元）年）です。

その後、精神保健福祉士が国家資格化され職域が拡大したことで、2010（平成22）年に「精神保健福祉士業務指針及び業務分類 第1版」を公表、2020（令和2）年には「精神保健福祉士業務指針 第3版」となりました。

▶ ソーシャルワークの基本的視点

精神保健福祉士は、ソーシャルワーク専門職のグローバル定義や精神保健福祉士倫理綱領に基づく価値と理念を基盤とし、ソーシャルワークの視点を持ってソーシャルワークを実践します。

あらゆる領域・分野、そしてあらゆる場面や状況において共通するソーシャルワークの基本的視点として、「人と環境の相互作用の視点」とミクロ・メゾ・マクロの連続性を踏まえた「包括的視点」があります。

▶ 精神保健福祉士の重要な視点

上記の基本的視点に加え、ソーシャルワークに共通する視点の中でも、精神保健福祉士として特に重要なものとして次の6点が示されています。

①「生活者の視点」と地域生活支援
② 個人・集団・地域それぞれにおける個別化
③ エンパワメント（主体性の回復）
④ ストレングス
⑤ リカバリー
⑥ 当事者との協働（パートナーシップ）

▶ 精神保健福祉士の対象

「精神保健福祉士業務指針 第3版」において示された、精神保健福祉士が中心課題として関わる主な対象は次の通りです。

・精神医療及び精神保健福祉サービスを必要とする人々
・精神障害のために、日常生活や社会生活において制限を受けている人々
・精神障害のために、権利侵害や差別などを受けている人々

- ・メンタルヘルスの課題を抱え、精神保健福祉サービスや支援を必要とする人々
- ・メンタルヘルスの増進、精神疾患・精神障害の予防（国民全体）

また、「精神保健福祉士の業務」を次のように定義しています。

- ・精神保健医療福祉に関わる諸問題に対して（場面・状況）
- ・ソーシャルワークの目的を達成するために（価値・理念・視点）
- ・適切かつ有効な方法を用いて働きかける（機能・技術）
- ・精神保健福祉士の具体的行為・表現内容（行為）

▶ 相談援助の対象

● 高次脳機能障害

2001（平成13）年、厚生労働省による高次脳機能障害支援モデル事業が開始されました（現・高次脳機能障害及びその関連障害に対する支援普及事業）。その相談支援事業においては、支援拠点機関に支援コーディネーターが配置され、社会復帰のための相談支援や地域の関係機関との調整等を行います。支援コーディネーターとして想定される専門職の一つが精神保健福祉士で、他に社会福祉士、保健師、作業療法士、心理技術者などが挙げられています。

● スクールソーシャルワーク

2008（平成20）年、文部科学省のスクールソーシャルワーカー活用事業が開始されました。同事業におけるスクールソーシャルワーカーは、「社会福祉士や精神保健福祉士等の福祉に関する専門的な資格を有する者から、実施主体が選考し、スクールソーシャルワーカーとして認めた者」（同事業実施要綱）とされています。

● 自殺対策

自殺対策基本法が2006（平成18）年に公布され、同法に基づき2007（平成19）年に自殺総合対策大綱が策定されました。2022（令和4）年に改定された『自殺総合対策大綱〜誰も自殺に追い込まれることのない社会の実現を目指して〜』では、自殺総合対策における当面の重点施策の一つに「適切な精神保健医療福

祉サービスを受けられるようにする」が挙げられています。そして、各施策の連動性を高めるため、精神保健福祉士等の専門職を医療機関等に配置するなどの取組を進めるとしています。

● 産業保健福祉

2015 (平成27) 年12月から、労働安全衛生法に基づく職場での**ストレスチェック制度**が始まりました。同制度は「定期的に労働者のストレスの状況について検査を行い、本人にその結果を通知して自らのストレスの状況について気付きを促し、個人のメンタルヘルス不調のリスクを低減させるとともに、検査結果を集団的に分析し、職場環境の改善につなげる取組」です。

ストレスチェックを行う**ストレスチェック実施者**は、医師、保健師、厚生労働大臣の定める研修を修了した歯科医師・看護師・精神保健福祉士または公認心理師と規定されています。

また、産業保健福祉の一つの方法として、**従業員ケアプログラム（EAP）**が注目されています。職場のメンタルヘルス全般に関わるものとして、EAPに取り組む精神保健福祉士が増加しています。

精神保健福祉士の職場・職域 ㉖

▶ 精神科医療機関

精神保健福祉士は名称独占であり、精神科医療機関に必置ではありません。しかし、診療報酬の算定対象となったり、施設基準等で精神保健福祉士の配置が求められたりするなど、その役割は大きくなっています。

2013 (平成25) 年の精神保健福祉法改正によって、**退院後生活環境相談員**制度が創設されました。医療保護入院者を入院させている精神科病院の管理者は、**精神保健福祉士**等から退院後生活環境相談員を選任しなければなりません。退院後生活環境相談員の業務は次の通りです。

---

① 個々の医療保護入院者の退院支援のための取組において中心的役割を果たす。

② 医師の指導を受けつつ、多職種連携のための調整や行政機関を含む院外の機関との調整に努める。

また、同改正では、退院後生活環境相談員や主治医らで構成する**医療保護入院者退院支援委員会**の設置が義務付けられました。

▶ 精神保健福祉センター・保健所

都道府県及び市町村は、精神保健福祉センターや保健所等に、精神保健及び精神障害者の福祉に関する相談に応じ、精神障害者及びその家族等を**訪問**して必要な指導を行うための職員（**精神保健福祉相談員**）を置くことができます。

精神保健福祉相談員は、**精神保健福祉士**等から都道府県知事または市町村長が任命します。

なお、この精神保健福祉相談員の前身は、1965（昭和40）年の改正精神衛生法で設置された**精神衛生相談員**です。

ここは覚える！

第26回で、精神保健福祉相談員に関する理解が問われました。その業務内容をはじめ、根拠法（精神保健福祉法48条）や任命者、配置される場所なども押さえておきましょう。

▶ 保護観察所

医療観察法により保護観察所に**社会復帰調整官**が置かれます。社会復帰調整官は、「精神保健福祉士その他の精神障害者の保健及び福祉に関する専門的知識を有する者として政令で定めるもの」と規定されています。

▶ 医療観察法における審判

審判において、**精神保健参与員**は精神保健福祉の観点から必要な意見を述べるものとされています。精神保健参与員は、**精神保健福祉士**等の中から選任され、処遇事件ごとに精神保健参与員として指定された者をいいます。

Q — A

☐ **1** ソーシャル・インクルージョンとは、障害のある人が社会生活をしていく上で障壁となるものを除去することである。 第26回 — ✕

☐ **2** ノーマライゼーションとは、障害者が地域において普通の生活を営むことが、当たり前である社会をつくる理念をいう。 第25回 — ◯

☐ **3** ニィリエは、社会的に価値を低められている人々に、社会的役割をつくり出すことをノーマライゼーションの理念とした。 第21回 — ✕

☐ **4** バンク－ミケルセンは、ソーシャルロール・バロリゼーションを提唱した。 第26回 — ✕

☐ **5** ソロモンは、クライエントが社会から疎外され、抑圧され、力を奪われていく構造に目を向け、無力な状態からの脱却を目指した。 第26回 — ◯

☐ **6** 利用する人の障害の有無にかかわらず、すべての人にとって使いやすいようにあらかじめ工夫したデザインにしようとする考え方をバリアフリーという。 第26回 — ✕

☐ **7** クラスアドボカシーとは、同じ課題を抱えた当事者の代弁や制度の改善・開発を目指すことである。 第18回 — ◯

☐ **8** リーガルアドボカシーとは、障害者自らが、法的な面から権利を主張する活動のことである。 第23回 — ✕

☐ **9** 長期入院にあるクライエントに対し、地域生活のイメージを描けるような働きかけを行うことは、権利擁護における発見機能である。 第25回 — ◯

☐ **10** 購入したばかりの高額商品のトラブルで困っている通院患者から依頼を受けて、消費生活センターにつなぐことは、権利擁護の介入機能である。 第26回 — ✕

解説

1 あらゆる人々を社会の一員として包み込み、共生社会の実現を目指すことである。

3 クライエントの社会的役割を重視したのはヴォルフェンスベルガーである。ニィリエは「ノーマライゼーションの８つの原理」を定めた。

4 ヴォルフェンスベルガーは、ソーシャルロール・バロリゼーションを提唱した。

6 利用する人の障害の有無にかかわらず、すべての人にとって使いやすいようにあらか

じめ工夫したデザインにしようとする考え方をユニバーサル・デザインという。

8 リーガルアドボカシーとは、弁護士など法務の専門家が、法的な手続きなどを通して代理、代行などを行う活動である。

10 購入したばかりの高額商品のトラブルで困っている通院患者から依頼を受けて、消費生活センターにつなぐことは、権利擁護の調整機能である。

3

精神保健福祉の原理

193

Q ────────────────────────── **A**

☐ **11** 制度や組織の壁に対して、専門職としては中立を保ちながらも、クライエントの利益のために代弁することは、アドボカシーにおける介入機能である。 第21回改変　　×

☐ **12** ビアーズは、精神科ソーシャルワーカーとして、精神科医療の改革を目指した精神衛生運動を展開した。 第18回　　×

☐ **13** 合理的配慮とは、障害者が他の者と平等にすべての人権や基本的自由を享有するための、必要かつ適当な変更や調整のことである。 第23回　　○

☐ **14** 障害者権利条約では、「障害」は社会の側が生み出しているという「バイオサイコソーシャル（BPS）モデル／生物・心理・社会モデル」の考え方が反映されている。 第24回　　×

☐ **15** ソーシャルワークの原理に基づく実践では、生活困難に至った原因を特定するには、環境要因よりも個人要因を重視し分析を行う。 第24回　　×

☐ **16** 「精神保健福祉士業務指針 第3版」では、精神保健福祉士の重要な視点の一つに、パートナーシップが挙げられている。 第26回　　○

☐ **17** クライエントの肯定的態度や能力に着目し、主観性を尊重するソーシャルワークの実践モデルをストレングスモデルという。 第24回　　○

☐ **18** リカバリーは、回復した結果ではなく一つの過程であり、課題に立ち向かうことが求められる。 第25回　　○

☐ **19** クライエントが語る物語に着目し、問題を定義するソーシャルワークの実践モデルを医学モデルという。 第24回　　×

☐ **20** 日本の精神科ソーシャルワーカーは、第二次世界大戦後間もない時期に都立松沢病院に社会事業婦が置かれたことに始まる。 第18回　　×

解説

11 設問は対決の機能である。介入の機能とは、クライエント集団と地域福祉政策とを結び付ける機能を指す。

12 ビアーズが展開したのは当事者の立場からの精神衛生運動である。

14 障害者権利条約では、「障害」は社会の側が生み出しているという「社会モデル」の考え方が反映されている。

15 ソーシャルワークの原理に基づく実践で

は、生活困難に至った原因を特定するには、人と環境の相互作用における不具合として認識する。

19 クライエントが語る物語に着目し、問題を定義するソーシャルワークの実践モデルをナラティブモデルという。

20 都立松沢病院ではなく国立国府台病院である。

Q ──────────────────────── **A**

☐ **21** 精神保健福祉士は、心理に関する支援を要する者に対し、その心理に
関する相談に応じ、助言、指導その他の援助を行う。 第26回 　×

☐ **22** 精神障害者への地域相談支援の利用に関する相談は、精神保健福祉士法
の制定時に精神保健福祉士の役割として位置づけられた。 第21回改変 　×

☐ **23** 2010年（平成22年）の精神保健福祉士法改正で精神保健福祉士の義
務等に、誠実義務が加わった。 第25回 　○

☐ **24** 2010年（平成22年）の精神保健福祉士法改正で精神保健福祉士の義
務等に、信用失墜行為の禁止が加わった。 第25回 　×

☐ **25** 社会福祉士及び介護福祉士法において社会福祉士は、社会復帰に関す
る相談に応じ、助言、指導、日常生活への適応のために必要な訓練そ
の他の援助を行うとされている。 第26回 　×

☐ **26** 「ソーシャルワーク専門職のグローバル定義」（2014年）におけるソー
シャルワークの原理の一つに、社会正義がある。 第25回 　○

☐ **27** 「ソーシャルワーク専門職のグローバル定義」（2014年）では、「人々と
ともに」ではなく「人々のために」働くという考え方をとる。 第25回 　×

☐ **28** 退院後生活環境相談員は、包括型地域生活支援プログラム（ＡＣＴ）
で訪問を行う。 第24回 　×

☐ **29** 精神保健福祉相談員は、精神障害者及びその家族等その他の関係者に
対する訪問指導業務を行う。 第26回 　○

☐ **30** 社会復帰調整官は、保護観察所に置かれる。 第24回 　○

解説

21 公認心理師は、心理に関する支援を要す
る者に対し、その心理に関する相談に応
じ、助言、指導その他の援助を行う。

22 2010（平成22）年の精神保健福祉士法の
改正時に位置づけられた。

24 誠実義務と資質向上の責務が加わった。

25 社会福祉士は、専門的知識及び技術をもっ
て、福祉に関する相談に応じ、助言、指導、

福祉サービス関係者等との連絡及び調整
その他の援助を行うとされている。

27 「ソーシャルワーク専門職のグローバル定
義」（2014年）では、「人々のために」で
はなく「人々とともに」働くという考え方
をとる。

28 医療保護入院者が、可能な限り早期に退
院できるよう退院支援を行う。

第 **4** 章

ソーシャルワークの
理論と方法（専門）

この科目のよく出るテーマ5

❶ ソーシャルワークの実践モデルやアプローチ

　ソーシャルワークにおける理論や方法に関する専門的知識や技術として、時代の変遷に応じた実践モデルやアプローチに関する具体的な対象や焦点、といった各々の特徴や活用法等について、社会福祉士試験でも精神保健福祉士試験でも頻繁に出題されています。

❷ ソーシャルワークの過程

　「インテーク」「アセスメント」「プランニング」「インターベンション」「モニタリング」「エバリュエーション」「ターミネーション」の各過程における留意点や実戦での展開例等について、ケースワークやケアマネジメント等と関連付けて出題されています。

❸ 集団を活用した相談援助（グループワーク）

　グループワークは、クライエントや家族による集団ならではの力動（グループダイナミクス）等を活用し、集団全体の目標達成や個々の成長などを目指す技術で、その概念や各過程での技法等がよく出題されています。依存症リハビリテーションプログラム、精神科デイケアにおけるプログラム、障害福祉サービス事業所で提供される訓練などの事例でも取り扱う援助方法です。

❹ 精神障害者にも対応した地域包括ケアシステム

　日本では、精神障害の有無や程度にかかわらず、誰もが地域の一員として安心して自分らしい暮らしができる社会を目指しています。国家試験でも、精神障害者にも対応した地域包括ケアシステムが、地域共生社会やSDGs、重層的支援体制整備事業とともに出題されています。

❺ ソーシャルワークに関連する技術

　ケアマネジメントやスーパービジョン、コンサルテーション、記録など、ソーシャルワークに関連する援助技法について、その目的や対象、援助過程、実践例などについて出題されています。

攻略のポイント

近年の傾向としては、単純な知識の有無ではなく、知識をもとにした思考力、理解力、読解力を問う問題が増えています。新試験においても同様であり、実践を想定して学んでいくことが重要です。

1 精神保健福祉分野の ソーシャルワークの基本的視点

生物・心理・社会（BPS）モデル

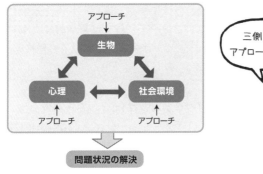

三側面に総合的に アプローチして問題解決！

ソーシャルワークの定義

▶ ソーシャルワーク専門職のグローバル定義

　ソーシャルワーカーの国際的組織として、1928年に設立された国際ソーシャルワーカー連盟（International Federation of Social Workers：IFSW）があります。日本は、日本精神保健福祉士協会と日本社会福祉士会のほか、日本ソーシャルワーカー協会、日本医療社会事業協会の4団体で日本ソーシャルワーカー連盟（旧・社会福祉専門職団体協議会）を組織し、IFSWに加盟しています。

　IFSWは、国際ソーシャルワーク学校連盟（International Association of Schools of Social Work：IASSW）とともに、2000年に「ソーシャルワークの定義」を採択、2014年にはそれを改訂した「ソーシャルワーク専門職のグローバル定義」を採択しました。

● ソーシャルワーク専門職のグローバル定義

> 　ソーシャルワークは、社会変革と社会開発、社会的結束、および人々のエンパワメントと解放を促進する、実践に基づいた専門職であり学問である。社会正義、人権、集団的責任、および多様性尊重の諸原理は、ソーシャルワークの中核をなす。ソーシャルワークの理論、社会科学、人文学、および

地域・民族固有の知を基盤として、ソーシャルワークは、生活課題に取り組みウェルビーイングを高めるよう、人々や様々な構造に働きかける。

　この定義は、各国および世界の各地域で展開してもよい。

● ソーシャルワーク専門職のグローバル定義のポイント

① グローバル（世界）、リージョナル（地域）、ナショナル（国）の3つのレベルを範囲とする世界定義
② 西洋中心主義への批判を込め、地域・民族固有の知を基盤とすることを明示
③ 集団的責任をソーシャルワークの中核に位置付け
④ 社会変革や社会開発といったマクロレベルのソーシャルワークを強調、旧版で強調されたミクロレベルの「環境の中の人」「人と環境が相互作用する接点に介入」を定義本文から削除（注釈には記載あり）
⑤ 当事者を主役に当事者の力を重視
⑥ ソーシャルワークとソーシャルワーク専門職を定義し、学問としても位置付け（「ソーシャルワークは…専門職であり学問である」）
⑦ 経済的・環境的・社会的正義に基づく将来にわたる持続的な発展を目指す
⑧ 社会変革を求めると同時に、社会的結束の必要性を強調し、社会の一体性（社会的包摂）や安定の維持を志向

ここは覚える！

第25回で、「ソーシャルワーク専門職のグローバル定義」について出題されました。第27回以降の試験では、共通科目で出題される可能性も高いです。

▶ 相談援助の基本的考え方

　精神保健福祉士法に定義された相談援助の対象でまず思い浮かぶのは、問題状況にあるクライエントではないでしょうか。このように、クライエントに対して個別的・直接的な働きかけをするソーシャルワーク実践を、ミクロ・ソーシャルワークと呼びます。ソーシャルワーク実践はミクロレベルにとどまらず、家族や小集団で構成されるコミュニティに対しても行われます。このレベルでの

実践が、メゾ・ソーシャルワークです。

　さらに、「ソーシャルワーク専門職のグローバル定義」でマクロレベルのソーシャルワークが強調されているように、社会変革に取り組むことも視野に入ります。これがマクロ・ソーシャルワークの実践レベルです。

　つまり、精神保健福祉士が取り組む相談援助とは、クライエントを**生活者**として捉え**本人主体**とし、**パートナーシップ**の関係性のもと取り組むミクロレベルでの介入と同時に、メゾレベル、マクロレベルの介入が求められるものなのです。

ここは覚える！

第22回ではマクロ領域のソーシャルワークについて、第24回ではコミュニティソーシャルワークについて出題されました。それぞれの段階における取り組みの対象を整理しておきましょう。

実践モデル ㉔

▶ 医学モデル

　医学モデルとは、人々の抱える問題や生活上の課題を取り除くこと、あるいは修正することで援助を達成しようとする考え方を指します。

　医学モデルは、医療に関する職業と、その学問的基礎となる考え方とされ、ソーシャルワークの理論や方法にも大きな影響を与えました。特にケースワークに精神分析学が導入されたことで、医学モデルの構築に拍車をかけることになりました。

　医学モデルでは、病因→病理→発症という流れの中で問題に対する因果関係を発見し、それらに基づいた社会調査→社会診断→社会的治療の直線的なアプローチを行います。その結果、各分野の細分化、専門化が促進されました。逆に、人間をトータルに見ることは苦手とされています。

　医学モデルの特徴は、対象が個人の場合は社会的不適格などに目が向けられ、その原因を求めるとともに社会的な治療を施し、変容を目指すことにあります。利用者は医療における患者の立場であり、インテークで明らかにされた問題に対して専門職主導で調査・診断が行われ、社会的治療に適しているかどうかを判断していきます。治療目標の設定についても専門職主導で行われます。

▶ 生活モデル

　生活モデルとは、生態学の概念を用いて、クライエントを治療の対象ではなく、環境との交互作用関係の中に生きる生活主体者として捉えます。クライエントが抱える問題を、クライエントを取り巻く（もしくは自身の）関係機能の不全と捉え、環境に働きかけることで問題を解決していこうとする考え方といえるでしょう。医学モデルのように専門職優位で行うものではなく、利用者や周囲の人々を含めた多様かつ対等な中での実践を行っていくのです。

　生活モデルでは、問題とは個人に起因するものではなく人間と環境の間のバランスの崩れであるとし、その発生を生活ストレスの概念で説明しています。例えば、人間は対応すべき外的、内的資源の範囲を超えると不安・自己否定などのストレスを経験するとしています。人間が対処しなければならないストレッサーとしては、①困難な人生移行と心的外傷を与えるライフイベンツ、②環境からの圧迫、機能不全に陥った対人相互プロセスなどが挙げられます。

　生活モデルの実践について欠かせない観点として、以下の3点が挙げられています。

> ① 人間の成長力と適応への潜在的可能性に関わっていくこと
> ② 援助媒体としての環境を動かすこと
> ③ 環境の要素を変えていくこと

▶ ストレングスモデル

　ストレングスモデルとは、クライエントが本来有する潜在的能力や強さなどに焦点を当て、協働的な関係の中で問題を解決していく視点をいいます。

　ストレングスモデルはアメリカで1980年代に登場し、90年代にかけて大きく発展したソーシャルワーク実践モデルです。医学モデルへの批判的立場から、クライエント個人や生活環境に潜在するストレングスに着目し、これらの交互作用によりその可能性を切り開いていくことを特徴とする「生活モデル」に起因しています。

　ストレングスモデルは、ラップ（Rapp, C. A.）らによる精神障害者のケースマネジメント実践から生まれました。個人の目標を成し遂げるために環境との交互作用に焦点化し、クライエントが抱えるストレングスの状況把握や課題整理を明示していることに特徴があります。

ストレングスは、「個人的ストレングス」と「環境的ストレングス」に分けることができるとされています。両者の交互作用によってクライエントの可能性が促進され、自己の掲げる目標を「望む結果」へとつなげていくのです。

| 個人的ストレングス | ①熱望、②能力、③自信によって構成 |
| 環境的ストレングス | ①資源、②社会関係、③機会によって構成 |

■ ストレングスの原則

① 人々はリカバリーし、生活を改善し高めることができる
② 焦点は欠陥ではなく、個人のストレングス（長所）である
③ クライエントこそが支援関係の監督者である
④ 関係性が根本であり本質である
⑤ 我々の仕事の主要な場所は地域である
⑥ 地域を資源のオアシスとして捉える

📖 **ストレングス**：本人の身体面での潜在的な能力、精神面での意欲や抱負、環境面では対人的な関係などをいう。利用者の有している貯蓄や年金もストレングスに当たる。

ここは覚える！

第24回で、ソーシャルワークの実践モデルを問う問題で、医学モデル、生活モデル、ストレングスモデルなどが出題されました。

▶ 生物・心理・社会（Bio-Psycho-Social：BPS）モデル

　生物・心理・社会（Bio-Psycho-Social：BPS）モデルは、精神科医のエンゲル（Engel, G. L.）によって提唱された理念です。人間は生物的側面・心理的側面・社会環境的側面が相互に影響して成立しているとの考えに基づき、疾病や障害、不適応などの問題においても、これら三側面の相互作用として生じていると捉えます。そのため、クライエントの問題にアセスメント・介入する際、一側面だけでなく、生物・心理・社会環境それぞれの側面から総合的に判断することが求められます。

■ BPSモデルを構成する3つの側面

生物的側面	・細胞や遺伝、神経、細菌、薬理などが問題の要因 ・医師や看護師、薬剤師などが、手術や薬物治療、リハビリテーションなどのアプローチを行う
心理的側面	・認知や感情、ストレスなどが問題の要因 ・臨床心理士や公認心理師などにより、心理療法や心理検査、心理教育などのアプローチを行う
社会環境的側面	・社会的ネットワーク（家族、地域）や経済状況、人種、文化、周辺環境などが問題の要因 ・精神保健福祉士や社会福祉士などが、家族のサポートや福祉サービスの提供などソーシャルワークをもとにしたアプローチを行う

　生物・心理・社会モデルのフレームで問題を整理していくと、多様かつ複合的な要因が絡み合って生じる場合が多いことも分かります。そのため、クライエントの問題解決を1人の専門職で行うことは困難であり、医師、看護師、心理士（師）、社会福祉士・精神保健福祉士など多職種が協働し、互いの専門性を尊重しながらチームとしてコラボレーションしていくことが重要です。

> BPSモデルに共通する考え方を持つものとして、2001年にWHOで採択された人間の生活機能と障害に関する分類法である「ICF（国際生活機能分類）」が挙げられます。ICFは、障害を個人の問題とする考え方（医学モデル）と社会の問題とする考え方（社会モデル）を統合したものであり、それぞれの側面から統合的に捉えていく点においてBPSモデルと共通しています。

 ここは覚える！

第24回で、事例から該当するモデルを選ぶ問題で、社会モデルの理解が問われました。

実践アプローチ　㉒ ㉕

▶ 心理社会的アプローチ

　心理社会的アプローチとは、アメリカにおける「診断主義」の流れを汲むソーシャルワークアプローチです。利用者の社会的側面への援助を取り入れ、人と状況と両者の相互作用の三重の相互関連性からなる「状況の中の人間」として

ケースワークを捉える見方であるといえます。

　第一次大戦後、ケースワークの焦点はパーソナリティの適応能力の強化に向かいました。特に精神分析学の理論をケースワークに導入しようという流れが起き、1937（昭和12）年にハミルトン（Hamilton, G.）が「ソーシャル・ケースワークの基礎概念」を発表し、診断主義ケースワークと機能主義ケースワークの相違を説明するために心理社会的アプローチを紹介しています。1964（昭和39）年にはホリス（Hollis, F.）が「ケースワーク：心理社会療法」を発表し、心理社会的アプローチの理論枠組みが形成されました。

　心理社会的アプローチの支援は、個別のニーズに基づいて行われます。その目的はクライエント個人と環境の両方に変化を起こさせることにあり、人と状況の全体関連性という考え方は生態学的モデルの先駆けともいえるものでした。

■ **心理社会的アプローチの援助目標**

- クライエントと共同で作業すること
- 修復や強化すること
- 強さや対処能力の動員、資源の活用により、人と社会的または物理的環境の間に最適な適合を見いだすこと

診断主義は、フロイトの概念がもととなっています。

▶ 機能的アプローチ

　機能的アプローチとは、「人には自ら成長する自由な意志がある」というランク（Rank, O.）の意志心理学の考え方に基づいています。人の問題は、自由意志と成長の力が環境要因により損なわれるために生じると考え、その要因を除去して人が本来持つ力を発揮できるように支援するものです。

　機能的アプローチの特徴は、クライエントこそが成長する主体であり、ソーシャルワーカーはクライエントの選択と成長の力を引き出す「関係の過程」に関わるものとしている点です。

　機能的アプローチでは、ソーシャルワークは機関の全体的な目的を部分化し、具体化することであると考えます。また、機関の機能はワーカーの実践にフォー

ムと方向性を与えるため、ソーシャルワークの方法は個人の社会的治療のフォームではなく、特定のソーシャルサービスの運営の方法と考えられます。さらに機能的アプローチでは援助の過程として発展され、与えられた援助でクライエントに何ができるのかをワーカーと一緒に見つけ出そうとします。

支援におけるニーズ理解について、ワーカーには「クライエントが今の状況に陥った要因」と同時に、「クライエントはどのように解決していきたいのか」に焦点を当て、クライエント自身が持つニーズを明確化できるように支援することが求められます。

■ **機能的アプローチにおける介入の原則**

① 効果的な診断の活用
② 時間の段階の意識的、意図的な活用
③ 機関の機能と専門職の役割機能の活用
④ 構造の意識的活用
⑤ 関係を用いることの重要性

■ **診断主義と機能主義の代表的論者**

診断主義	ハミルトン(Hamilton, G.)、ホリス（Hollis, F.）
機能主義	タフト（Taft, J.）、ロビンソン（Robinson, V.）

機関の機能がソーシャルワークに重要な意味を持つと考えられたことから、機能的アプローチと呼ばれています。一方、診断的アプローチにおけるソーシャルワークの方法は、介入行為のレパートリーと呼ばれることもあります。

▶ **問題解決アプローチ**

問題解決アプローチは、1950年代にパールマン（Perlman, H.）によって構築されたもので、利用者が動機づけ（Motivation）、能力（Capacity）、機会（Opportunity）を積極的に活用し、施設・機関を担う援助者と問題を担った利用者の役割関係を通じて展開される問題解決の過程であるとするものです。人間は生まれてから死ぬまでずっと何らかの問題に取り組んでいくものとし、

問題解決アプローチを「人間として人生を送るための方法」とするところからスタートしています。

　問題解決アプローチの特徴の一つに、「問題」を「自我機能」との関わりで終始捉えていくことがあります。現時点でうまく機能していない自我機能を高めて安定させるためには、まず自我の防衛・緊張を解くことが必要であるとします。そのため、多くの問題が絡み合ってできたストレスの塊を小さな問題の積み重ねと捉え、小さな問題から取り組み、成功体験を積み重ねることで自我機能の向上が図られていくと考えます。

パールマンは、「4つのP」が有名です。問題解決アプローチの構成要素である①人（Person）、②問題（Problem）、③場所（Place）、④援助過程（Process）を指しますが、さらに⑤専門家（Profession-al）、⑥制度・資源（Pro-vision）を含め、6つとする場合もあります。

動機づけ、能力、機会の3つはワーカビリティの3要素であるとされ、頭文字をとって「MCOモデル」と呼ばれています。

■ 問題解決アプローチの発展・遍歴の一部

	内容
ピンカス（Pincus, A.）ミナハン（Minahan, A.）	社会システム論を取り入れ、実用的で操作可能な援助過程を提示した
メイヤー（Meyer, C.）	システム的様式の探索として、問題解決過程を独自に整理した
ジャーメイン（Germain, C. B.）ギッターマン（Gitterman, A.）	問題をライフサイクル上で誰しも遭遇するノーマルなものとし、人間と環境の交互作用を強調するライフモデルに依拠しながら、独自の解決過程を提示した

▶ 行動変容アプローチ

　行動変容アプローチとは、問題を特定の環境の中で誤って学習した不適応行動、あるいは何らかの事情で学習できなかったために生じた不適応とし、問題となる行動を変容させていくことを目的としたアプローチです。

　1960年代にアメリカのソーシャルワークの文献に登場し始め、1971年にミシガン大学のトーマス（Thomas, E. D.）らによって広く紹介されました。1970年

代以降、心理社会的アプローチ、機能的アプローチ、問題解決アプローチなど
と一緒にケースワークの主要アプローチとして認識されるようになります。

　行動変容アプローチの利点は、人の問題を行動として捉えることで客観的に
把握でき、また処遇目標を具体的かつ現実的に設定できることが挙げられます
（例：食べ過ぎてしまう→食べる量を減らす）。また、問題を「行動の過剰」「行
動の過少」「行動の欠如」「場に不適切な行動」の4カテゴリーに分類すること
で処遇技法を適切に引き出すことができ（例：授業をしているのに教室中を走
り回る子ども→「場に不適切な行動」に分類）、アセスメントが具体的な処遇方
法と直結しているといえます。

> 行動変容アプローチの一つである認知行動療法は、クライエントの不
> 適応状態に関連する行動的、情緒的、認知的な問題を治療標的とし、
> 学習理論をはじめとする行動科学の諸理論や行動変容の諸技法を用い
> て不適応な反応を軽減、適応的な反応を学習させていく治療法です。

▶ 危機介入アプローチ

　想定外の出来事に遭遇した場合に、人は特有の反応パターンを示し、また危
機状況から回復する過程はある程度予測しうると提唱し、危機状況の特質を明
確にしたものを危機理論といいます。この危機理論を踏まえ、危機状況にある
個人や家族に対して有効に援助していくために発展してきた援助方法を「危機
介入アプローチ」と呼んでいます。

　危機理論の基礎は、リンデマン（Lindemann, E.）によるボストンのココナッ
ツグローブ大火災の研究（1942年にナイトクラブで焼死した493人の家族らの
反応についてまとめたもの）とされています。この反応プロセスは急性悲嘆反
応と表現され、一連の悲嘆過程を理論化していくための基礎を築きました。そ
の後カプラン（Caplan, G.）やラポポート（Rapoport, L.）などによって予防
精神医学の調査プログラムをもとに援助方法としての危機介入を急速に発展さ
せました。危機介入アプローチでは、危機状況は1～6週間程度とされ、適切
な対応ができなかった場合、危機以前の状況まで対処機制レベルが戻らないと
されています。

■ 悲嘆過程のプロセス

① 身体的虚脱感の出現
② 希死念慮
③ 罪悪感を覚える
④ 敵対的反応
⑤ 通常の行動パターンがとれなくなる

　危機は、「発達的危機」と「突発的危機」に分けられ、早期援助のためにはクライエントが危機状態にあるかどうかを判断する基準が必要です。

■ 危機の種類

発達的危機	成長発達の過程で発生する危機 【例】結婚、出産、退職など
突発的危機	突発的に起きる予期されない危機 【例】重病、事故、未熟児の出産

■ ゴーラン（Golan, N.）による危機状態の判断基準

● はっきりとした危険な出来事の存在
● 動機付けとなるような非常に大きな不安や苦痛
● 近い過去、問題解決に挫折した証拠があること

■ 危機をたどる過程

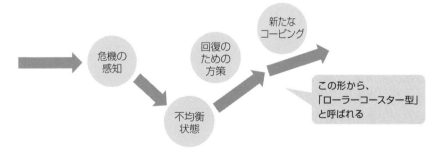

208

📖 **危機**：クライエントやその家族が生活過程のある段階で、それまでに習得してきた対処機制では対処できないような出来事に直面し、一時的に均衡状態から不均衡状態に追い込まれる状況と定義する。

▶ 課題中心アプローチ

課題中心アプローチとは、問題を特定化し、その中で具体的に解決できそうな課題を明らかにして、課題解決を目標に利用者と援助者の協力により短期的に取り組む手法です。

1970年代当時、分析的アプローチに対する批判がピークに達し、現実の厳しさに比例したソーシャルワーカーの達成感の喪失や長期的な関わりの困難性、クライエント自身の意欲の低下が認められました。そうした中、リード（Reid, W.）らの研究によって短期処遇の優位性が訴えられ、登場したのが課題解決アプローチです。

課題解決アプローチは、適応範囲が医療、精神保健、家族、学校、裁判所、児童福祉、公的福祉、産業など多岐にわたり、すでに実践されている技術の再構成によって行われるものとされています。そのため、より包括的・系統的・効果的な短期処遇のモデルを発展させたといえるでしょう。

課題中心アプローチの問題の捉え方は、「いま、ここ」の重視と「問題を解決へ向けての出発点と見る」ことです。例えば、クライエントの訴える「いま」を大切にして、過去、特に幼少期を振り返らないこと、また長期化する問題の原因が過去にあったとしても、その問題を現在も維持しているのは別の問題なのかもしれない、という考え方です。つまり、クライエントが抱えている問題は、目標に対する出発点であると考えます。

> 課題中心アプローチにおける短期とは、約6週間から12週間を指します。そのため、契約を結ぶ中で計画的に援助の実行を行うことが求められます。これを**計画的短期性**と呼び、課題中心アプローチにおいて大きな特徴となっています。

▶ 家族システム・アプローチ

家族システム・アプローチとは、家族とその構成員の生活課題の追求を阻害する家族関係の要素を修正し、変容させることを目指した処遇アプローチです。

家族を一つの生態システムと捉え、その特性を理解した上で問題解決の支援を行います。

　理論的根拠を持って家族療法が行われ始めたのは1960年代頃とされ、アメリカのアッカーマン（Ackerman, N.）などが家族を治療対象とした方法論を唱えたとされています。彼らは、あまり積極的に行われてこなかった、クライエントと家族の関係性について臨床的な解明を行いました。また、イタリアでは統合失調症や拒食症の治療のために家族面接が行われたりしていました。

　日本では、1970年代に鈴木浩二がアッカーマンらの理論を導入していますが、本格的に導入されたのはミニューチン（Minuchin, S.）が東京や京都で家族療法の実演を行った1985（昭和60）年以降とされています。

　家族システム・アプローチは、誰の何が問題なのか、円環的因果律によって問題を説明します。家族の会話から見てみましょう。

母→娘：ちゃんと勉強しなさい！

娘→母：そんなに言わなくてもイイじゃない！

母→父：お父さんもちゃんと言ってくださいよ！

父→母：（がみがみ言っているし、放っておこう……）

娘→父：お父さんは何で私にかまってくれないの！

父→娘：（娘もイライラしているし、放っておこう……）

　このように、個人個人の関係だけではなく、別のメンバーの行動も原因になり得ます。起きている事象のどれでも原因となり得る、と考えるのが円環的因果律です。そのため、特定の誰かを支援するだけでは問題は解決せず、支援の対象を家族全体と見ることが必要になります。

　家族の支援は、家族との協力関係がなければ実施できません。「家族病理性」に治療介入するのではなく、「家族とともに援助を行う」という家族機能支援論といえるでしょう。

📖 **ミニューチン**：フィラデルフィア児童相談所の小児科医で、「家族療法の魔術師」と呼ばれていた。

■ 竹中哲夫による家族援助の8か条

① 家族は専門家よりも長い間クライエントの状態を改善しようとしてきた
② 家族の行動には通常何らかの意味がある
③ 家族の苦境を家族の立場にたって理解する必要がある
④ いかなる治療的介入も家族の協力が必要
⑤ 家族の協力を得るには、家族が忠告されたことを理解し、受け入れる必要がある
⑥ 専門家が最初に共感的に家族の現状を理解しなければ、いかなる忠告も理解され受け入れられないだろう
⑦ クライエントの問題が深刻でも、その家族にとって中心的な問題でない場合、家族はその問題に十分なエネルギーを割きにくい
⑧ 家族は多くの場合、過去の子育てについて非難されており、その非難を恐れていると理解するべき

▶ エンパワメント・アプローチ

　生活問題が生じる背景には、個人と個人を取り巻く各種の社会システム間のパワーの不均衡に由来する不適合な状況があるとされています。そして、その状況の存続や諸問題の累積が個人の内面に無力感を生み出し、問題の解決をいっそう困難にさせる悪循環が存在します。この悪循環を断ち切ることを志向するのが、**エンパワメント・アプローチ**です。

　エンパワメントとは、政治学や経済学など多領域で使用されていた概念で、社会福祉特有の言葉ではありません。社会福祉の領域では1976年にソロモン（Solomon, B.）による「黒人へのエンパワメント－抑圧された地域社会におけるソーシャルワーク」において用いられたのが初といわれています。

　エンパワメント・アプローチの前提条件として「すべての人間が困難な状況においても潜在的な能力と可能性を持っている」ことと「すべての人間が**パワーレスネス**の状況に陥る可能性を持っている」ことが挙げられます。それまでのソーシャルワークにおける問題理解の場面では、クライエントの弱さや欠点に比べて、強さ（**ストレングス**）には十分なアセスメントが行われていませんでした。弱いところに焦点が向けられるために、ますますパワーレスネスを深める傾向があると考えたのです。

エンパワメント・アプローチでは弱さを認めながらも、それ以上に強さや可能性に着目し、その強化や開発を行うことで問題を解決していきます。なお、エンパワメントにおけるパワーとは、主に以下の4つを指し、これが失われることをパワーレスネスと呼びます。

① 自分の人生に影響を行使する力
② 自己の価値を認め、それを表現する力
③ 社会的な生活を維持・統制するために他者と協働する力
④ 公的な意思決定メカニズムに関与する力

エンパワーは、「権限を与える」「地位を与える」という意味の言葉です。パワーレスネスは「自分の抱える問題を解決するのに必要な資源へのアクセス、知識、技能が不足している状態」と定義されています。

▶ ナラティヴ・アプローチ

社会構成主義の考え方を基礎にして**ナラティヴ**（ストーリーや物語）を用いて治療や援助実践を行おうとするのが、ナラティヴ・アプローチです。

エンパワメント・アプローチが、援助者がクライエントに働きかけることによるゴールとしての「主体」形成を目指すのに対して、ナラティヴ・アプローチはクライエント自身が置かれている立場に気づくことから始まります。つまり、ゴールとしての「主体」形成ではなく、アプローチそのものがクライエントに「主体」であるよう要請するように行われるものなのです。

ナラティヴ・アプローチでは、当事者や援助対象者、援助者が持つ**ドミナント・ストーリー**（自身の特別な経験によって生まれた本人のみの世界で理解できる意味とストーリー）を**オルタナティヴ・ストーリー**（客観性を帯びた言説）へと転換することが求められます。ワーカーはクライエントのオルタナティヴ・ストーリーについて**外在化**させ、その中にあるドミナント・ストーリーを取り除きます。そして、新しいオルタナティヴ・ストーリーを作成させ、それを尊重し、自らがなすべき行為や行動を発見できるように支えていきます。

● ナラティヴ・アプローチにおける外在化

外在化とは、クライエントが抱えている問題を、その人のアイデンティティから切り離すことをいいます。

クライエントが援助を求める場合、通常は抱えている問題が自分の内部にあるものとした上で相談を行います。これは「クライエント自身に問題がある」と捉えてしまうことにもなり、当事者の人生に悪影響を及ぼすおそれがあります（内在化）。だからこそ、その問題をクライエントのアイデンティティから切り離す、外在化の作業が必要になるのです。

外在化をする上で必要なのは、会話における態度や方向性に注意を払うことです。外在化する会話では、問題は人から離れたところにあるものとして話されます。そのため、支援をする際には言葉遣い・語彙選択、質問の言い回しなどのすべてが重要になります。

■ 外在化する会話の一例

> うつ病のクライエント：私は最近、何をするにも億劫で、仕事がぜんぜんできないのです
>
> ソーシャルワーカー：うつが仕事をすることを妨げているのですね

📖 **社会構成主義**：社会的交互作用を通して知識、自己、現実、社会、世界が生成されると見なす考え方で、人が持つ多種多様な価値観、認識によって現実・世界は作られているとされている。

ナラティヴという考え方は医療の中でも積極的に取り組まれており、医療行為と患者の満足度の関係から物語と対話に基づく医療（Narrative Based Medicine：NBM）という考え方が出てきています。

外在化する会話の際には、クライエントが抱えている問題について述べられた形容詞や動詞を、名詞の形にすることがあります。また、場合によっては、問題を擬人化して取り扱うこともあります。

▶ エコロジカル・アプローチ

エコロジカル・アプローチは生態学を背景理論とし、1980年にジャーメインとギッターマンの「ソーシャルワーク実践のライフモデル」によって提唱されました。このアプローチでは、人は環境との交互作用を通して生活を営む存在であると考えます。エコロジカル・アプローチは、医学モデルを基盤とする援助関係・過程から、生活者としての利用者を中心に据えるパラダイムシフトとなりました。

環境に働きかける役割として、仲介者、代弁者、組織者などの役割がありますが、精神保健福祉領域では精神保健福祉士等が担う役割と捉えられています。

エコロジカル・アプローチによって、クライエントの課題を環境との関係性の中で捉える視点（状況の中の人）では、人は環境を変えるとともに、環境によって人は変わるという発想に基づいています。これらの実践を展開するには、精神保健福祉士といったソーシャルワーク専門職によるアセスメントやクライエントとの信頼関係が重要です。

▶ 解決志向アプローチ

解決志向アプローチでは、当事者が問題・課題について最も知っており、解決のために必要な要素を持っていることを前提に、過去や現在よりも未来へ、問題ではなく解決のほうへ着目して面接します。このアプローチには4つの特徴的な質問があります。

スケーリングクエスチョン	クライエントの自己評価などを1～10の尺度で示してもらい、自身の変化やどの程度よくなっているかを数値化する質問
コーピングクエスチョン	これまでに同様の問題が生じた際に、どのように対応して乗り越えてきたのかを聞くことで、成功体験を発見・再活用するための質問
エクセプションクエスチョン（例外探しの質問）	現在の状況が存在しなかった場合の状態を特定する、問題志向を弱める質問
ミラクルクエスチョン	すでに解決したであろう未来志向で想像してもらい、前向きな目標を引き出す質問

● 動機付け面接

　動機付け面接では行動療法を参考に、相反する価値観、行動で揺らいでいる人が行動変容に向かう動機と準備性の向上を目的としています。例えば、依存症やひきこもり、不登校への面接技法として有効です。具体的には、共感をベースに「自身の現状」と「希望する状態」の双方を聞いて矛盾を拡大し、変化の必要性を促すことで、変化について語る（チェンジトーク）の機会を設けることなどがあります。

ここは覚える！

実践アプローチについては、さまざまな形式で出題されています。各アプローチ名とその概要を押さえるとともに、事例問題にも対応できるように具体的な関わり方もイメージしておきましょう。

2 精神保健福祉分野における ソーシャルワークの展開技法

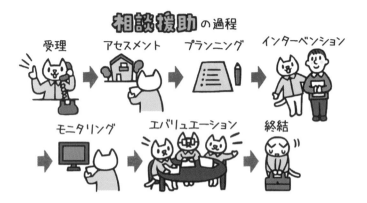

相談援助 の過程

受理 → アセスメント → プランニング → インターベンション

→ モニタリング → エバリュエーション → 終結

個別援助技術　㉑ ㉓ ㉔ ㉕

個別援助技術は、精神的・肉体的・社会的な生活上の問題を抱える個人や家族に個別的に接し、問題を解決できるように援助することで、精神保健福祉士の援助実践の中でも最も基本的とされるものです。

▶ 受理面接

受理面接（インテーク）では、クライエントとソーシャルワーカーが初めて出会い、クライエントの状況を理解し、適切な支援機能に結びつける重要な段階です。安心できる相談関係形成、必要最低限の情報聴取、緊急介入の必要性判断等について進め、ワーカーが所属する機関の利用が適切であるとお互いが同意することで、利用契約へと進みます。

■ 受理面接での確認すべき内容

① 本人の生活目標に関する希望と心配

②本人の生活実態

③家族の不安や希望

④疾病の回復段階

⑤医療機関をはじめとする支援機関の要望 など

インテークでは、クライエントから語られる言葉だけではなく、**声のトーン**、**表情**、**服装**、**化粧**、**震え**などからも情報を得ることができます。身体的な表現についても、クライエントがどのような感情でその場にいるのかなどを、注意深く観察することが必要です。

そのような状態から、非言語的コミュニケーションや言語的コミュニケーションを使用して、話を受け入れていること、関心を持っていることを伝え、クライエントが安心して話せる環境を作ることが大切です。そこから、クライエントとの信頼関係を築き上げるプロセスが始まるといえます。

| 非言語的コミュニケーション | うなずき、視線合わせ、笑顔など |
| 言語的コミュニケーション | 励まし、言い換え、繰り返しなど |

ここは覚える！

第25回では相談援助過程におけるインテークについて、第21回ではインテーク段階で行うスクリーニングについて出題されました。

● **フェイスシート**

インテークで集められた情報は、**フェイスシート**に記載されます。これはクライエントの基礎的な資料となる重要なものではありますが、すべてを事細かに記載する必要はありません。クライエントとの話の流れの中で記載していくことが求められ、焦って無理に情報を聞き出そうとすることは、クライエントの緊張・警戒感をより強めてしまうおそれがあります。

フェイスシートに記載される内容は来所理由、主訴、生活歴、診断名、既往歴、家族状況、経済状況、生活情報、制度・サービスの利用状況などが挙げられますが、各施設によってその内容は様々です。

▶ アセスメント

　アセスメントとは、クライエントが抱える生活上の問題・課題の解決やニーズの充足を目的とした支援方針を検討するために、支援に必要な情報を収集し、クライエントが置かれている状況を包括的かつ総合的に分析し、事前に評価することです。

　支援に必要な情報としては、次のようなものが挙げられます。

- 問題・課題の特性や背景
- クライエントのニーズや価値観
- 心理・情緒的状況など
- クライエントの対処能力の程度
- 強み（ストレングス）
- クライエントの家族（同居・別居）等を含めたインフォーマルな社会資源と、その存在がクライエントや問題・課題に与える影響
- すでに活用していたフォーマルな社会資源やその効果

　クライエント自身がこれまでの経験をどのように感じているのか、何に困っているのか、どのような生活を望むのかなどについて、ソーシャルワーカーと協議し、クライエントを「協働者」として捉え、全人的理解を促進していくことが重要です。

ここは覚える！

第23回で、アセスメントについて出題されました。

▶ プランニング

　プランニングとは、利用者本人の願いを計画的に実現するために、目標や手順、役割分担や努力目標を明確にする作業です。まず、長期目標とそれに伴う短期目標の設定を行います。また、次のような計画立案も重要です。

利用者本人の技能を向上させるための計画	生活技能（金銭管理など）、社会生活技能（挨拶など）、問題解決技能（症状管理など）など
利用者が求める生活環境に働きかける計画	精神障害の場合は、住宅改修などの環境を押し上げるものよりは、今の状況を理解してもらう啓発の意味合いが強くなる

その際には、目標達成に必要となる条件などを整理する必要があります。援助方法、制度、サービス、地域組織やセルフヘルプ・グループなどの資源の活用・開発、その他の関係者の役割分担や協働体制、予想される時間や費用などがそれに当たります。

条件が定まれば、クライエントや関係者にとって分かりやすい形で支援計画を作成して、再度それで良いかを確認します。クライエントの意思を尊重せずに進めることを避けるために、十分に確認した上で、書面もしくは口頭によって契約を取り交わします。

エコマップなどを使用すると整理しやすくなります。

ここは覚える！

第21・23・25回で、プランニング段階での関わり方の理解が問われました。

▶ インターベンション

インターベンションとは、アセスメントとプランニングに基づいて、実際に働きかけることを指します。インターベンションには、本人に働きかける「直接介入」、環境に働きかける「間接介入」があります。

直接介入	本人のセルフケア能力を高められるように関わることが求められる 例：ストレングス視点に基づくエンパワメント・アプローチ、その他の実践アプローチ、教育・訓練的アプローチ、グループワーク、危機介入など
間接介入	仲介、連結、権利擁護、調整、教育などの活動を通して、インフォーマルケアや専門機関という社会資源を開発して向上させていく

📖 **教育・訓練的アプローチ**：SSTやモデリング、ロールプレイなどが挙げられる。

ここは覚える！

第24回で、インターベンションについて出題されました。

▶ モニタリング

モニタリングとは、計画に沿った介入が順調に展開しているかどうかを確認する作業です。もし事態が大きく変化していれば、新たな流れに変わっているかどうか判断する必要があります。

実際のモニタリングでは、日常的に関わりながら観察（参与観察）をしていくことが主となります。また、定期的なカンファレンスによって計画の見直しを検討する必要があります。

第25回で、モニタリングについて出題されました。

▶ エバリュエーション

エバリュエーションは、一つの支援期間の終了間際に実施されます。その評価によって、次の支援を行うかどうかを決定します。適切に一連の支援の流れを評価するためには、支援の開始時に何を目標とするのか明確にしておかなければなりません。

評価項目としては、以下の 5 つが挙げられます。必ずしもすべての項目が達成されるとは限りませんが、本人、家族、支援者がそれぞれ評価を行い、進んだ点について皆で共有することが大切です。

■ 評価項目

① 計画は妥当であったか
② 目標は達成したか
③ 援助は効率的であったか

④ ソーシャルワークの倫理、原則は守られたか

⑤ 理論的根拠に基づいて行われたか

評価を行うには、評価に必要な情報を収集するために、これまでの記録を読み返したり、援助過程を振り返るための面接や会議を開催したり、これまでの援助に対するアンケートなどを実施することが求められます。そして集まった情報を記録化し、上記の評価項目に基づいて検討を行います。

検討方法としては、スタッフ、クライエントなどを含めたケア会議や事例研究、スーパービジョンなどが挙げられます。

▶ 終結

多くは、当初の目標を達成して、次の支援体制に引き継ぐことで終結となります。その後も適度な見守りを続け、必要であれば再度関われる用意をしておく必要はあるでしょう。特に援助の終結では、分離不安を引き起こすことも少なくないため、クライエントが自らの生活に主体的に取り組めるような援助を心がける必要があります。

■ 終結時に確認すべきこと

- 援助の終結について確認する
- 終結することについての感情を分かち合う
- クライエントと援助の展開過程を振り返る
- 終結後の生活課題と今後のフォローアップについて確認する

ここは覚える！

アセスメントからエバリュエーションまで、各段階の内容を問う問題はほぼ毎回出題されています。それぞれの名称と概要をしっかり一致させて覚えておきましょう。

集団援助技術 ㉑ ㉓ ㉔ ㉕

　集団援助技術（グループワーク）は、グループでの活動を通して、集団やその集団を構成している個人に対して変容を図り、抱えている問題の解決を目指す援助技術です。その基本的な流れは、①準備期、②開始期、③作業期、④終結期の順に展開していきます。

ここは覚える！

　集団援助技術（グループワーク）は、事例問題などでよく出題されています。グループワークにおいて精神保健福祉士が行うことなどを押さえておきましょう。

▶ 準備期

　グループワークは通常、同じような課題を抱えている人が複数名いる場合や、個別に支援をするよりも集団で支援したほうが望ましいと思われる場合に実施されます。そのため、グループを構成する前の段階でしなければならないことがいくつかあります。

■ グループワーク実践の準備に必要なこと

① 所属組織内の理解を得る	グループワークについての理解と承認を得ておく
② グループワークの目的や目標を仮に設定する	何のために集まってともに活動するのか方向性を確認する
③ グループの構造を決める	グループの人数や参加条件、参加方法の確認を行う
④ 援助期間を決める	実施回数、時間、開催の頻度について目的・目標やメンバーの状態を考慮して決めていく
⑤ プログラム活動を立案する	目標の達成やメンバーの状況などを勘案して計画的に立案する
⑥ 活動のための環境を準備する	プログラム活動に必要な場所や道具などを確認する

　同質性が高いメンバーを集めると、グループの凝集性が高まるといわれます。

グループワーク開始当初はメンバーそれぞれが不安を抱いていたり、緊張していたりしてうまく進まないことが往々にあるため、**波長合わせ**の実施が欠かせません。メンバーがどのような人たちなのかを理解するために、何を期待してこのグループに入ったのか、どのような性格なのか、行動特性は何か、どんな生活をしてきたのか、どのような社会関係（家族や地域、学校、職場などのつながり）を持っているのかなどを理解することから始めます。

　その上で、必要に応じて個々のメンバーと事前に顔合わせや電話により**予備的接触**を行います。予備的接触では、参加意欲を高めるためにメンバーとなる人の心情を受け止める対応が重要です。

　クライエントの心情に波長を合わせるためには、当然、自分自身の感情についても理解しておかなくてはなりません。援助者としての自分について**自己覚知**をすることは精神保健福祉士として非常に重要ですが、自身のことだからこそ難しくもあります。スーパービジョンなどを通じて、自分自身のあり方について常に意識することが求められます。

 ここは覚える！

第24回で、波長合わせについて出題されました。

▶ 開始期

　実際にグループワークを開始する際は、メンバーの不安や緊張感をできるだけ取り除きます。最初に**ウォーミングアップ**と呼ばれる作業などを行い、その後のグループワークに入りやすくすることも必要でしょう。

　また、グループワークの実施に関して、メンバーと精神保健福祉士との間で**約束**を結ぶことも大切です。何のための集団なのか、これから何をするのか、そのために守らなくてはいけないことなど、基本事項をきちんと確認することで、よりグループワークの効果が現れます。

　メンバーと精神保健福祉士との信頼関係を結ぶために働きかける点は個別支援技術と同様ですが、グループワークではメンバー同士の関係にも意識を向けていく必要があります。メンバー同士の相互作用によって、グループワークの効果はより高まります。

■ 関係性の形成のために必要な対応

メンバー-支援者	メンバー-メンバー
メンバーの発言する機会を尊重する	メンバー間の類似性に目を向けさせる
メンバーの言動を共感的に受け止める	メンバーが多様に関わる機会を提供する
メンバーを個別に理解する	仲間意識を高める
必要に応じて個別的な対応をする	

ウォーミングアップには、自己紹介などをゲーム形式で行うことなど、様々な方法があります。

▶ 作業期

　作業期にはグループワークを行いながら、グループとしての課題と、個人としての課題に取り組んでいきます。

　特にこの時期は、**グループの凝集性**に注意を払う必要性があります。グループはある目的や目標に沿って結成されていますが、課題が進む中でこの意識が変化することはままあります。メンバーの方向性がずれてグループの凝集性が低くなる場合もあれば、逆に意識が高まって凝集性もより高まる場合もあるでしょう。場合によっては、グループの現状に合わせて目標の再設定や目標レベルの再調整を行い、凝集性を高める必要も出てきます。

　また、活動が進む中でグループ内にさらなるグループ（**サブグループ**）ができたり、メンバー間の役割構造ができることもあります。これらも相互作用によってグループの持つ力を高めることもあれば、逆に障害になることもあります。やはり、必要に応じて介入を行う必要があるでしょう。

■ グループの凝集性：集団においてメンバーの相互作用によって形成されていく、その集団におけるまとまりのことをいう。凝集性が高いグループほど、グループメンバーにとって魅力の高いグループといえる。

凝集性を含め、集団の基本的な性質・集団と個人・集団と集団、さらにはもっと大きな組織と集団との関係についての法則を実証的な方法で明らかにしようとする学問領域を**グループ・ダイナミクス**といいます。

ここは覚える！

第21回で、作業期における精神保健福祉士の関わりについて問われました。

▶ 終結期

グループワークの終結は必ず訪れます。最初から実施期間が決まっている場合もあれば、何らかの事情により終結を余儀なくされることもあります。

■ 終結になる場合

① 予定していた援助期間が終了する時、もしくは援助目標を達成した時
② 期間や目標の達成には至っていないが、これ以上は効果が上がらないと判断された時
③ メンバーを、より適切な他の施設や機関にクライエントとして紹介する時
④ メンバーや精神保健福祉士もしくは機関の都合によって中断する時

終結は援助関係が終了であるとともに、また違う課題を抱えて先に進む移行期であるともいえます。そのため、次のステップにスムーズに移行できるよう、細心の注意を払って実施することが望ましいとされています。

終結の際には、目標が達成されたのかを中心に今までの取り組みを振り返って評価を行います。評価方法は、面接やメンバーによる評価用紙の記入、各種記録などを用います。

■ グループワークのモデル

コノプカ (Konopka, G.) ヴィンター (Vinter, R.)	社会諸目標 モデル	社会的責任が担える市民を育てることを目標にする
トレッカー (Trecker, H.)	グループワーク の治療モデル	援助者による積極的な援助を通して、グループ内の相互作用を意図的に利用することで個人の成長と発達を目指す

シュワルツ (Schwartz, W.) コイル (Coyle, G.)	相互作用モデル	メンバーの相互作用を活性化させる
シュルマン (Shulman, L.)	生態学システム モデル	個人と社会環境の相互作用により、個人はもとよりグループ、コミュニティの社会的機能の向上、改善を促進する
レヴィン (Lewin, K.)	グループ・ダイナ ミクス理論	個人の行動変容について、グループ内に発生する心理的力動静を把握し活用する

落とせない！重要問題

グループワークの終結期では、メンバー間の凝集性を強化する。 第23回

×：グループワークの作業期で行う。

援助関係 ㉒ ㉕

　より良い支援を行うためには、援助者とクライエントとの信頼関係が求められます。しかし、信頼関係は一朝一夕でできるものではなく、両者の間でいくつもの対話が取り交わされながら徐々に形成されるものといえるでしょう。

　援助者とクライエントの援助関係を示したものでは、坪上宏の提唱した３つの援助関係や、バイステック（Biestek, F.P.）の示した相談援助技術の基本ともいえる７つの原則などが挙げられます。

　また、治療関係においては、クライエントも積極的に治療方針の決定に参加し、主体となって治療を受けるアドヒアランスの重要性が指摘されています。

■ 坪上宏の3つの援助関係

一方的関係	援助者がクライエントに対して一方的に働き掛ける関係
相互的関係	援助者とクライエントの共通する考えの範疇で行われる支援関係
循環的関係	援助者自身がクライエントにどのように位置付けられているのかを認識して、それに即してクライエントを理解しようとする関係

① 個別化	クライエントやその課題は各々異なるため、類似するものとして決めつけたり判断したりせずに、個別のケースとしてとらえて対応する
② 自己決定	問題解決の行動を決定する主体はあくまでもクライエント自身であるため、援助者はその行動を尊重する
③ 受容	クライエントの考え方や個性などについて、初めから判断したり否定したりせずに、ありのままを受け入れて理解する
④ 非審判的態度	クライエントの行動や思考に対して、援助者が善悪の判断を一方的に行わない。問題解決の方法についての判断も、クライエント自身が行えるようにすることが大切である
⑤ 秘密保持	クライエントに関して知り得た個人情報やプライバシーについて漏らしてはならない
⑥ 統制された情緒的関与	クライエントの感情や抱えている課題などに影響を受けて、援助者自身の判断や感情が偏ったものとならないよう、自ら統制して接していく。援助目標に沿って適切な情緒的な関わりをする
⑦ 意図的な感情表出	クライエントが自己の感情を気がねなく自由に表現できるように、意図的に感情を表現する

ここは覚える！

第22・25回で、アドヒアランスについて問われました。

精神保健福祉士による面接

　精神保健福祉士の活動において面接は欠かせません。特にカウンセリング技術は、面接を進める上で重要です。

　カウンセリングは、個人の適応上の問題を理解し、解決するために行われる助言活動のことです。カウンセラーはクライエントが自分の感情を自由に表現できるように、そのあるがままを受け入れ、クライエント自身が問題に気づいて自己理解を深め、望ましい態度や対処を獲得できるよう援助します。

　一般に、カウンセリングは心理職が行うものと思われていますが、心のケアには精神保健福祉士も関わることが多く、面接技法などはカウンセリングの基礎技法と重なることが多くあるため、学んでおく必要があります。また、クライエントとの関わりの中では転移や逆転移も起こりやすく、その影響で援助関係が崩れてしまうこともあるため、注意が必要です。

📖 **転移**：クライエントが援助者に対して個人的な感情を持つこと。
　逆転移：援助者がクライエントに個人的な感情を持ち、それに基づく反応をしてしまうこと。

面接を効果的に行う方法　㉑ ㉒ ㉓ ㉔ ㉕

▶ 面接の方法

構造化された面接	事前に面接の目的が意図されており、環境も整えて行われる
構造化されない面接	状況に応じた手段と場所で柔軟に行われる
生活場面面接（ライフスペースインタビュー）	自宅や生活の場で行われる（例：廊下や食堂などで出会った際に行う面接）

生活場面面接は、日常会話を一種の非構造化面接と捉えて行うことになります。

 ここは覚える！

第22・25回で、生活場面面接の理解が問われました。

▶ 面接技法

　面接の技法は、非言語的なもの（身振り、表情、視線や服装などの外見、声の調子などを利用）と言語的なものに、大きく分けることができます。これらを状況に応じて選択することで効果的な面接が行えますが、うまく実践できないとクライエントとの信頼関係構築に支障が出るため注意が必要です。

傾聴	クライエントによって言語化されるものだけでなく、背景にある感情も受け止め共感し理解する
繰り返し	クライエントの話す内容に援助者が批判や評価をすることなく、要約してクライエントに返す
明確化	クライエントが言葉にしていないが、潜在的に気付いていることを援助者が言葉にする
支持	援助者がクライエントの話す内容を尊重し、承認する
開かれた質問	クライエントの自由な発言が可能な質問 （例：○○についてどう思いますか？）

閉じられた質問	「はい」、「いいえ」でしか答えにくい質問 （例：○○は好きですか？）
リフレーミング	ある状況や考えなどを角度を変えた視点で捉え、援助者が新しい意味付けを与えクライエントに伝える
沈黙	クライエントが自分の考えを整理する、また話す内容を吟味している、援助者の反応を伺っている時などの沈黙を保証する
直面化	クライエントの言語と感情、また言語や態度の不一致や矛盾などから、内面にある葛藤状況に直面させることによって問題の明確化を図る

ここは覚える！

ほぼ毎回、面接技法について出題されています。上表の内容をしっかり覚えておきましょう。

3 多職種連携・多機関連携（チームアプローチ）

チームアプローチ = 多職種と連携した支援

- 医療機関の一員として治療に携わる
- 社会復帰を支援する
- ・地域生活を支援する ・生活の質を高める

総合的かつ包括的な援助の意義と内容

　社会福祉の制度・政策は、分野や領域ごとに設計されてきたため、身体・知的・精神という障害三領域においても、個別の対応・支援という縦割り的なものでした。利用者は各種サービスの調整など総合的な支援のマネジメントを受けることができませんでした。

　精神保健福祉分野におけるソーシャルワークの展開過程では、ニーズが多元的であることから、多領域における複眼的な視点による包括的な評価と介入が求められます。その実践は多職種との連携・協働によって成立しています。

　WHOは2010年に発表したフレームワークにおいて、地域をベースとした多職種連携教育（inter-professional edugation：IPE）を行い、多職種連携（inter-professional work：IPW）を推進することで、包括的なケアシステムが構築できるとしています。

多職種連携の意義と内容　㉑ ㉓ ㉕

　総合的・包括的な援助は、**多職種連携（IPW）**による**チームアプローチ**で成立します。精神保健福祉士と社会福祉士は、援助の方法として連携を図るだけ

でなく、**連携義務**が法律で規定された専門職であり、総合的・包括的な援助の中核を担うよう求められていることが分かります。

　多職種連携によって、クライエントが抱える困難を多面的・多角的に捉え、総合的・包括的な援助に結び付けることができます。また、それにより援助の効果や効率も高められます。

　一方で、異なる専門性を持つ集団ゆえ、視点や重要性の認識の違いなどから対立や葛藤が生じて連携が難しくなる場合もあります。そうした課題を乗り越えられるチームを形成し、運営していく過程を**チームビルディング**と呼びます。

　チームの機能とチームモデルには、次のようなものがあります。

■ **チームの機能**

タスク機能	チームの目標の達成やそのための課題の遂行
メンテナンス機能	チームワーク

ここは覚える！

第23回ではチームの機能について、第25回ではチームビルディングの特徴について出題されました。

■ **多職種連携の3つのチームモデル**

マルチディシプリナリ・モデル
・異なる分野の専門職で構成され、互いに協力し合うチームモデル ・各専門職はそれぞれの目標を設定し、個別の支援を行う ・階層性を持ち、相互作用は小さく、役割も固定されている 　例：スーパー救急病棟におけるチーム医療など
インターディシプリナリ・モデル
・異なる分野の専門職で構成されるが、メンバー間に階層性はなく、相互作用が高いチームモデル ・それぞれの役割はある程度は固定されるが、開放性が高い 　例：就労支援における、就労支援施設の精神保健福祉士、地域障害者職業センターのカウンセラー、医療機関の主治医など
トランスディシプリナリ・モデル
・メンバー間に階層性はなく、より役割が開放され相互補完するチームモデル ・専門職が様々なニーズに対応することが求められる 　例：包括的地域生活支援（ACT）における訪問先での支援

■ チームモデル別の特徴

	マルチディシプリナリ・モデル	インターディシプリナリ・モデル	トランスディシプリナリ・モデル
階層性	◎	×	×
役割固定	◎	○	△
相互作用	△	○	◎ （相互補完）

ここは覚える！

第21回ではトランスディシプリナリ・モデルについて、第23回ではマルチディシプリナリ・モデルについて出題されました。

4 精神障害者のケアマネジメント

ケアマネジメント ㉒ ㉓ ㉔ ㉕

　ケアマネジメントとは、1963年のアメリカのケネディ教書および地域精神保健センター法に端を発したとされています。全米ソーシャルワーカー協会では「複雑で多様な問題や能力障害を抱える人が、必要としているすべてのサービスを適切な時期に適切な方法で確実に受けられるようにするサービスの提供方法」であり、「境界に橋をかける方法」と定義されており、ケアマネジメントはサービスとサービスをつなぐ一種の技術と捉えることができます。

　ケアマネジメントは障害者に対しても適応されます。例えば2001（平成13）年の「障害者ケアマネジメント体制整備検討委員会」では、「障害者の地域における生活を支援するために、ケアマネジメントを希望する者の意向を踏まえて福祉・保健・医療のほか、教育・就労などの幅広いニーズと、様々な地域の社会資源の間に立って、複数のサービスを適切に結びつけ調整を図るとともに、総合的かつ継続的なサービスの供給を確保し、さらには社会資源の改善および開発を推進する援助方法である」と定義し、障害者支援におけるケアマネジメントの有効性を表しています。

■ ケアマネジメントの類型

類型	内容
積極型	総合型、包括型とも呼ばれる。複数の職種がチームを組み直接サービスにより入院代替機能を果たす。いわゆるACTのこと
仲介型	利用者とサービスを結びつけることを目的にする
リハビリテーション型	利用者の能力と環境の改善に焦点を当てた関わりを行う
臨床型	固定した援助者が直接・間接援助を行う
ストレングス型	利用者と環境の潜在能力に着目した関わりを行う

ここは覚える！

第23・24・25回で、精神障害者のケアマネジメントについて出題されました。

▶ ケースワークとの違い

　ケアマネジメント・プロセスは次のように展開されます。ただプランを立案するのではなく、クライエントのニーズを正しくアセスメントし、計画を立て、サービスがその人にとって適切かを見極め、必要に応じて再アセスメントを行うことが大切です。そして、ケアマネジメント過程が循環していきます。

■ ケアマネジメント・プロセス

　① インテーク（ニーズの発見）
　② アセスメント（事前評価）
　③ プランニング（援助計画作成）
　④ インターベンション（実施）
　⑤ モニタリング（点検）
　⑥ エバリュエーション（事後評価）
　⑦ ターミネーション（終結）

■ ケアマネジメントサイクル

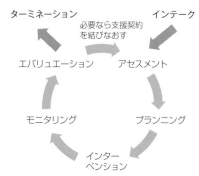

インテーク時に他機関のほうが支援上適している場合は、その旨を伝え他機関を紹介することもあります。これをリファーラルといいます。

ここは覚える！

第22回で、リファーラルについて出題されました。

一見、個別相談援助（ケースワーク）の一連の流れと同じようですが、ケアマネジメントは、ケースワークが持つ機能のうち、つながりを作る**媒介的機能**を独立・発展させてきた技法であると捉えることができます。

■ ケースワークとケアマネジメントの違い

ケースワーク	ケアマネジメント
関係的機能の重視	媒介的機能の重視
個別化の原則	一般化の原則
個人による継続援助	役割分担による空間的援助
援助担当者の固定	援助担当者の変容

● 生活ニーズ

ケアマネジメントを効果的に実践するためには、利用者本人の生活ニーズを把握する必要があります。アセスメントで得た利用者の身体機能的状態、精神心理的状態、社会環境的状態などの情報の中から、本人がどのような生活を望んでいるのかを理解した上で、ケア計画を作成しなければなりません。

生活ニーズは、「生活を遂行するのに困っている状態」と「その状態を解決する目標・結果」から構成されているとされています。

● ケア計画

アセスメントにより明らかになったニーズと、それを充足させる社会資源を統合するために作成するのがケア計画です。複数のニーズに対してそれぞれ望ましい目標を、時間的経過を踏まえて設定（長期目標・短期目標）します。

まずはラフなケア計画を作り、それを利用者の意向とすり合わせながら、少しずつ形にしていきます。その後、ケア計画作成会議を開催し、ケア計画の具体的な内容を詰めていくことになります。

ケア計画を遂行するのは利用者なので、利用者が分かる言葉を使用することが大切です。

■ ケア計画の目標設定

長期目標	利用者の熱望、希望
短期目標	利用者本人がイメージできるもの、実現可能なもの、測定可能なもの

● 直接介入と間接介入

ケアマネジメントにおける介入には、大きく次の2つがあります。

直接介入	・クライエント本人に働きかけるもので、クライエント本人のセルフケア能力に応じて、どの程度の支援を行うのかを調整できるのが利点 ・あくまでもクライエント本人のセルフケア能力の向上を目指し、本人の主体的な判断能力を高めるために行われる
間接介入	・利用者の周囲の環境に働きかけるもので、具体的には仲介、連結、権利擁護などがある ・援助者は社会資源をつなげる者となって利用者のニーズを満たすための組織を形成する

直接介入は、「やってあげる」ではなく、「やり方や、やれる場所をともに考え、問題解決を図る」こととともいえます。

仲介（ブローカリング）	ニーズを満たす機関を見つける
連結（リンケージ）	機関と結びつける
権利擁護（アドボカシー）	機関が任務を十分に果たさない場合に交渉を行う
調整（コーディネーション）	複数の機関における役割分担を行う
ネットワーク形成 （ネットワーキング）	社会資源の相互関係の形成を行う
技術協力とコンサルティング	専門機関へ新たな情報や技術の提供を行う

▶ ケアマネジメント・システム

ケアマネジメント自体は、個々が求めるニーズに対して様々な資源を結びつけるものであり、地域を地盤にした援助実践であるといえます。そのため、地

域で利用者を支えるための基盤づくりが、ケアマネジメント実施において最も重要なポイントであるといえるでしょう。

　利用者主体の支援をしていく上で、ケアマネジメント・システムの設計には次の5つの要件が挙げられます。これらを包括したシステムの構築は簡単ではありませんが、より質の高いケアマネジメントを展開できるようになります。

■ ケアマネジメントの構成要件

開放性	利用者がいつでもサービスにたどりつける
即応性	ニーズに対してすぐに対応できる
重層性	ニーズを捉えやすくなる
柔軟性	ニーズに応じた柔軟な対応ができる
選択性	利用者のオーダーメイドに応えられる

▶ チームアプローチ

　ケアマネジメントを運用する上で、相談支援専門員等のケアマネジャーは重要な役割を担います。もちろん、ケアマネジャー一人がすべてを担当するのではなく、クライエントの生活に関わる保健・医療・福祉等様々な領域の専門職等がチームを組み、多様なサービスを一体的、継続的に利用できるようにチームケアが行われます。チームによる利用者の生活目標に対する取り組みのことを**チームアプローチ**と呼び、その構成員には保健医療福祉等の専門家だけでなく、クライエントやその家族なども含まれます。

　ケアマネジメントにおけるチームアプローチでは、同じゴールを見て支援を進めるためプライバシー保護に配慮した上で情報共有を行い、それぞれの専門性を発揮した支援を実施します。また、クライエントの持つ課題の変化に合わせ、構成員も変化をしていくことになります。

ここは覚える！

第22回で、ケアマネジメントにおけるチームアプローチについて問われました。第24回では、チームアプローチの事例問題が出題されました。

5 精神障害者の地域移行・地域定着に関わる展開

協議会
地域移行・
地域定着支援

ACT
アウトリーチ
精神保健医療
福祉の改革

地域移行における多職種との連携 ㉑㉓㉔

　精神保健福祉領域で活躍する人は、医師、看護師、精神保健福祉士のみではありません。公認心理師、薬剤師などの専門職や民生委員・児童委員、生活保護のソーシャルワーカー、相談支援専門員、介護支援専門員、ホームヘルパーなど、多種多様の職種が関わります。そのような人たちが集まって目標に向かって連携し、協働していくことを「**チームアプローチ**」と呼びます。

　多職種によるチームアプローチの実践で大切なことは、チームを構成するメンバーがこれから行われる治療・支援について、それぞれ十分な知識・技術を有し、互いの専門性についてもある程度の知識を有していることです。これが、各専門職の負担軽減や専門性の発揮しやすさにつながります。

▶ ACT

　多職種によるチームアプローチの例として、ACT（包括的地域生活支援：Assertive Community Treatment）が挙げられます。地域において多職種の人が集まったチームが保健・医療・福祉・労働等包括的なケアを集中的に提供するもので、科学的根拠に基づいた実践（EBP：Evidence-Based Practices）の一つとして捉えられています。

📖 **ACT：**もともとはアメリカ・ウィスコンシン州マディソン市のメンドーサ州立病院で行われていた活動。

■ **EBP一覧**

- 包括的地域生活支援（Assertive Community Treatment：ACT）
- 援助つき雇用（Individual Placement and Support：IPS）
- 病気の自己管理とリカバリー（Illness Management and Recovery：IMR）
- 精神科薬物管理アプローチ（Medication Management Approaches in Psychiatry：MedMAP）
- 家族心理教育（Family Psycho Education：FPE）
- 統合的重複障害治療（Integrated Dual Disorders Treatment：IDDT）

ACTでは、多職種が職域を超えたサービスを行うことから「超職種チーム」とも呼ばれ、精神保健福祉士としての専門領域で活躍することはもちろん、服薬支援や各種心理療法なども関わっていくことになります。日本ではまだ一部の都市でしか行われていませんが、地域移行が進む中で重度の精神障害者でも生活できるように支援を行うACTへの関心は高まっています。

■ **ACTプログラムの特徴**

- 重い精神障害を抱えた人を対象
- 様々な職種の専門家から構成されるチーム
- 利用者数の上限を設定
- スタッフ全員で一人の利用者のケアを共有
- ほとんどのサービスを責任を持って直接提供
- 積極的に訪問が行われる
- 期限を定めず継続的に関わる
- 1日24時間・365日体制

日本における初めてのACTは2002（平成14）年、当時の国立精神・神経センター国府台地区において行われたACT-Jです。当時は研究の一環で行われたプロジェクトでしたが、現在はNPO法人として独立して活動を行っています。

第23回で、ACTの標準モデルについて出題されました。第24回では、精神科リハビリテーションにおけるアプローチに関する問題で、IMR、IPS、家族心理教育、ACTについて問われました。

落とせない！重要問題

ACTは精神保健福祉士が生活支援、看護師が服薬支援を行うなど、役割を明確にしている。 第13回

×：多職種が職域を超えたサービスを行う。

地域移行に関わる組織・機関

▶ 協議会

障害者の地域での生活を進めていく上で、本人や家族からの相談を受ける窓口はとても重要です。障害者自立支援法に相談支援事業が明記され、市町村はその実施にあたって指定相談支援事業者に委託できるとされました。そして、外部委託を可能にした代わりに、相談支援事業が適切に運営されるように設けられたのが地域自立支援協議会です。

地域自立支援協議会は、市町村または複数の市町村で構成される圏域に設置され、次の機能を持ちます。障害者総合支援法になった際、「自立支援」という言葉にとらわれず、柔軟に名称がつけられるように協議会と明記されました。

■ 協議会の機能

- 中立・公平性を確保する観点から、相談支援事業の運営評価等を実施
- 具体的な困難事例への対応のあり方について指導・助言
- 地域の関係機関によるネットワークの構築

現在、指定相談支援事業者は、地域移行支援、地域定着支援を担当する一般相談支援事業者と、計画相談支援を担当する特定相談支援事業者に分かれています。どちらも、市町村が委託する一般的な相談支援を実施しています。

2024（令和6）年より、すべての市町村において、基幹相談支援センターの設置が努力義務となりました。

地域移行を推進する制度・施策 ㉓

▶ 精神障害者退院促進支援事業

　2002（平成14）年、厚生労働省障害者施策推進本部が「条件が整えば退院可能とされている約7万2,000人の社会的入院者の退院・社会復帰を10年間で目指す」と初めて数値目標を発表しました。ここから、日本における地域移行支援が本格的に始まったと考えられるでしょう。

　2003（平成15）年に新障害者プランがスタートし、厚生労働省は国庫補助事業として精神障害者退院促進支援事業を開始しました。精神科病院に入院している精神障害者のうち、症状が安定し、受け入れ条件が整えば退院可能である者に対して活動の場を与え、退院のための訓練を行うことにより社会的自立の促進を目的とするものです。自立支援員を設置して、退院訓練を進めていきます。2005（平成17）年の障害者自立支援法において都道府県地域生活支援事業として位置づけられ、全国的に展開されることになりました。

📖 **自立支援員**：精神保健福祉士またはこれと同等程度の知識を有する者と規定されている。

精神障害者退院促進支援事業は、モデル事業として2005（平成17）年度までに26都道府県、4指定都市で実施されました。

▶ 精神障害者地域移行・地域定着支援事業

2008（平成20）年度	・精神障害者退院促進支援事業から一歩進めた政策として**精神障害者地域移行支援特別対策事業**を開始 ・精神障害者の地域移行が着実に進むように、**地域移行推進員**や**地域体制整備コーディネーター**の配置を行う（地域体制整備コーディネーターの配置は2013年度より廃止）
2010（平成22）年度	・事業名を**精神障害者地域移行・地域定着支援事業**に改称 ・「未受診・受療中断等の精神障害者への支援体制の構築」と「精神疾患への早期対応」を行うための事業内容を追加 ・地域定着支援事業の対象は、①精神医療の受療中断者、②精神疾患が疑われる未受診者、③重度の精神障害者、④ひきこもりの精神障害者、⑤長期入院等の後退院した者
2012（平成24）年度	・障害者総合支援法により、地域移行推進員や個別支援会議が個別給付化 ・同法の一般相談支援事業として、精神科病院や障害者支援施設に入所している人を対象とした**地域移行支援**、**地域定着支援**が実施されることになり、対象も保護施設や刑務所、少年院などの矯正施設等に拡大
2014（平成26）年度	・精神障害者の地域移行支援に係る体制整備の調整を行う「**地域移行・地域定着推進協議会の設置**」（都道府県、指定都市の他、2017（平成29）年度より保健所設置市及び特別区まで拡大）、「**ピアサポートの活用**」、「**精神科地域共生型拠点病院の公表**」の各事業を地域生活支援事業の中で実施 ・高齢入院患者の退院に向けた支援等を行う**高齢入院患者地域支援事業**については、精神障害者地域移行・地域定着支援事業の中で実施

地域移行推進員は、精神科病院における退院可能精神障害者に対する退院への動機づけや啓発活動を行いながら、個別ケアプランの作成と計画に基づいて退院に向けた院外活動等に関わる同行支援などの個別支援を担います（2012（平成24）年度より法定給付化）。

▶ 精神保健医療福祉のさらなる改革に向けて

　2004（平成16）年に出された精神保健医療福祉の改革ビジョンにおいて掲げられた"入院医療中心から地域生活中心へ"を推し進めるために、2008（平成20）年から「今後の精神保健医療福祉のあり方等に関する検討会」が始まりました。2009（平成21）年に検討会の報告書として「**精神保健医療福祉の更なる改革に向けて**」が公表され、地域を拠点とする共生社会の実現のために、入院医療中心から地域生活中心への施策の立案・実施をさらに加速させることが挙げられています。改革の基本的方向性は次のとおりです。

■ 改革の基本的方向性

- 精神保健医療体系の再構築
- 精神医療の質の向上
- 地域生活支援体制の強化
- 普及啓発の重点的実施

■「精神保健医療福祉の更なる改革に向けて」の概要

精神保健医療体系の再構築

- 地域医療の拡充、入院医療の急性期への重点化など医療体制の再編・拡充
- 人員の充実等による医療の質の向上

- 地域生活を支える障害福祉サービス、ケアマネジメント、救急・在宅医療等の充実、住まいの場の確保

地域生活支援体制の強化

精神医療の質の向上

- 薬物療法、心理社会的療法など、個々の患者に提供される医療の質の向上

- 患者が早期に支援を受けられ、精神障害者が地域の住民として暮らしていけるような、精神障害に関する正しい理解の推進

普及啓発の重点的実施

目標値

- 統合失調症入院患者数を15万人に減少＜H26＞
- 入院患者の退院率等に関する目標を継続し、精神病床約7万床の減少を促進
- 施策推進への精神障害者・家族の参画

地域を拠点とする共生社会の実現

出典：厚生労働省「精神保健医療福祉の更なる改革に向けて」概要

▶ 精神障害にも対応した地域包括ケアシステムの構築に向けて

■ 第7期障害福祉計画（2024（令和6）〜 2026（令和8）年度）

- 「精神障害にも対応した地域包括ケアシステムの構築推進事業」の実施自治体数の増加等、構築に向けた取り組みは一定程度進んできたが、第6期の成果目標は自治体において達成が難しいことが予測される
- 一方で、2022（令和4）年6月に公表された「地域で安心して暮らせる精神保健医療福祉体制の実現に向けた検討会」報告書を受け、精神保健福祉法の改正等を含めたさらなる体制整備等を推進していくことから、取り組みの充実が期待される

- 精神障害者が地域の一員として、安心して自分らしい暮らしをすることができるよう、医療、障害福祉・介護、住まい、社会参加（就労）、地域の助け合い、教育が包括的に確保された体制について、今後も計画的に推進する必要がある

〈成果目標〉

精神障害者の精神病床から退院後1年以内の地域における平均生活日数	325.3日以上
精神病床における1年以上入院患者数	2020（令和2）年度と比べて3.3万人の減少
精神病床における早期退院率	3か月後：68.9%以上 6か月後：84.5%以上 1年後：91.0%以上

■ 第8次医療計画（2024（令和6）〜2029（令和11）年度）

- 精神障害者が、地域の一員として安心して自分らしい暮らしをすることができるよう、精神障害にも対応した地域包括ケアシステムの構築を進める必要がある
- 2020（令和2）年度末、2023（令和5）年度末の精神病床における入院需要（患者数）及び、地域移行に伴う基盤整備量（利用者数）の目標を明確にした上で、障害福祉計画等と整合性を図りながら地域の精神保健医療福祉体制の基盤整備を推し進める必要がある
- 統合失調症、うつ病・躁うつ病、認知症、児童・思春期精神疾患、依存症などの多様な精神疾患等ごとに医療機能の役割分担を整理し、相互の連携を推進するとともに、患者本位の医療を実現していけるよう、各医療機関の医療機能を明確化する必要がある

■ 多様な精神疾患等に対応できる医療連携体制の構築

多様な精神疾患等ごとに地域精神科
医療提供機能を担う医療機関

その他の
医療機関

精神医療圏※1

精神医療圏ごとの医療関係者等による協議の場
精神疾患に関する圏域連携会議

市町村

多様な精神疾患等ごとに
地域連携拠点機能を担う医療機関

保健所

バックアップ

多様な精神疾患等ごとに
都道府県連携拠点機能を担う医療機関

都道府県
本庁

精神保健福祉
センター

都道府県ごとの医療関係者等による協議の場※2
精神疾患に関する作業部会

※1 精神医療圏の設定にあたっては二次医療圏を基本としつつ、障害保健福祉圏域、老人福祉 圏域、精神科救急医療圏域等との
　　連携も考慮し、地域の実情を勘案して弾力的に設定
※2 医療計画作成指針に基づく協議の場
出典：厚生労働省社会・援護局障害保健福祉部精神・障害保健課「精神疾患における第8次医療計画について」2022（令和4）年度
　　第2回医療政策研修会 第2回地域医療構想アドバイザー会議資料

● 推進事業と支援事業

　事業としては、2015（平成27）年度より精神障害者地域移行・地域定着支援事業として、長期入院精神障害者地域移行総合的推進体制検証事業が実施されていました。2017（平成29）年度より、精神障害にも対応した地域包括ケアシステムの構築推進事業と精神障害にも対応した地域包括ケアシステムの構築支援事業が実施されています。

■ 精神障害にも対応した地域包括ケアシステムの構築

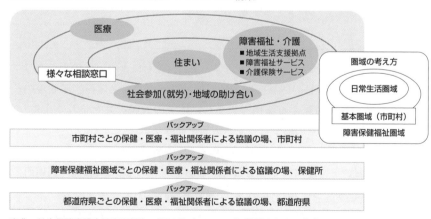

出典：社会保障審議会障害者部会　第90回（H30.6.27）資料をもとに作成

■ 精神障害にも対応した地域包括ケアシステムの構築推進事業（地域生活支援促進事業）と
精神障害にも対応した地域包括ケアシステムの構築支援事業の内容

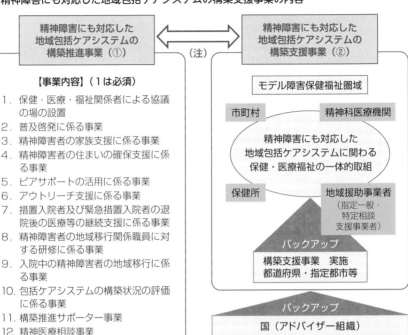

① 障害保健福祉圏域ごとの保健・医療・福祉関係者による協議の場を通じ
て、精神科病院等の医療機関、地域援助事業者、自治体担当部局等の
関係者間の顔の見える関係を構築し、地域の課題を共有化した上で、
包括ケアシステムの構築に資する取組を推進する。

<実施主体> 都道府県・指定都市・特別区・保健所設置市

② ・国において、地域移行に実践経験のあるアドバイザー（広域・都道府
県等密着）から構成される組織を設置する。

・都道府県・指定都市・特別区は、広域アドバイザーのアドバイスを受

けながら、都道府県等密着アドバイザーと連携し、モデル障害保健福祉圏域等（障害保健福祉圏域・保健所設置市）における、精神障害にも対応した地域包括ケアシステムの構築を推進する。
・関係者間で情報やノウハウの共有化を図るため、ポータルサイトの設置等を行う。
（注）①及び②の事業はそれぞれ単独で実施することも可能

出典：障害保健福祉関係主管課長会議資料（令和2年3月9日）をもとに作成

ここは覚える！

精神障害にも対応した地域包括ケアシステムの構築の内容について問われました。

▶ 精神障害者アウトリーチ推進事業

　2011（平成23）年に開始された**精神障害者アウトリーチ推進事業**は、各都道府県において精神科病院等に多職種チーム（アウトリーチチーム）を設置し、受療中断者や自らの意思による受診が困難な在宅の精神障害者などについて、新たな入院や病状再燃による再入院を防ぎ、地域で生活が維持できるよう医療や保健、福祉サービスを包括的に提供する体制を構築するための事業です。

　モデル事業として実施されてきましたが、2014（平成26）年度より、医療機関の活動については診療報酬化されました。また、保健所等によるひきこもり等の精神障害者を医療につなげるための支援や関係機関との調整を行うなど、アウトリーチを円滑に実施するための支援について、都道府県地域生活支援事業（**精神障害者地域生活支援広域調整等事業**）の中で実施しています。また、**精神障害にも対応した地域包括ケアシステムの構築推進事業**においても、アウトリーチ支援に係る事業が追加されました。

■ **精神障害者地域生活支援広域調整等事業：** 保健所にアウトリーチチームを設置し、地域関係者・当事者、家族、行政職員等によって構成される事業評価検討委員会（アウトリーチチームの事業に係る評価検討）を行う。

ここは覚える！

第23回で、地域移行支援の事例問題でカンファレンスについて問われました。

アウトリーチ支援に係る事業の全体像

都道府県地域生活支援事業 必須事業
（障害者総合支援法 78 条）

地域生活支援事業 広域調整等事業「アウトリーチ事業」

【実施主体】

都道府県、指定都市、保健所設置市、特別区
（H30 年度～：指定都市、保健所設置市、特別区を追加）

【支援対象者】

統合失調症、統合失調型障害及び妄想性障害、気分障害、認知症による周辺症状がある者及びその
疑いのある者及びその家族等で、以下のいずれかに該当する者

- 精神障害が疑われる未受診者
- ひきこもりの精神障害者（疑い例含む）
- 保健所等の行政機関を含めて検討した結果、選定した以下の者（医療中断、服薬中断、入退院を
  頻繁に繰り返す者、長期入院後の退院者）

【人員配置】

いずれか1名以上配置：保健師・看護師・PSW・OT

望ましい配置職種：臨床心理技術者・相談支援専門員・ピアサポーター

【実施要件等】

- 原則 24 時間 365 日の相談支援体制
- 専用事務室
- 1日1回のミーティング、週1回ケース・カンファレンス
- 支援内容の報告（都道府県に月毎に報告）
- アウトリーチ事業評価検討委員会による評価・検証
- 保健所以外の機関の実施の場合、保健所保健師の同行訪問 等

支援体制の強化、
専門性の向上

人材育成、関係機関の連携強化、
ノウハウ蓄積 等

新事業を活用し、各地域で、
アウトリーチ支援実施に関する地域の基盤を整備

新事業の創設

地域生活支援促進事業
精神障害にも対応した地域包括ケアシステムの構築推進事業

新 アウトリーチ支援に係る事業

人員配置、実施要件等
地域の実情に応じた柔軟な対応が可能

実施主体	支援対象者
都道府県、指定都市、保健所設置市、特別区	精神障害者（疑いの者も含む）及びその家族等で、アウトリーチ支援が有効であると、自治体が判断した者

人員配置	実施要件等
多職種による支援が行える体制 ※精神科医師と十分に連携の図れる体制をとること	実施自治体、アウトリーチ支援実施者によるケース・カンファレンスの実施等

出典：社会保障審議会障害者部会　第90回（H30.6.27）資料をもとに作成

6 コミュニティワーク

地域援助技術 ㉓ ㉕

　地域援助技術（コミュニティワーク）とは、地域住民に起こりえる様々な困難に対して、各機関が提供するサービスやインフォーマルな資源などを活用して有機的な連携を作り出すことで、個々への支援を行う仕組みを構築する援助方法です。その源流は、イギリスにおける慈善組織活動、セツルメント、クリーブランドで始まった共同募金活動などに遡ります。

　1939年の全米社会事業会議で採択されたレイン報告で、ニーズ・資源調整説が打ち出されました。これは救済事業の組織化に限定されていたコミュニティ・オーガニゼーションを、地域社会のニーズ発見と資源との結合、ニーズを充足する資源の調整に広げるソーシャルワークの一方法に位置付けたものでした。その後、多くの研究者によりコミュニティワークが論じられました。

■ コミュニティワークの主な研究者

ニューステッター (Newstetter, W.I.)	インターグループ ワーク論	組織・グループ間の関係調整によって選択・決定された目標に沿って各組織・グループの協働を促進する方法
ロス（Ross, M.）	住民組織化論	『コミュニティ・オーガニゼーション-理論と原則及び実際（1955）』地域社会の全体的調和、プロセス志向、合意形成を柱にした

ロスマン (Rothman, J.)	3つのモデル	小地域開発モデル、社会計画モデル、社会活動 モデルの3つを類型化

　コミュニティワークは通常、問題の把握→行動計画の策定→実施→評価と展開されます。展開にあたって、問題把握のための調査、問題に対する集団討議、活動に対する広報活動、資源の活用や開発、ソーシャル・アクションなど様々な技術を駆使していくことになります。また、コミュニティワークの評価では次の３つを軸に実施していきます。

タスク・ゴール	ニーズ充足目標・計画の達成目標
プロセス・ゴール	問題の理解浸透度・住民の意識変化・地域社会の解決能力の変化
リレーションシップ・ ゴール	当事者の発言力の強化・行政施策への反映・権力構造の変革

社会福祉計画

　社会福祉計画（ソーシャル・プランニング）とは、国民各層の福祉ニーズの充足を目的に、主に地域を基盤に社会福祉サービスの計画的な整備を進める方策です。
　社会福祉計画の策定は、構想計画→課題計画→実施計画→評価計画の順に展開され、行政や専門家だけでなく、住民が参加して作成することが大切です。地域住民が持つニーズをできる限り吸い上げ（ボトムアップ方式）、行政、専門家、住民が合同で計画を進めます。

社会福祉運営管理

　社会福祉運営管理（ソーシャル・アドミニストレーション）とは、社会福祉に関する組織運営、管理の効果的なあり方を実践するものです。その領域は広く、地域にある施設、各種機関、社会福祉行政や地域福祉システム、社会サービス全体の運営管理などを含みます。

実際には各種法制度について、その制度設計と検証、自治体の政策形成や効果、事業展開と管理、各種施設のあり方、運営団体の理念や基本方針、組織体制、事業計画、財源整備など、幅広い範囲で行われます。

ソーシャル・アクション ㉑ ㉒ ㉕

ソーシャル・アクションとは、ソーシャルワーク実践における社会活動運動とその実践を指します。まず、解決すべき問題を特定することから始まり、特定できた段階で活動を展開していきます。

① 主導集団・実施主体の形成	コア・グループの形成、学習会など
② フォーマル・グループの形成	趣意書、組織体制、獲得目標など
③ 行動計画の作成と合意形成	調査活動、集団討議など
④ 直接行動の展開	ポスター、ちらし、署名活動、集会開催など
⑤ 交渉・協議	陳情、請願署名など
⑥ 活動の総括	活動の成果や影響の評価など

通常の社会活動との大きな違いは、運動の目的が福祉ニーズの充足や福祉施策の充実を目的としているところです。

ここは覚える！

第21・22・25回で、ソーシャル・アクションについて出題されました。事例を読んで選択肢からソーシャル・アクションを選ぶ形式が多いため、どのような働きかけが該当するのか具体的にイメージしておきましょう。

ネットワーク ㉒

対人サービスにおいて、ネットワークは資源・技能・接触・知識を有している人たちや組織相互のインフォーマルまたはフォーマルな結びつきとその働きであり、様々なサービス間における連携のきめ細かな活動を指します。ネットワークの基本は、それぞれの結びつきと作動態様にあり、ネットワークの状況は各地域において様々です。地域内のネットワークは必ずしも有効に稼働して

いるわけではなく、活用する際にはその点を十分に考慮する必要があります。

■ 地域ネットワークの5つの特性

- 発した起点者が誰かによって、ネットワークの作りやすさが異なる
- 地域ネットワークは、横並びの緩やかな組織原理が非常に重要となる
- 地域ネットワークは、柔軟性や開放性を持つ
- 地域ネットワークは、起点者の意図とその後の構成員の課題共有という、持続性や同心円的な広がりを期待する方向性と強度によって左右される
- 地域ネットワークは、相互作用的で発展的な特質を持つ

 ここは覚える！

第22回で、精神科リハビリテーションにおける地域ネットワーク形成の目的について問われました。

Q ── **A**

☐ **1** マルチディシプリナリ・モデルにおいては、専門職はあらかじめ決められた役割をこなす。 第23回改変 〇

☐ **2** マルチディシプリナリ・モデルにおいては、多職種間で役割固定的ではなく、横断的な支援を行う。 第23回改変 ✕

☐ **3** トランスディシプリナリ・モデルでは、職種間の役割を一部流動させ、チームとして複合的な課題に取り組む。 第26回 ✕

☐ **4** 医学モデルでは、ランクの影響が最も強い。 予想問題 ✕

☐ **5** クライエントの肯定的態度や能力に着目し、主観性を尊重するモデルを生活モデルという。 第24回 ✕

☐ **6** ストレングスとは、本人の身体面、精神面における強さをいい、本人の有している財産は含まれない。 予想問題 ✕

☐ **7** 機能的アプローチは、成長の心理学に基づいて行われる。 予想問題 〇

☐ **8** 危機における突発的危機の一例としては、結婚、出産、退職などがある。 予想問題 ✕

☐ **9** 課題中心アプローチでは、問題を確実に克服するため、長期的に取り組むのが望ましい。 予想問題 ✕

☐ **10** エンパワメントとは、逆境や困難を克服することで強化される、人間に本来備わっている復元力のことである。 第25回 ✕

☐ **11** 解決志向アプローチでは、問題が解決した場合の状況について質問する。 第25回 〇

☐ **12** 家族システム・アプローチでは、支援対象をクライエントとキーパーソンの2人のみとして行う。 予想問題 ✕

解説

2 トランスディシプリナリ・モデルの特徴である。

3 職種の専門分野を超えて役割を解放し、横断的に共有を図り課題を達成する。

4 フロイトの精神分析理論や精神医学の影響を最も強く受けている。

5 ストレングスモデルである。

6 本人の財産も周りにある環境も含まれる。

8 これは発達的危機の内容である。

9 短期的に取り組む。

10 社会的に不利な状況に置かれた人が、自己決定能力を高め主体的に行動できるようになることである。

12 家族全体を対象とする。

Q

A

☐ **13** ナラティヴ・アプローチでは、物事の見方の多様性を認識して、クライエントの新たな意味づけを重視する。 第22回 ○

☐ **14** 外在化とは、クライエントの抱えている問題をクライエント自身から切り離すことをいう。 予想問題 ○

☐ **15** インテークでは、家族の主訴を明確化し、ラポール形成にこだわらずに多くの情報を収集する。 第25回 ×

☐ **16** 利用者の権利擁護活動は利用者の利益になるため、すべて直接介入に該当する。 予想問題 ×

☐ **17** モニタリングでは、相談援助過程の総括を行う。 第25回 ×

☐ **18** エバリュエーションでは、相談援助過程におけるクライエントのニーズ充足度や効果を客観的に精査する。 第18回改変 ○

☐ **19** アセスメントを行う上でのポイントの一つとして、本人の生活実態を理解することがある。 予想問題 ×

☐ **20** 波長合わせをする際には、特に事前の準備は必要ない。 予想問題 ×

☐ **21** コノプカは、グループワークについて社会的諸目標モデルを提唱した。 第26回 ×

☐ **22** グループワークにおけるサブグループの形成は、場合によってはグループワークに支障を来す場合がある。 予想問題 ○

☐ **23** 統制された情緒的関与とは、クライエントが、自己の感情を気がねなく自由に表現できるように、意図的に感情を表現することである。 予想問題 ×

☐ **24** コンサルテーションは、同職種からクライエントの支援に関する助言・指導を求める。 第26回 ×

☐ **25** 協議会は、複数の市町村によって構成される場合がある。 予想問題 ○

解説

15 クライエントの主訴を明確化する。

16 権利擁護活動は間接介入に該当。

17 支援の進捗状況や適切性の確認を行う。

19 記述は、インテークの内容である。

20 まずグループメンバーについて理解をす

ることが必要。

21 グループワークについて実践における14の原則を提唱した。

23 これは意図的な感情表出のこと。

24 他職種からクライエントの支援に関する助言・指導を求める。

Q　**A**

☐ **26** ノーマライゼーションとは、障害者が施設において特有の生活を営むことを保障する社会をつくる理念をいう。 第25回　×

☐ **27** 「ソーシャルワーク専門職のグローバル定義」（2014年）には、原理の一つに地域共生社会がある。 第25回　×

☐ **28** ケアマネジメントにおけるチームアプローチでは、利用者の状況にかかわらず同じ構成員で活動する。 第22回　×

☐ **29** ケアマネジメントの選択性とは、ニーズに応じた柔軟な対応のことである。 予想問題　×

☐ **30** ケアマネジメントは、社会資源の調整、改善及び開発を行う。 第25回　○

☐ **31** 利用者がケア計画の変更を求めた時は、ケアマネジメントを終結する。 第18回改変　×

☐ **32** タスク・ゴールとは、活動を通しての行政と当事者との関係の変化について示すものである。 予想問題　×

☐ **33** 形成された地域ネットワークは変更なく維持される。 第17回　×

☐ **34** チームビルディングの特徴として、メンバーが集まり、各自の情報が交換され相互理解を図る。 第25回　○

☐ **35** 精神保健福祉士は、虐待を発見した場合は、守秘義務よりも第三者への情報提供を優先する。 第24回　○

☐ **36** ネットワークを構成するメンバーの間では、対等性を保つようにする。 第16回　○

☐ **37** グループ・スーパービジョンは、一人のスーパーバイジーと複数のスーパーバイザーで構成される。 第26回　×

解説

26 障害者が地域において普通の生活を営むことが、当たり前である社会をつくる理念をいう。

27 「ソーシャルワーク専門職のグローバル定義」（2014年）には、諸原理として社会正義、人権、集団的責任、多様性尊重があるが、地域共生社会は含まれていない。

28 必要に応じ、構成員は変更していく。

29 利用者のオーダーメイドに応えられること。

31 再度アセスメントを実施すべきである。

32 これはリレーションシップ・ゴールのこと。

33 状況に応じて変化していくことが必要。

37 複数のスーパーバイジーと一人のスーパーバイザーで構成される。

第  章

精神障害
リハビリテーション論

この科目のよく出るテーマ5

❶ 精神障害リハビリテーションの理念、定義、基本原則

　精神障害リハビリテーションの理念、定義、基本原則は繰り返し出題されています。特に、アンソニーの原則は頻出ですので、9つの項目をしっかりと理解しておきましょう。

❷ 地域及びリカバリー概念を基盤としたリハビリテーションの意義

　地域に根ざしたリハビリテーション、精神障害がある人のリカバリーについて出題されました。リハビリテーションを展開する際の基本的な考え方として、リカバリー、ストレングスモデル、ノーマライゼーション、国際生活機能分類（ICF）を整理しておきましょう。

❸ 精神障害リハビリテーションの構成及び展開

　精神障害リハビリテーションの対象、チームアプローチ、精神障害リハビリテーションのプロセスについて、出題されています。リハビリテーションプログラムを展開する際に、各段階において取り組む内容や精神保健福祉士の役割をまとめておきましょう。

❹ 精神障害リハビリテーションプログラムの内容と実施機関

　医学的リハビリテーションプログラム、社会リハビリテーションプログラム、職業リハビリテーションプログラムについて、よく出題されます。精神保健福祉士の働く領域の拡大とともに、かかわるリハビリテーションプログラムも増えています。

❺ 精神障害当事者や家族を主体としたリハビリテーション

　ピアサポートやセルフヘルプグループ（自助グループ）について、出題されています。依存症の自助グループの名称は、よく出題されます。

攻略のポイント

本科目は、精神障害リハビリテーションの概念やプログラム及び方法について理解し、基本的な技術を身につけ、実践で活用できることを目的に創設されました。このことを念頭におき、学習を進めていきましょう。

1 精神障害リハビリテーションの理念、定義、基本原則

精神障害リハビリテーションの **理念**

能力障害を少なくし、
適応的な社会生活を営めるようにする

精神保健福祉士の **役割**

人権擁護　　社会復帰

専門職との連携

リハビリテーションの理念と定義　㉒㉓

▶ リハビリテーションの理念

　リハビリテーションとは、「喪失したものを再び回復する」という意味を持つ言葉で、もともとは中世ヨーロッパにおける宗教的破門が取り消され、復権するという意味合いで用いられていました。それが次第に身分・地位の回復、権利の回復などの意味で用いられるようになり、現在では機能回復訓練などの総称としても使われています。

　また、先天的に障害を持つ人の場合は障害のある状態が基本となるため、「取り戻す」という考え方からは外れてしまいます。そのため、中途障害に対するリハビリテーションとの違いを強調するために、ハビリテーションと表現する場合もあります。

▶ リハビリテーションの定義

　リハビリテーションは当初、アメリカが第一次世界大戦の戦傷者がケガから回復して、職業復帰を目指すための医学的リハビリテーションとして始められました。第二次世界大戦後、戦傷者のみならず障害のある一般市民にも対象が拡大されることになり、1970年には国際障害者リハビリテーション協会（のち

の国際リハビリテーション協会）が「1970年代をリハビリテーションの10年とする」と宣言しました。

その後、1981年の国際障害者年、1982年の障害者に関する世界行動計画の発表を経て、1983 ～ 1992年を国連・障害者の10年と位置付けました。

WHOでは、1968年に医学的リハビリテーション専門委員会を開催し、リハビリテーションについて「医学的、社会的、教育的、職業的手段を組み合わせ、かつ相互に調整して、訓練或いは再訓練することによって障害者の機能的能力を可能な最高レベルに達せしめることである」と定義しています。

また国連では、1982年の障害者に関する世界行動計画の中で「リハビリテーションとは、身体的、精神的、かつまた社会的に最も適した機能水準の達成を可能とすることによって、各個人が自らの人生を変革していくための手段を提供していくことを目指し、かつ時間を限定したプロセスである」としています。

2つの定義を比べると、以下のように定義が変化してきていることがわかります。最も大切なのは、障害者が自身のリハビリテーションについて考えることが大切であることが明記された点でしょう。

■ リハビリテーションの定義の変化のポイント

- 到達目標を最高レベルから、最も適した機能水準にしたこと
- 最も適した機能水準は、障害者自身が決定するものとしたこと
- 時間を限定した活動であること

▶ 精神障害リハビリテーションの理念と定義

精神障害は、脳の活動によって生じるものです。そして、精神障害リハビリテーションは原則、陰性症状に対して働きかけるものとして実施されます。

もともと精神障害リハビリテーションは、医学的リハビリテーションではなく、障害者リハビリテーションから始まりました。当初、精神科の治療は入院治療が主でしたが、第二次世界大戦後、欧米の精神障害リハビリテーションを特徴づける動きとして、伝統的な入院治療の枠組みを離れた活動が誕生します。再入院防止の場や入院に代わる治療の場として精神科デイケアが始まり、中間施設やグループホームなどの地域居住プログラムも活発となってきました。

かつて医療機関では、入院治療は社会復帰できるまで行うものであり、退院

後に社会復帰ができなければ**施設症**によるものだと考え、退院促進活動自体が精神障害リハビリテーションであるとした時代がありました。しかしその後、社会復帰を目指すためには治療的な環境の改善が不可欠であり、大規模な入院施設はそれ自体が改善すべきものと考えられ、現在は日本を除く多くの国で精神科病床数は大きく減少しています。

　イギリスでは、1962年に精神科病床の大幅な削減を想定した病院計画が議会に提出され、その影響を受けたアメリカでは1963年に**精神病及び精神薄弱（知的障害）に関する大統領教書（ケネディ教書）**が発表されました。そうした中、「精神科リハビリテーション」の定義付けがウィング（Wing, J. K.）とモリス（Morris, D. B.）、アンソニー（Anthony, W.）等によって行われました。

■「精神科リハビリテーション」の定義

ウィング モリス	精神障害に伴う重度の社会的原因を明らかにし、予防し、最小にすると同時に、個人が自らの才能を伸ばし、それを利用して社会的役割の成功を通じて自身と自尊心を獲得するのを助ける過程である
アンソニー	長期にわたり精神障害を抱える人が、専門家による最小限の介入で、その機能を回復するのを助け、自分の選んだ環境で落ち着き、自分の生活に満足できるようにすることである

施設症：施設に収容されている者に起こる社会性の喪失状態のこと。精神科における二次障害ともいわれる。

ここは覚える！

施設症に関連して、第22回では退院の動機付けや利用者の状態を示す用語（インスティテューショナリズム）、第23回では支援目標（セルフ・エスティーム）について出題されました。施設症が、必ずしも精神疾患の患者に特別に認められる状態ではないことも押さえておきましょう。

　通常リハビリテーションでは、例えば骨折なら骨がつながってから行う、つまり症状の固定を待って進めます。しかし、精神障害リハビリテーションでは「疾病と障害」が共存しているため、症状の固定を待って行うことは困難です。そのため、治療とリハビリテーションを同時に進めることが求められています。

　ここからICFに基づいて考えると、精神障害リハビリテーションの理念とは「精神障害者の症状をできるだけ**コントロール**して能力障害を少なくし、可能な

限り適応的な社会生活を営めるようにすること」といえます。

医学的・職業的・社会的・教育的リハビリテーション ㉒ ㉖

リハビリテーションには、大きく分けて医学、職業、社会、教育の4つの分野があるとされています。

① 医学的リハビリテーション
個人の身体的機能と心理的能力、また必要な場合には補償的な機能を伸ばすことを目的に自立を獲得し、積極的な人生を営めるようにする医学的ケアのプロセス
② 職業リハビリテーション
1955年のILO勧告第99号「身体障害者の職業リハビリテーションに関する勧告」において、「障害者が適切な職業につき、それを維持できるようにするために計画された職業的なサービスの提供を含む、継続的で調整されたリハビリテーションプロセスの一部である」と定義
③ 社会リハビリテーション
国際リハビリテーション協会の社会委員会における1986年の報告において、「社会生活力を高めることを目的としたプロセスである。社会生活力とは様々な社会的状況の中で自分のニーズを満たし、一人ひとりに可能な最も豊かな社会参加を実現する権利を行使する力を意味する」と定義
④ 教育リハビリテーション
障害のある人や児童の能力を向上させ、潜在能力を開発し、自己実現を図れるように支援することを目的とする

📖 **ILO**：国際労働機関（Inter-national Labor Organ-ization）のこと。

ここは覚える！

第22・26回で、社会リハビリテーションにおけるアセスメントについて出題されました。地域ネットワークや移動手段など、社会生活において活用できる資源の把握はアセスメント時のポイントの一つです。

精神障害リハビリテーションの基本原則 ㉓

精神科リハビリテーションは、①障害への対処、②早期発見と早期介入、③過程と構造、④他職種による連携、⑤評価と観察、⑥人権や主体性への配慮が

基本原則であるとされています。

　アンソニーは精神科リハビリテーションに特化した原則として、次の9つを挙げており、これらは精神障害リハビリテーションにおいても基本となります。

■ アンソニーの「精神科リハビリテーション」の原則

① 精神障害を抱えた人の能力の改善
② 当事者の必要とする環境における行動の改善
③ 様々なテクニックを駆使して、臨機応変であること
④ 職業上の予後を改善
⑤ 希望は不可欠な構成要素
⑥ 熟慮された上でのケア提供者への依存は自立へつながる
⑦ 当事者の参加
⑧ 当事者の技能開発と環境的支援開発
⑨ 薬物療法

薬物療法は必要ではありますが、それだけで事足りる、というわけではありません。

 ここは覚える！

第23回で、アンソニーの精神科リハビリテーションの原則について問われました。上記の①〜⑨を確実に覚えておきましょう。

落とせない！重要問題

精神障害リハビリテーションでは、個人の社会生活技能の改善と環境面での支援開発を行う。 第20回

○：アンソニーの精神科リハビリテーションの原則にある当事者の技能開発と環境的支援開発の二大介入のことである。

精神障害リハビリテーションとソーシャルワークの関係

▶ ADLからQOLへ

日常生活動作（ADL：Activities of Daily Living）とは、人間が毎日の生活を送るための基本的動作群のことを指し、自分自身で生活に必要な行動を実行できるようになることを目指して指導が進められてきました。

■ ADLの3要素

① 身の周りの動作
② 移動動作
③ その他の生活関連動作（手段的日常生活活動（IADL：Instrumental ADL））

そのような中、ロバーツ（Roberts, E.）などにより、自分では困難な動作を手伝ってもらっても、人生の選択を自分ですることのほうが、ADLの向上よりも重要である、という考え方から自立生活運動が起こります。そして、自分の人生についてどうしたいかを自分で考える、生活の質（QOL：Quality Of Life）がリハビリテーションの世界に導入されるようになりました。

また、人生においては就労や恋愛も大事な要素と考えることができますが、当時、それらは医学的リハビリテーションの範疇ではありませんでした。そうした悩みを相談する場がなかった精神障害のある人々が、自分たちでクラブハウス活動を始めるなど、社会生活の実現を強調した活動が広まっていきました。これを「心理社会的リハビリテーション」と呼びます。

上田敏によれば、QOLを構成するものとしてADL、労働・仕事、経済生活、家庭生活、社会参加、趣味、文化活動、旅行・レジャー活動、スポーツなどがあるとしています。なお、ADLとIADLは混同しやすいので、問題文を注意深く読むようにしましょう。

最初のクラブハウスは、1940年代後半に発足したニューヨークのファウンテンハウスとされています。

▶ ノーマライゼーション

　ノーマライゼーションとは、障害のある人もない人も同等に生活して活動する社会をつくろうとする思想や運動のことです。「ノーマライゼーションの父」と呼ばれるデンマークの**バンク-ミケルセン**が、知的障害者をコロニーに収容するよりも、地域で生活できるように取り組んだことが始まりとされています。

　また、ノーマライゼーションの理念を具体化したものとして、アメリカでは**障害を持つアメリカ人法**（ADA：American with Disabilities Act）が1990年に制定されています。イギリスでも**障害者差別禁止法**（DDA：Disabilities with Discrimination Act）が1995年に制定され、障害があることについての差別を撤廃しようとする機運が高まっていきました。

　スウェーデンのニィリエは、ノーマライゼーションの8つの原理を提示しています。

▶ 障害者の権利

　2006年に国連において**障害者権利条約**が採択され、これにより障害者は保護の対象ではなく、**権利の主体者**と位置付けられました。ここでいう権利とは、新しい権利を与えることでも、既存社会へ同化できるようにすることでもなく、同じように生活することができるための合理的な配慮であるとしています。

　この頃からリハビリテーションという言葉は避けられ、代わりにインクルージョンなどの言葉が使用されるようになりました。

▶ 国際生活機能分類

　1980年、WHOは**国際障害分類**（ICIDH：International Classification of Impairments, Disabilities and Handicaps）を発表し、障害を機能障害、能力障害、社会的不利の３つのレベルで段階的に捉えようとしました。機能障害があるから能力障害が生まれ、能力障害があるから社会的不利が生じる、というように一方通行の形で構成されていましたが、これで障害を分類することに限界が見えてきます。

ICIDH は2001年に国際生活機能分類（ICF：International Classification of Functioning, Disability and Health）として全面改定されます。これにより、①中立的かつ肯定的な表現にするために心身機能と構造、活動、参加という用語の採用、②背景因子として環境因子、個人因子の採用、③双方向的な関係概念として図示されることになりました。また、障害を分類するのではなく、生活機能の問題として捉え、多くの人に適応できる形へと作り換えられました。

■ ICIDHのモデル図

■ ICFのモデル図

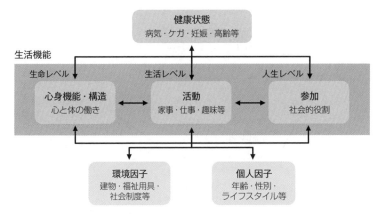

ICFは国際障害分類の後継ですが、障害ではなく生活機能分類になっているのがポイントです。

▶ リカバリー概念とストレングスモデル

　リカバリーの概念について、アンソニー（Anthony, W.）は「疾患や障害を通して、その人の態度、価値観、感情、目的、技量、役割が建設的に変容していく独特の過程である」と定義しています。

　近年では、パーソナルリカバリーが注目されていますが、社会的リカバリーや臨床的リカバリーも重要なものとして位置付けられています。

■「パーソナルリカバリー」「社会的リカバリー」「臨床的リカバリー」の枠組み

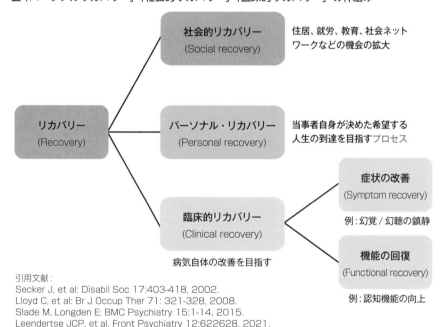

引用文献：
Secker J, et al: Disabil Soc 17:403-418, 2002.
Lloyd C, et al: Br J Occup Ther 71: 321-328, 2008.
Slade M, Longden E: BMC Psychiatry 15:1-14, 2015.
Leendertse JCP, et al. Front Psychiatry 12:622628, 2021.

出典：国立研究開発法人 国立精神・神経医療研究センター 精神保健研究所 地域精神保健・法制度研究部ホームページ「リカバリー」（https://www.ncnp.go.jp/nimh/chiiki/about/recovery.html）

　ストレングスモデルとは、クライエントの弱点や問題点に着目するのではなく、人とその環境における長所や強みを活用して支援する視点（ストレングス視点）に立って、クライエントの強さ、健康な部分に焦点を当ててそれを伸ばそうとしていこうとする考え方のことです。

ここは覚える！

第24・25回で、精神障害がある人のリカバリーについて出題されました。

▶地域を基盤とした精神障害リハビリテーションの意義

　地域リハビリテーションは、「障害を抱えながら在宅生活を営む人々の、健全な生活を取り戻すことや維持することを目的とする、総合的で継続的な地域総体による活動」と定義されています（日本リハビリテーション病院・施設協会地域リハビリテーションシステム検討委員会）。

　障害者も健康を保ち、平等な社会参加ができるような地域基盤そのものを住民ぐるみでつくろうとする地域活動について、「地域に根ざしたリハビリテーション（CBR：Community Based Rehabilitation）」と呼び、特に発展途上国において有効とされています。

1981年のWHOにおける専門委員会では、「地域社会資源を用いて地域レベルで行うリハビリテーション活動で、障害者とその家族を含む地域全体が参加して行われる方法である」と定義されました。

ここは覚える！

第21回で、CBRの理解を問う問題が出題されました。CBRは1994年にWHO、ILO、ユネスコにより示された合同政策方針で、総合的な地域開発の戦略の一つです。

2 精神障害リハビリテーションの構成及び展開

多職種の連携による
精神障害リハビリテーション

クライエント

精神障害リハビリテーションの対象

　精神障害リハビリテーションの対象は、精神障害者、特に当初日本では入院している・していないにかかわらず、社会に出られるだけの能力を有するのに出ることができない「社会的入院」患者とされてきました。しかし、入院期間の短縮化が進められている今、軽度の患者だけでなく重度の患者も社会生活を営めるよう、リハビリテーションの対象とすることが進められています。

　また、リハビリテーションの対象は必ずしも患者だけではなくなってきています。例えば、身近で世話をする家族などの支援者は、これまで社会資源と捉えられ、支援を必要とする対象とは見られてきませんでした。しかし、身近でサポートする人にまで支援を拡大することで、再発防止を進められるという考え方も生まれています。

　なお、世界心理社会的リハビリテーション学会（WAPR）では、「精神科リハビリテーション」でベストプラクティスと認定するための最低限の特徴として次の5つ示しています。

① 重度の精神障害のある人たちを対象にしている活動であること
② 生活能力の改善を目指している活動であること

③ パートナーシップを発展させ、市民としての権利を与える活動であること

④ 他のサービス、社会資源、援助のネットワークに統合されていること

⑤ 医療が利用しやすい活動であること

このように、リハビリテーションの対象は精神障害者だけではなく、病院・施設中心から地域へ転換するにつれて変化しています。日本においても、法律の中で社会生活への参加を促すものが増えてくるなど、変化が見られます。

WAPRにおける日本でのベストプラクティスとして、「帯広ケア・センター」「群馬県佐波郡境町の地域精神保健活動」「やどかりの里」「JHC板橋」「麦の郷」の5つが選ばれています。なお、厚生労働省、国立精神・神経センターが選ぶベストプラクティスには、「べてるの家」「さわ病院」「巣立ち会」の3団体が選ばれています。間違えないようにしましょう。

チームアプローチ ㉑ ㉔ ㉖

▶ 多職種連携

多職種連携とは専門職が連携し実践することで、「2つ以上の領域の専門職により行われる」、「それぞれの知識や技術を提供すること」、「共通した目標の達成に向けた活動」などが構成要素として挙げられます。

保健医療福祉領域の多職種連携における3つのタイプについては、第4章231ページを参照してください。

▶ 精神障害リハビリテーションに関わる専門職等との連携

精神障害リハビリテーションは、チームアプローチによって行われることに特徴があります。そのチームは多職種で構成されることが多く、医師、看護師などの各種専門職のみならず、障害者職業カウンセラー、介護支援専門員、ホームヘルパー、家族やボランティアなど、インフォーマルな人的資源もチームに加わる場合があります。

■ **精神障害リハビリテーションでチームとして構成される職種例**

職種	根拠法	業務内容
医師	医師法	歯科医業・歯科技工業を除く全ての医業及び公衆衛生上の保健指導
看護師	保健師助産師看護師法	傷病者もしくはじょく婦に対する療養上の世話あるいは診療の補助
保健師	保健師助産師看護師法	保健指導と診療上の補助及び療養上の世話
作業療法士	理学療法士及び作業療法士法	障害のあるものに対する応用的動作能力や社会的適応能力の回復のための手芸、工作その他の作業
社会福祉士	社会福祉士及び介護福祉士法	福祉に関する相談、助言、指導その他の援助
薬剤師	薬剤師法	調剤、医薬品の供給、その他薬事衛生
公認心理師	公認心理師法	心理分析、心理に関する相談、助言、心の健康に関する教育、情報提供
臨床心理士	日本臨床心理士資格認定協会による認定資格	臨床心理検査・面接、臨床心理的地域援助、その他の研究業務
介護福祉士	社会福祉士及び介護福祉士法	入浴、排泄、食事その他の介護と指導
介護支援専門員	介護保険法	高齢者へのケアマネジメント業務
障害者職業カウンセラー	障害者雇用促進法	職場復帰支援、障害者への職業評価・職業指導や事業主への助言

ここは覚える！

第21回で、チームアプローチにおいて構成員に求められるものについて問われました。第24回では、精神保健福祉士が連携する多職種の役割について出題されました。それぞれの専門性について確認しておきましょう。

精神障害リハビリテーションのプロセス ㉒ ㉕

▶ 精神障害リハビリテーションのプロセス

　アンソニーらによると、「精神科リハビリテーション」は必要とされる技能と支援の開発を中心にした3段階のプロセスから成り立っているとされています。この3段階がうまく機能していなければ、十分なリハビリテーション効果を得ることができません。

■「精神科リハビリテーション」のプロセス

リハビリテーション診断	自身のリハビリテーションの総合目標を定めて、その目標達成のために何をし、何を持つべきかを明らかにする手助けを行う
リハビリテーション計画	本人にとって優先順位の高い技能、資源の開発目標が定められ、それぞれに対してどのように介入するのか検討を行う
リハビリテーション介入	主なリハビリテーション介入には技能開発と資源開発があり、当事者の技能や支援の活用の改善を目指す

　さらに、ソーシャルワークと同様に、**ニーズ発見、インテーク、アセスメント、プランニング、インターベンション、モニタリング、支援の終結と事後評価（エバリュエーション）、アフターケア**のプロセスに細分化ができます。

> アンソニーは、「精神科治療と精神科リハビリテーションのプロセスは相前後して、ないしは同時進行で進められるのが理想である」と述べています。

▶ リハビリテーション計画

　リハビリテーションでは様々な分野の専門的なアプローチを長期間にわたり継続的に実施することから、進めるにあたっては目標を明確にし、方法を具体化した計画作成が求められます。また、計画は対象となる当事者を取り巻く様々な状況について十分に検討して作成する必要があり、本人の希望に沿い、意思に基づいたものでなければなりません。

　疾病の管理、生活能力の改善、生活支援、環境の調整・改善など、多方面からアプローチすることで、より本人の希望に沿った計画が実施できるようにしていく必要があります。

　リハビリテーションにおける評価は、**事前評価、アセスメント（査定）、モニタリング（点検評価）、エバリュエーション（事後評価）**に大別されます。評価の方法には、直接行動観察、面接、チェックリストなどがあり、これらの方法をいくつか併用することがよいとされています。以下に、評価尺度の代表的なものをまとめます。

> チェック項目だけではなく、尺度化されたものを評価尺度といいます。

■ リハビリテーションにおける評価の尺度

精神症状評価尺度	
GAF	精神症状を含めた社会生活の全体機能を示す尺度
BPRS	評価面接時における陳述や行動を元に評価するもの
SAPS／SANS	SAPSは陽性症状に対して、SANSは陰性症状に対する評価尺度
PANSS	統合失調症の症状に関し陽性症状7項目、陰性症状7項目、総合精神病理16項目を、過去1週間について7段階で評価するもの

社会生活評価尺度	
REHAB	「精神科リハビリテーション行動評価尺度」と呼ばれ、イギリスのホールとベーカーによって開発された。パート1では失禁、暴力、自傷、性的問題行動、無断離院・外出、怒声・暴言、独語・空笑など7項目の逸脱行動を、パート2では病院内の交流、病院外の交流、余暇の過ごし方、活動性、言葉の量など16項目の全般的行動を評価するもの
DAS	「精神医学的能力障害面接基準」と呼ばれ、WHOによって開発された。全般的な行動、社会的な役割の遂行、性的関係、社会的接触、職業上の役割などの項目について「能力障害なし」から「最高度の能力障害」までの6段階で評価する
LASMI	「精神障害者社会生活評価尺度」と呼ばれ、「日常生活」「対人関係」「労働または課題の遂行」「持続性・安定性」「自己認識」の5つの下位尺度40項目について5段階評価を行う。評価はレーダーチャートで示される

生活技能評価尺度	
ILSS	ウォレスによって作成され、食事、身繕い、家事、衛生管理、交通利用、余暇の活動、仕事に関する112項目で構成されている
LSP	ローゼン等によって作成された、自立生活技能、対人技能、責任などの領域から構成される39項目のライフスタイルを測定する尺度
SFS	「社会機能評価尺度」。バーチウッド等によって作成され、社会参加、対人交流、余暇活動、就労、自立などの社会的遂行能力を見る

職業能力評価尺度	
職業興味検査	「職業レディネス・テスト」は39項目から職業に対する態度としての興味と職務遂行の自信度を、「VPI職業興味検査」では160の職業名に関する興味や関心の有無を図る
ワークサンプル法	実務に用いる材料や道具等で構成した作業標本（ワークサンプル）を評価用具として、作業成績を量的あるいは質的に捉える。また、作業遂行時の行動特性を観察して評価する

主観的QOL評価尺度	
QLS	「クオリティ・オブ・ライフ評価尺度」。メリーランド大学のハインリッヒらによって開発された、4つの因子からなる21項目にわたる半構造化面接
生活満足度スケール	角谷慶子により開発されたもので、生活全般、身体的機能、環境、社会生活機能、対人交流、心理的機能の6領域31項目からなり、面接による自己報告によりフェイススケールでチェックされる

職業能力評価尺度には、一時性評価と経過性評価があるとされています。職業興味検査は一時性評価、ワークサンプル法は経過性評価に該当します。

▶ 精神障害リハビリテーションにおける精神保健福祉士の役割

精神保健福祉士は、1997（平成9）年に成立した名称独占の資格です。

■ 精神保健福祉士とは

> 精神科病院その他の医療施設において精神障害の医療を受け、若しくは精神障害者の社会復帰の促進を図ることを目的とする施設を利用している者の地域相談支援の利用に関する相談その他の社会復帰に関する相談又は精神障害者及び精神保健に関する課題を抱える者の精神保健に関する相談にに応じ、助言、指導、日常生活への適応のために必要な訓練その他の援助を行うことを業とする者（精神保健福祉士法2条）

　それまで、精神保健福祉を援助対象とする福祉資格は、社会福祉士を除けば1965（昭和40）年の精神衛生法（現：精神保健福祉法）で規定された精神衛生相談員（現：精神保健福祉相談員）でした。

　精神障害リハビリテーションにおける精神保健福祉士の役割は、特に精神障害を持つ人の人権擁護、社会的機能を回復するための個人と社会への働きかけが求められています。

　また近年、精神保健福祉士の実践領域は広がっており、心神喪失等の状態で重大な他害行為を行った者の医療及び観察等に関する法律（医療観察法）における社会復帰調整官の任用、精神保健参与員への参画、教育現場へのスクールソーシャルワーカーとしての任用等が挙げられます。

精神衛生相談員（精神保健福祉相談員）は当時、保健所における任用資格でした。なお、精神保健福祉士法の施行により、精神保健福祉相談員を任用するための要件の第一に精神保健福祉士が位置付けられました。

3 精神障害リハビリテーション プログラムの内容と実施機関

頻出度 | 🐾🐾🐾🐾

作業療法　集団精神療法

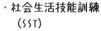

その他 ⬇
・社会生活技能訓練
　（SST）
・デイケア、ナイトケア
・精神科退院時指導
・退院前訪問
・訪問看護、指導

行動療法　家族教育プログラム

医学的リハビリテーションプログラム　㉑㉓㉔㉖

▶ 行動療法

　行動療法は、基本的に学習心理学における学習理論を不適応行動の変容に応用した治療技法やリハビリテーション技法全般のことです。学習心理学における諸理論と技法をもって不適切行動に対して行われる治療法とされています。

　行動療法の基礎となる主な学習理論は、下表のように分けられます。

	内容	技法
古典的条件づけ	無条件刺激によって起きる無条件反応 【例】犬に餌を与えるとき、常にベルを鳴らす→ベルが鳴るだけで唾液が出るようになる（パブロフの犬）	・嫌悪条件づけ ・系統的脱感作法
オペラント条件づけ	オペラント行動が自発された直後の環境の変化に応じて、その後の自発頻度が変化する学習 【例】ブザーが鳴った時にレバーを押すと餌が出る箱にネズミを入れると、ネズミはブザーの音に反応してレバーを押すようになり、ブザーが鳴った直後にネズミがレバーを押す頻度が増加する（スキナー箱の実験）	・トークンエコノミー法 【例】良いことをしたら組織内で通じる疑似通貨を渡す ・薬物を用いた技法 【例】アルコールを飲むと強い嘔吐を引き起こす薬を投与する ・シェイピング法 【例】ひきこもりの子どもに、段階を踏んで外に出られるようにする

社会的学習理論	ある文化の中に所属しながら、周囲の人々の影響を受け、習慣、態度、価値観、行動などを習得していくこと【例】幼児にさせる前に、まずは大人がそれを行うことで模倣を促す	・モデリング法【例】猫嫌いの子に、猫を飼って可愛がっている人の行動を観察させる・セルフコントロール法【例】勉強するために、机の上に漫画を置かない

📖 **オペラント行動:** その行動が生じた直後の環境の変化（刺激の出現もしくは消失）に応じて、その後にその行動が生じる頻度が変化する行動。

■ **スキナー箱の実験**

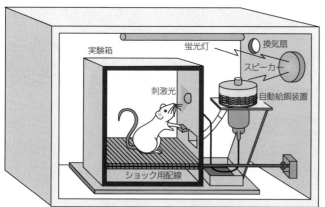

実験箱　　蛍光灯　　換気扇

スピーカー

刺激光

自動給餌装置

ショック用配線

ラットのオペラント行動観察装置

▶ 作業療法

精神科作業療法は、個々の障害の精神病理に特有な心の動きを理解した精神的サポート、生活様式の工夫、適応的な生活技能の習得、環境の調整など包括的総合的な支援により再燃・再発を防ぎ、その人なりの生活の再構築と社会参加の援助を行うリハビリテーションの技法の一つです。

この療法では、日常生活、仕事、余暇、社会生活などの暮らしを構成する全ての営みを「作業」と捉えます。その作業を共に行う人々との交わりも手段として、対象者の健康な側面に働きかけ、対象者自身が主体的に体験することを通じて、生活の自立と適応を図るのが特徴です。

精神科作業療法は、亜急性期における早期作業療法、回復期、維持期、終末期と対象者の回復状態に合わせて行われます。

▶ 認知行動療法

　認知行動療法は行動療法から生まれたもので、①外界から情報を取り入れ、②その情報に対して意味付けをして整理し、③反応を返す、というプロセスを示す「認知」と、それに伴う「行動」の学習を支援して改善を図る療法です。

　認知行動療法には多くの種類があり、それぞれが特定の症状や問題に対して焦点化されたプログラムとなっています。精神保健福祉士にとって馴染み深いものは、社会生活技能訓練（SST：Social Skills Training）などでしょう。

日本では1988（昭和63）年のリバーマン来日を契機にSSTが導入されました。

ここは覚える！

第24回で、うつ病に対する認知行動療法について出題されました。第1章59ページも確認しておきましょう。

▶ 健康自己管理のプログラム

　自分のリカバリーやウェルネスのために自分のプランを作成するWRAP（元気回復行動プラン：Wellness Recovery Action Plan）があります。WRAPは当事者であるコープランド（Copeland, M. E.）らを中心に考案された、リカバリーに大切なこと（希望、責任、学ぶこと、自己権利擁護、サポート）を基本に、元気に役立つ道具箱と6つのプランからなるツールです。地域の事業所や医療機関のデイケアのプログラムとして取り組まれています。

　心理社会的な介入を行うプログラムとして、IMR（Illness Management and Recovery）があります。精神障害のある人が精神疾患を管理する方法を学び、リカバリーを達成することを目標としています。

▶ 依存症回復プログラム

　長らくアルコール・薬物の依存症の治療では、断酒・断薬が重視されてきました。しかし、依存症は「否認の病」といわれ、家族や周囲を巻き込みながら悪化していくことが問題でした。

　これまで主に取り組まれてきたことは、依存症理解のための教育、ミーティングや自助グループへの参加です。また、薬物依存症では認知行動療法を取り入れたSMARPP（せりがや覚せい剤再乱用防止プログラム）が導入され、広がりつつあります。近年では、医療機関の外来での集団療法が診療報酬の対象となっています。

　家族に対しても、専門医療機関などで認知行動療法のCRAFTが行われています。

▶ 集団精神療法

　集団精神療法は複数の利用者を対象に、一定の治療計画に基づき、言葉やロールプレイなどによる自己表現等の手法で、集団内の対人関係の相互作用を用いる技法です。対人場面での不安や葛藤を取り除く、患者自身の精神症状・問題行動に関する自己洞察を進める、対人関係技術の習得等をもたらすことにより症状の改善を図ります。

■ 集団精神療法の例

言葉による方法	アクショングループ
ミーティングなど（人数は小グループから治療共同体のような大グループまで幅広い）	社会生活技能訓練（SST）・サイコドラマなど

📖 **治療共同体**：ジョーンズ等が提唱していた、大集団でスタッフも含めた病棟全体が参加して行うミーティング。ジョーンズによれば、チーム形成期、活動期、発展期の3つの時期を経過する。
サイコドラマ：演劇の枠組みと技法を用い、当事者の抱える問題について、演技するという行動を通じ理解を深め解決を目指すもの。サイコドラマは監督、演技者、観客、補助自我、舞台演者の5つの役割に分かれて行われる。

また、集団精神療法では、「メンバーとスタッフの関係」「メンバー同士の相互作用」「グループ全体」という3つの側面を意識した支援が求められます。

■ **集団精神療法における3つの側面**

メンバーとスタッフの関係	・個々のメンバーの理解 ・メンバーとの信頼関係の構築 ・対人関係の改善・メンバーを取り巻く環境の改善 ・一人ひとりのメンバーのニーズに答える
メンバー同士の相互作用	・グループの相互作用の活用 ・グループの持つ力の活用 ・グループの凝集性を高める
グループ全体	・グループの目的 ・グループの力動の理解

ここは覚える！

第24回で、精神科専門療法の理解を問う問題で、作業療法や集団精神療法について出題されました。

▶ デイケアプログラム

精神科デイケアは、精神障害の回復期にリハビリテーションや再発予防を目的として行われます。実際には、午前から午後にかけて6時間程度行う**デイケア**、昼間に3時間程度行う**ショートケア**、夕刻から4時間程度行う**ナイトケア**があり、**デイナイトケア**として10時間程度の活動を行う医療機関もあります。

デイケアでは、利用者数に応じて小規模・大規模に分けられ、それぞれに応じた職員配置基準があります。また、実施内容もそのデイケアごとに特徴があり、利用期間を定めるなど、社会復帰のための足場として徹底した活動を行っているところもあります。

■ デイケアの人員基準（一部）

小規模デイケア （1日30人を限度）	精神科医および作業療法士、精神保健福祉士・公認心理師のいずれか1名、看護師1名の計3名
大規模デイケア （1日50人を限度）	精神科医及び作業療法士または精神科ショートケアおよび精神科デイケアの経験を有する看護師のいずれか1名、看護師1名、精神保健福祉士または公認心理師のいずれか1名の計4名

ここは覚える！

第21・23・26回でデイケアについて出題されました。デイケアの役割や機能、プログラムの目的について押さえておきましょう。

▶ **実施機関（精神科病院、精神保健福祉センター等）**

医学的リハビリテーションの実施機関は、精神科病院、精神科診療所などの医療機関や、精神保健福祉センターなどの行政機関です。そして、認知行動療法を用いたリハビリテーションプログラムは、障害福祉サービス事業所などでも実施するところが増えています。

職業リハビリテーションプログラム　㉖

▶ **職業リハビリテーションプログラムの種類**

● **就労準備プログラム**

職業準備性を高めてから、就職活動を行うプログラムです。職業準備性を高めるためのプログラムを施設内で行うことにより十分な準備ができますが、施設に適応してしまい、就労意欲を低下させてしまうなどの課題もあります。

主な実施機関は、地域障害者職業センターの職業準備支援、障害者総合支援法における就労継続支援A型・B型事業所、就労移行支援事業所などです。

● **援助付き雇用プログラム**

施設で職業準備性を高めるのではなく、ジョブコーチと呼ばれる専門職員が就職前から職場適応までを一貫して支援するプログラムです。ジョブコーチには、次の3種類があります。

配置型	地域障害者職業センターに配置
訪問型	障害者の就労支援等を行う社会福祉法人等に雇用
企業在籍型	障害者を雇用する企業に配置

● IPS（Individual Placement and Support）モデル

重度な精神障害者を対象にした個別援助付雇用プログラムです。次の8つの基本原則が示されています。

■ 8つの基本原則

① 除外基準なし　　　　　② 就労と精神保健サービスとの統合

③ 一般就労　　　　　　　④ 保障計画

⑤ 迅速な職探し　　　　　⑥ 継続的な支援

⑦ クライエントの好みの尊重　⑧ 系統的な職場開拓

● 復職支援プログラム

雇用期間中に精神疾患等により休職した従業員が復職できるよう支援するプログラムです。復職支援プログラム（リワークプログラム）に取り組み、医療、リハビリテーション、事業場との調整が必要となります。

主な実施機関は、精神科病院や精神科診療所などの精神科医療機関、地域障害者職業センター、就労移行支援事業所などです。

● 就労定着プログラム

就職後の職場不適応や不本意な離職を防ぎ、問題解決を支援するプログラムです。障害者総合支援法の就労定着支援事業では、就労移行支援、就労継続支援、生活介護、自立訓練の利用を経て就労へ移行した障害者で、就労に伴う環境変化により日常生活または社会生活上の課題が生じている者であって、一般就労後6か月を経過した者を対象としています。利用期間は3年間です。

▶ 実施機関

主な機関として、障害者雇用促進法の関連機関では地域障害者職業センター、障害者就業・生活支援センター、職業能力開発促進法の関連機関では障害者職業能力開発校があります。障害者総合支援法の関連機関では就労継続支援A型・B型事業所、就労移行支援事業所があります。

社会リハビリテーションプログラム ㉓ ㉖

▶ 社会リハビリテーションプログラムの種類

● 社会生活技能訓練（SST：社会生活スキルトレーニング）

　社会生活技能訓練（SST）とは、「ストレス－脆弱性－対処技能モデル」に基づき、社会生活の質の向上を図るために行われる認知行動療法の一種です。社会生活を営む上で必要となる力に乏しいため社会生活において困難を抱える人を対象に、社会生活技能の獲得を促します。

　SSTでは、自分の気持ちをうまく相手に伝えられないなど、日常生活上の問題にどのように対処すればよいのかを、ロールプレイを通して学習・習得していきます。「どこがダメか」を探すのではなく、「どこが良いか」「もっとこうすればさらに良くなる」というプラスの視点が重要です。

　当初は社会的ひきこもりなどを対象としていましたが、1970年代からリバーマン等によって統合失調症などの慢性精神障害者の認知・学習障害に対応した学習パッケージとして体系化されました。

> 📖 **ストレス－脆弱性－対処技能モデル**：精神疾患になるかどうかについて、自身の持つ脆弱性と受けたストレスを合わせた力と、ストレスを乗り越える対処技能や周囲からの支援を合わせた力とのバランスによって決まるという考え方。

■ **社会生活技能の構成**

受信技能	他者からのメッセージを受け止める
処理技能	受け取った情報を評価・判断し、最も適切な反応を選択する
送信技能	適切に自分の意思や感情を相手に伝える

■ **SSTの基本的な流れ**

ここは覚える！

第24回で、SSTの基本訓練モデルについて出題されました。第23回では、ひとりSSTについて出題されました。

● 心理教育プログラム

　心理教育は、精神障害やエイズなど受容しにくい問題をもつ人たちに対して、個別の療養生活に必要な知識や情報を心理面への十分な配慮をしながら伝え、病気や障害の結果もたらされる諸問題・諸困難に対する対処や工夫をともに考え、主体的な療養生活を営めるようにする援助技法です。

　心理教育プログラムは、「教育プログラム」「グループワーク」「対処技術習得プログラム」により構成されます。また、対象は精神障害のある当事者の家族が複数名参加する「複合家族グループ」、当事者も含めた家族全体を対象とする「単家族心理教育」などいくつかの形態があります。

　主な実施機関として、医療機関における家族教室、家族会における家族による家族心理教育があります。

● WRAP

　※276ページ「健康自己管理のプログラム」を参照

● IMR

　※276ページ「健康自己管理のプログラム」を参照

● 生活訓練プログラム

　障害者総合支援法における自立訓練事業に機能訓練と生活訓練があります。自立した日常生活や社会生活が送れるよう、一定期間身体機能や生活能力の向上のための訓練を行います。

　実施機関として、宿泊型の生活訓練施設や訪問型があり、その人の状況に応じた支援が可能です。

● 地域移行プログラム

　長期入院者の地域移行は、障害者総合支援法における地域相談支援事業（地域移行支援事業・地域定着支援事業）として取り組まれています。地域移行にあたっては、長期にわたる入院により退院に向けた本人の不安が大きいという

問題があります（住環境や経済的な事情などが入院中とは大きく異なるため）。本人の「地域で生活したい」という気持ちをもとに支援を進める必要があります。

▶ 実施機関

地域活動支援センター	地域の実情に合わせて、創作的活動や生産活動の機会の提供、社会との交流を行う場。社会生活において、様々な活動につながる場として重要な機能を担う
共同生活援助 （グループホーム）	主に夜間、共同生活を行う住居において相談、食事や入浴、その他の日常生活上の援助を行う
保護観察所	保護観察、生活環境の整備、更生緊急保護、精神保健観察等に関わる更生保護・医療観察の実施機関。社会復帰調整官は、医療観察法の精神保健観察の面接において、リハビリテーションプログラムを実施することもある

教育リハビリテーションプログラム

▶ 教育リハビリテーションプログラムの種類

● 特別支援教育プログラム

　特別支援教育は、従来の特殊教育の対象の障害だけでなく、LD、ADHD、ASDを含めた障害のある児童生徒の自立や社会参加に向けて、一人ひとりの教育的ニーズを把握し、持てる力を高め、生活や学習上の困難を改善または克服するために適切な教育や指導を通じて支援を行います。

　特別支援学校においては、個別の指導計画と個別の教育支援計画の作成を行います。また、教育だけでなく、福祉、医療等の関係者との連携協力の確保が不可欠であり、校内支援体制を円滑にしたり、専門家チームとの連携を行う特別支援教育コーディネーターの役割が重要となります。

● 障害学生支援プログラム

　障害のある学生の支援には、障害者差別解消法で合理的配慮が規定されたことが大きく影響しています。「障害のある学生」については障害者基本法に即した定義がありますが、障害者手帳や診断書の有無で決められるものではなく、外見上は気がつくことが困難な場合も少なくありません。

　また、社会的障壁の視点から考えると、すべての場面に配慮が求められることが想定されます。

▶ 実施機関

特別支援学校	心身に障害のある児童・生徒の通う学校のことで、幼稚部、小学部、中学部、高等部がある。教育内容は、基本的に幼稚園、小学校、中学校、高等学校に準じ、加えて障害のある児童・生徒の自立を促すために必要な教育を受けることができる
放課後等デイサービス	6〜18歳までの小学校、中学校、高等学校、特別支援学校の小学部から高等部、専修学校等の障害のある児童を対象に、放課後や休日・長期休業中の居場所として、発達支援を行う
児童発達支援	主に未就学の障害のある子どもまたはその可能性のある子どもに対し、個々の障害の状態及び発達の過程・特性等に応じた発達上の課題を達成していくための本人への発達支援や、子どもの発達の基盤となる家族への支援を行う。また、地域社会への参加・包容の推進のために、保育所等と連携をはかり、後方支援に努める

家族支援プログラム ㉖

▶ 家族心理教育

心理教育は、慢性疾患に代表される、継続した問題を抱えた人に対する教育的側面を含んだ一連の援助方法です。継続的に精神障害を抱える人と暮らす家族に対しても疾患と治療についての知識・情報を伝え、継続的に関わることで日常的な対応を容易にする、また負担を減らす上で重要になっています。

アンダーソン（Anderson, C. M.）は、このような家族教育プログラムが必要な理由として、次の6つを挙げています。

■ 家族教育プログラムの必要な理由

① 脱施設化による家庭内ケアの重要性の増加
② 早期退院による回転ドア現象
③ インフォームド・コンセントの重視
④ 精神障害の生物学的研究の進歩
⑤ 家族の治療へ貢献する能力に対する評価
⑥ 患者と家族の権利を守る運動の発展

特に、家族は正しい知識や情報を得ることで障害者と接するときにより安心でき、自分の感情を障害者にぶつける（感情表出）ことが少なくなると考えら

れています。アンダーソンは家族に対して心理教育を行うことで、再発率の低下や家族の感情表出（EE）を低下させる効果があったと報告しています。

ここは覚える！

第26回で、家族心理教育について問われました。

批判、敵意、過度の感情への巻き込まれ、のいずれかが同居家族のうち一人でも認められると高EE（感情表出の高い）家族とされます。EEが高いと再発率が高くなるとされています。

▶ 家族による家族支援プログラム

家族会とは、家族による家族のためのセルフヘルプグループ（自助グループ）です。

家族会には、①分かち合い、②学び合い、③働きかけの3つの機能があります。特に分かち合いには、思いや経験を共有し、他人の体験を聞いたり、自分の体験を話したりすることで少し楽になるというヘルパー・セラピー原則がみられます。

精神障害リハビリテーションの動向と実際 ㉑ ㉒ ㉔ ㉕

▶ 精神障害当事者や家族を主体としたリハビリテーション

● ピアサポートグループとピア活動

ピアサポートとは、同じ立場にある人同士の支え合いで、アメリカにおける精神衛生運動やAAが大きな影響を与えているといえます。日本でも、断酒会やAA、病院患者会や地域のセルフヘルプグループの活動から始まりました。

アメリカにおいてリカバリー概念が広がると、認定ピアスペシャリストとしてサービスを提供する側に立つ当事者が登場しました。日本では、2015（平成7）年に精神障害者ピアサポート専門員を育成することを目的として日本メンタルヘルスピアサポート専門員研修機構が発足。さらに、2020（令和2）年度からは障害者ピアサポート研修事業が位置づけられました。

● 家族による家族支援

　家族会はセルフヘルプグループであり、家族による家族支援として、**家族相談や家族学習会**を開催しています。家族が出会い、学び、成長していくことで孤立を防ぎ、つながりを取り戻していきます。

第21・22・24・25回で、ピアサポートやピアサポーターについて出題されました。精神保健福祉士が地域生活支援として行うピアサポート活動への支援についても押さえておきましょう。

▶ **依存症のリハビリテーション**

　依存症の自助グループとして、アルコール依存症ではAA（Alcoholics Anonymous）、薬物依存症ではNA（Narcotics Anonymous）、ギャンブル依存症ではGA（Gamblers Anonymous）があります。無名性、スポンサーシップ、献金制、12ステップなどが特徴です。アルコール依存症の自助グループには、**断酒会**もあり、AAを手本にしていますが、非匿名性、会費制など異なる部分もあります。

　家族のための自助グループとして、アルコール依存症では**アラノン**（Al-Anon）、薬物依存症では**ナラノン**（Nar-Anon）、ギャンブル依存症では**ギャマノン**（Gam-Anon）があります。アルコール依存症の家族の自助グループには、**家族断酒会**もあります。

第 5 章 の 理解度チェック

Q ──────────────────────────── **A**

- ☐ **1** ハビリテーションとは、通常先天的な障害を持っている人に対して使用される。 予想問題 　〇

- ☐ **2** 先進的リハビリテーション活動（ベスト・プラクティス）の選考基準の一つとして、「パターナリズムを発展させ、市民としての権利を与える活動」がある。 第12回 　×

- ☐ **3** 精神科リハビリテーションとは、長期にわたり、精神障害を抱える人が、専門家による最小限の介入で、その機能を回復するのを助け、自分の選んだ環境で落ち着き、自分の生活に満足できるようにすることである。 第25回 　〇

- ☐ **4** 就労移行支援とは、通常の事業所に雇用されることが困難であって雇用契約等に基づく就労が可能である65歳未満の者に対し、雇用契約の締結等により就労や生産活動の機会の提供と共に、その知識・能力の向上のために必要な訓練その他の便宜を行う施設である。 予想問題 　×

- ☐ **5** REHAB（精神科リハビリテーション行動評価尺度）は、統合失調症の症状について、陽性症状、陰性症状、総合精神病理を過去1週間について7段階で評価する。 第14回 　×

- ☐ **6** VPI職業興味検査は、職業に対する態度としての興味と職務遂行の自信度の39項目を評価するものである。 第13回 　×

- ☐ **7** 社会リハビリテーションとは、障害者が適切な職業に就き、それを維持できるようにするためのものである。 予想問題 　×

- ☐ **8** 精神障害リハビリテーションの基本原則として、疾病管理と再発予防の視点を持つことが大切である。 第18回 　〇

- ☐ **9** アンソニー（Anthony, W.）らの提唱した精神科リハビリテーションの原則の1つとして、熟慮した上で依存を増やすことは、結果的には本人の自立につながるとしている。 第23回 　〇

- ☐ **10** 国際生活機能分類では、障害を機能障害、能力障害、社会的不利の3つのレベルで段階的に捉えている。 予想問題 　×

解説

2 パターナリズムではなくパートナーシップ。

4 これは就労継続支援A型の説明である。

5 これはPANSSのことである。

6 これは職業レディネス・テストのことである。

7 職業リハビリテーションの説明である。

10 設問は国際障害分類の説明である。障害の分類ではなく、生活機能の問題を捉えている。

全問クリア
月　日

Q ────────────────────────────────────→ **A**

☐ **11** リカバリーは、本人が自由に挑戦できるよう、支援者が責任を負う。 ✕
第24回

☐ **12** 地域に根差したリハビリテーション（CBR）は、総合的な地域開発の 〇
戦略の一つである。 第21回

☐ **13** マルチディシプリナリ・モデルでは、専門職はあらかじめ決められた 〇
役割をこなす。 第23回

☐ **14** トランスディシプリナリ・モデルでは、多職種間で役割固定がなく、 〇
横断的な支援を行う。 第23回

☐ **15** 薬剤師は、不安で眠れない患者への、睡眠導入剤の処方を行う。 第24回 ✕

☐ **16** アセスメントは、リハビリテーションの評価の一つである。 予想問題 〇

☐ **17** 作業療法は、対象者の精神状況が亜急性期の場合も行う場合がある。 〇
予想問題

☐ **18** サイコドラマにおける構成要素は、監督、演技者、観客、舞台演者の4つ ✕
である。 予想問題

☐ **19** 古典的条件づけを用いた手法として、シェイピング法がある。 予想問題 ✕

☐ **20** IMRは、精神疾患の一次予防を目的としている。 第26回 ✕

☐ **21** SSTとは、ストレス－脆弱性－対処技能モデルに立って行われる。 〇
予想問題

☐ **22** SSTでは、宿題を課すことにより練習で得た技能の般化を目指す。 〇
第15回

☐ **23** 統合失調症を持つ者の同居家族の感情表出が高い場合、再発率を高め 〇
る。 第26回

☐ **24** 精神科ナイトケアの実施時間は患者一人あたり一日につき4時間を標 〇
準とする。 第13回

解説

11 本人が責任を負う。

15 医師の業務である。

18 このほかに補助自我がある。

19 シェイピング法はオペラント条件づけで
ある。

20 精神疾患のある当事者のリカバリーを目
的としたプログラムである。

Q

A

☐ **25** 精神科デイケアでは、小規模、大規模いずれの場合も、精神保健福祉士を配置しなければならない。 予想問題

×

☐ **26** 精神科訪問看護・指導料は、精神保健福祉士が実施した場合にも、診療報酬を請求できる。 第15回

○

☐ **27** うつ病に対する認知行動療法は、捉え方の偏りを修正して問題解決を促す。 第24回

○

☐ **28** モデリング法は、社会的学習理論に基づく技法である。 予想問題

○

☐ **29** デイケアは、障害福祉サービス事業所で実施されている。 予想問題

×

☐ **30** IPSは、本人の希望に基づいて、雇用を目標に支援する。 第24回

○

☐ **31** リワークプログラムは、職場復帰してから開始する。 第23回

×

☐ **32** 社会生活技能のうち受信技能とは、適切に自分の意思や感情を相手に伝えることである。 予想問題

×

☐ **33** 生活訓練事業には、自宅等に出向いて行う訪問型がある。 予想問題

○

☐ **34** 障害学生支援プログラムは、大学等の高等教育機関における障害者差別解消法の合理的配慮の提供として行われている。 予想問題

○

☐ **35** 家族会には、分かち合い、学び合い、働きかけの3つの機能がある。 予想問題

○

☐ **36** ピアサポートとは、同じ立場にある人同士の支え合いのことである。 予想問題

○

☐ **37** GAは、ギャンブル等依存症の民間治療施設である。 第22回

×

☐ **38** アラノンは、アルコール依存症者の家族のための自助グループである。 第25回

○

解説

25 配置基準にはあるが、義務ではない。

29 精神科病院や精神科診療所などの医療機関や、精神保健福祉センターなどの行政機関で実施されている。

31 職場復帰前の段階から開始する。

32 説明は送信技能のこと。

37 自助グループである。

第 **6** 章

精神保健福祉制度論

この科目のよく出るテーマ5

❶ 精神保健福祉法

　精神保健福祉法の内容については毎年出題されています。特に入院医療制度や精神医療審査会は頻出課題です。入院同意のシステムや、精神医療審査会の構成や審査システムなどについては確実に理解しておきましょう。

❷ 医療観察法

　医療観察法も、精神保健福祉法と同様に頻出テーマです。精神保健福祉法による入院との違いや、社会復帰調整官の役割などについて把握しておきましょう。

❸ 障害者総合支援法

　障害者総合支援法の中でも、共同生活援助や就労移行支援、就労継続支援など、精神障害者の利用が予想される事業については毎年出題されています。特に2024（令和6）年度より法制度の改正が行われていますので、その内容を十分に把握しておく必要があります。

❹ 居住支援・就労支援

　障害者総合支援法における共同生活援助や就労移行支援等を含めて、生活の場となる居住、就労に関する制度はしっかり押さえておきましょう。障害者雇用促進法などの関連法令やハローワークなどの関係機関のつながりを整理しておくことが大切です。

❺ 医療保険制度

　医療保険などの社会保障制度については頻出となっていますが、特に傷病手当金や高額療養費など、どのような場合に請求できるのか、実際の運用例について確認しておきましょう。

攻略のポイント

覚える制度の幅が広いため、広範囲の内容を丁寧に覚える必要があります。精神保健福祉法、障害者総合支援法など様々な根拠法による制度の違いについて混同しないようにしましょう。

1 精神障害者に関する制度と施策の理解

就労訓練　　相談支援　　精神通院医療

障害者総合支援法

精神障害者に関する法律の体系

精神障害者支援に関する法律は数多くありますが、その中でも法律との関係や他の障害に関する法律との関係を混乱することなく理解しておく必要があります。ここでは、障害者に関する代表的な法律についての関係を押さえておきましょう。

■ 障害関連法の関係イメージ

身体障害者福祉法	知的障害者福祉法	精神保健福祉法	児童福祉法
障害者総合支援法（3障害と難病等に共通の福祉サービス）			
身体障害者 独自規定	知的障害者 独自規定	精神障害者 独自規定	児童福祉法 独自規定
障害者基本法 （障害者の自立及び社会参加の支援等のための施策の基本となる事項を定めている）			
国際的には障害者権利条約に批准			
日本国憲法（日本の最高法規）			

障害者総合支援法では、制度の谷間のない支援を提供する観点から、障害者の定義に難病等（治療方法が確立していない疾病その他の特殊の病気であって政令で定めるものによる障害の程度が厚生労働大臣が定める程度である者）が追加されています（2024（令和6）年4月から対象疾病は369）。

障害者基本法　㉑ ㉔ ㉕

　障害者基本法は、1993（平成5）年に心身障害者対策基本法の一部改正として成立したもので、障害者施策に対する国の責務と、障害者の自立と社会参加について表されています。

　また同法は、障害者の中に精神障害者も含まれることが初めて記載された法律でもあります。あくまでも「病者」として扱われていた精神障害者が、福祉制度の対象となったことの意義は大きなものがあります。

▶ 2004（平成16）年改正

　この改正では、障害者の自立と社会参加の促進を図るため、障害者に障害を理由とした差別その他の権利利益を侵害する行為をしてはならないことを、基本的理念として規定しました。

　さらに、もともと策定義務があった政府に対しての障害者基本計画と、都道府県に対しての都道府県障害者計画のほか、努力義務であった市町村障害者計画について、策定義務とすることが盛り込まれました。

　その他には、内閣総理大臣が障害者基本計画の案を作成または変更する際に意見を聴くための機関である中央障害者施策推進協議会（現：障害者政策委員会）が設置され、当初設定されていた障害者の日（12月3日）についても、障害者福祉の理解の促進と障害者の社会参加を高めていくために障害者週間（12月3～9日）として改正しました。

▶ 2011（平成23）年改正

　2011（平成23）年8月の改正では、法の目的規定を見直すとともに、防災及び防犯、選挙等における配慮、消費者としての障害者の保護、司法手続きにおける配慮等、国際協力などが新たに追加されました。

■ 2011（平成23）年改正の主なポイント（総則関係）

① 目的規定の見直し	すべての国民が、障害の有無にかかわらず、等しく基本的人権を享有するかけがえのない個人として尊重されるものであるとの理念にのっとり、全ての国民が、障害の有無によって分け隔てられることなく、相互に人格と個性を尊重し合いながら共生する社会を実現する
② 障害者の定義	身体障害、知的障害、精神障害（発達障害を含む）その他の心身の機能の障害（障害）がある者であって、障害及び社会的障壁により継続的に日常生活または社会生活に相当な制限を受ける状態にあるもの
③ 地域社会における共生等	すべての障害者は、 ・あらゆる分野の活動に参加する機会が確保される ・どこで誰と生活するかについての選択の機会が確保され、地域社会において他の人々と共生することを妨げられない ・言語（手話を含む）その他の意思疎通のための手段についての選択の機会が確保されるとともに、情報の取得または利用のための手段についての選択の機会の拡大が図られる
④ 差別の禁止	・障害者に対して、障害を理由として、差別することその他の権利利益を侵害する行為をしてはならない ・社会的障壁の除去は、それを必要としている障害者が現に存し、かつ、その実施に伴う負担が過重でないときは、その実施について必要かつ合理的な配慮がされなければならない ・国は、差別の防止を図るため必要となる情報の収集、整理及び提供を行う
⑤ 国際的協調	・目的に規定する社会の実現は、国際的協調の下に図られなければならない
⑥ 国民の理解・国民の責務	・国及び地方公共団体は、③～⑤に定める基本原則に関する国民の理解を深めるよう必要な施策を実施 ・国民は、基本原則にのっとり、目的に規定する社会の実現に寄与するよう努める
⑦ 施策の基本方針	・障害者の性別、年齢、障害の状態、生活の実態に応じて施策を実施 ・障害者その他の関係者の意見を聴き、その意見を尊重するよう努める

📖 **社会的障壁：**障害者基本法2条2号において、「障害がある者にとって日常生活または社会生活を営む上で障壁となるような社会における事物、制度、慣行、観念その他一切のもの」と定義している。

ここは覚える！

第21・24・25回で、障害者基本法に規定されている事項について問われました。改正のポイントを押さえておきましょう。

落とせない！重要問題

障害者基本法では2004（平成16）年、より障害者福祉の理解の促進と障害者の
社会参加を高めていくために、12月3日を障害者の日として定めた。　予想問題

×：12月3〜9日を障害者週間として改正している。

障害者総合支援法　㉑ ㉒ ㉓ ㉔ ㉕

　まとまりがなく設定されていた障害者支援に対して、福祉サービスを一元化
することで、より安定的、効率的、かつ持続可能なものとして運用するため、
2005（平成17）年に障害者自立支援法が制定されました。

　しかし、1割の自己負担、実情に見合わないサービス利用決定の基準や結果
などの問題があり、違憲訴訟などを経て、2010（平成22）年12月に「障がい
者制度改革推進本部等における検討を踏まえて障害保健福祉施策を見直すまで
の間において障害者等の地域生活を支援するための関係法律の整備に関する法
律」（障害者自立支援法等の改正法）が公布され、同法の見直しが進みました。
これにより、対象に発達障害者を含むこと、利用者負担を原則応能負担とする
こと、支給決定プロセスの見直しなどが行われることとなりました。

　その後、2013（平成25）年に、「地域社会における共生の実現に向けて新た
な障害保健福祉施策を講ずるための関係法律の整備に関する法律」によって改
正され、障害者総合支援法（障害者の日常生活及び社会生活を総合的に支援す
るための法律）として整備されました。

■ 地域社会における共生の実現に向けて新たな障害保健福祉施策を講ずるための関係法律の
　整備に関する法律の概要

1　題名
「障害者自立支援法」を「障害者の日常生活及び社会生活を総合的に支援するための法律（障害者総合支援法）」とする

2　基本理念
法に基づく日常生活・社会生活の支援が、共生社会を実現するため、社会参加の機会の確保及び地域社会における共生、社会的障壁の除去に資するよう、総合的かつ計画的に行われることを法律の基本理念として新たに掲げる

3　障害者の範囲（障害児の範囲も同様に対応）
「制度の谷間」を埋めるべく、障害者の範囲に難病等を加える
4　障害支援区分の創設
「障害程度区分」について、障害の多様な特性その他の心身の状態に応じて必要とされる標準的な支援の度合いを総合的に示す「障害支援区分」に改める
5　障害者に対する支援
① 重度訪問介護の対象拡大（重度の肢体不自由者等であって常時介護を要する障害者として厚生労働省令で定めるものとする） ② 共同生活介護（ケアホーム）の共同生活援助（グループホーム）への一元化 ③ 地域移行支援の対象拡大（矯正施設・保護施設等） ④ 地域生活支援事業の追加（障害者に対する理解を深めるための研修や啓発を行う事業、意思疎通支援を行う者を養成する事業等）
6　サービス基盤の計画的整備
① 障害福祉サービス等の提供体制の確保に関わる目標に関する事項及び地域生活支援事業の実施に関する事項についての障害福祉計画の策定 ② 基本指針・障害福祉計画に関する定期的な検証と見直しを法定化 ③ 市町村は障害福祉計画を作成するに当たって、障害者等のニーズ把握等を行うことを努力義務化 ④ 自立支援協議会の名称について、地域の実情に応じて定められるよう弾力化するとともに、当事者や家族の参画を明確化

📖 **自立支援協議会**：法律上協議会として定義され、各自治体において名称を自由に設定できるようになった。

> ここでいう矯正施設とは、刑務所や拘置所などの刑事施設、少年院を指します。

 ここは覚える！

第21回では障害者総合支援法が対象とする障害者が18歳以上の者であることが、第22回では障害支援区分の認定を前提とするサービスが問われました。

▶ サービス体系

障害者総合支援法における福祉サービスは、市町村が実施する介護が必要な人に提供する**介護給付**や、社会復帰を目指す**訓練等給付**のほか、**相談支援事業**、**自立支援医療**、補装具などの全国一律で行われる給付があります。また、**地域**

生活支援事業として、各自治体に合った活動も実施されています。

　2018（平成30）年度より、施設入所支援や共同生活援助を利用していた者等を対象として、定期的な巡回訪問や随時の対応により、円滑な地域生活に向けた相談・助言等を行う<u>自立生活援助</u>と、就業に伴う生活面の課題に対応できるよう、事業所・家族との連絡調整等の支援を行う<u>就労定着支援</u>が新設されました。

　また、もともと地域生活支援事業にあったものや、政策的な課題に対応するため、別枠で予算がとられている<u>地域生活支援促進事業</u>があります。この中には、依存症に対する支援事業や精神障害にも対応した地域包括ケアシステムの構築推進事業などが含まれます。

■ 障害者総合支援法による給付・事業

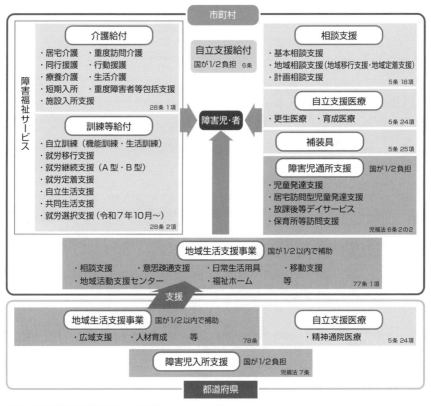

資料：厚生労働省の資料をもとに作成

● 自立支援給付の体系

者 … 障害者　児 … 障害児

介護給付	居宅介護 （ホームヘルプ）	自宅で、入浴、排せつ、食事の介護等を行うもの	訪問	者 児
	重度訪問介護	重度の肢体不自由者で常に介護を必要とする人に、自宅で、入浴、排せつ、食事の介護、外出時における移動支援などを総合的に行う	訪問	者
	同行援護	視覚障害により、移動に著しい困難を有する人に、移動に必要な情報の提供（代筆・代読を含む）、移動の援護等の外出支援を行う	訪問	者 児
	行動援護	自己判断能力が制限されている人が行動するときに、危険を回避するために必要な支援、外出支援を行う	訪問	者 児
	重度障害者等包括支援	介護の必要性がとても高い人に、居宅介護等複数のサービスを包括的に行う	訪問	者 児
	短期入所 （ショートステイ）	自宅で介護する人が病気の場合などに、短期間、夜間も含め施設で、入浴、排せつ、食事の介護等を行う	訪問	者 児
	療養介護	医療と常時介護を必要とする人に、医療機関で機能訓練、療養上の管理、看護、介護及び日常生活の世話を行う	日中活動	者
	生活介護	常に介護を必要とする人に、昼間、入浴、排せつ、食事の介護等を行うとともに、創作的活動または生産活動の機会を提供する	日中活動	者
	障害者支援施設での夜間ケア等 （施設入所支援）	施設に入所する人に、夜間や休日、入浴、排せつ、食事の介護等を行う	居住	者
訓練等給付	自立訓練（機能訓練・生活訓練）	自立した日常生活または社会生活ができるよう、一定期間、身体機能または生活能力の向上のために必要な訓練を行う。身体障害者が対象の機能訓練と、知的障害者・精神障害者を対象に一定期間食事や家事等の日常生活能力の向上と日常生活上の相談支援などを行う生活訓練がある	日中活動	
	就労移行支援	一般企業等への就労を希望する人に、一定期間、就労に必要な知識及び能力の向上のために必要な訓練を行う	日中活動	
	就労継続支援 （A型・B型）	一般企業等での就労が困難な人に、働く場を提供するとともに、生産活動その他の活動の機会の提供を通じて、知識及び能力の向上のために必要な訓練を行う。就労継続支援A型（雇用形）と就労継続支援B型（非雇用型）がある	日中活動	
	就労定着支援	一般就労に伴う生活面の課題に対応するため、事業所・家族との連絡調整を行う	日中活動	
	自立生活援助	施設やグループホームを利用していた人を対象とする定期巡回・随時対応を行う	訪問	

| 訓練等給付 | 共同生活援助
（グループホーム） | 夜間や休日、共同生活を行う住居で、相談や日常生活上の援助を行う | 居住 |
| | 就労選択支援
（2025（令和7）年
10月施行予定） | 障害者本人が就労先・働き方についてより良い選択ができるよう、就労アセスメントの手法を活用して、本人の希望、就労能力や適性等に合った選択を支援する | 日中活動 |

※この他、地域生活支援事業として移動支援、地域活動支援センター、福祉ホーム等がある。

2014（平成26）年度から、重度訪問介護の対象に精神障害者と知的障害者が加わり、共同生活援助（グループホーム）と共同生活介護（ケアホーム）が共同生活援助に統一されました。

ここは覚える！

障害者総合支援法に基づく各種サービスについては頻出です。近年では、精神障害者に関連したサービス全般（第21回）、自立生活援助（第22・25回）、就労移行支援（第21・25回）、自立訓練の生活訓練（第24回）、就労継続支援（第22・23回）などが問われています。

落とせない！重要問題

「障害者総合支援法」に基づく就労移行支援事業は、介護給付費が支給される事業である。　第18回

×：訓練等給付費が支給される。

● 相談支援事業

　相談支援事業は、主にサービス利用計画の作成を担当する特定相談支援事業と地域移行支援を担当する一般相談支援事業に大別されます。

■ 相談支援事業の内容

特定相談支援事業者		一般相談支援事業者
計画相談支援（個別給付）	基本相談支援	地域相談支援（個別給付）
・サービス利用支援（サービス等利用計画案の作成等） ・継続サービス利用支援（サービス等利用計画のモニタリング）	障害者・障害児等からの相談	・地域移行支援（地域生活の準備のための外出への動行支援・入居支援等） ・地域定着支援（24時間の相談支援体制等）

一般相談支援事業者の指定は、特定相談は市町村、一般相談は都道府県・指定都市・中核市が行います。サービス等利用計画案は当事者等が作ることも可能（セルフプラン）ですが、その場合、モニタリングは実施されません。

● 地域生活支援事業

地域生活支援事業は、障害者等の福祉の増進を図るとともに、障害の有無にかかわらず国民が相互に人格と個性を尊重し、安心して暮らすことのできる地域社会の実現に寄与することを目的として実施されます。障害者及び障害児がその有する能力や適性に応じて、自立した日常生活・社会生活を営むことができるように、地域の特性や利用者の状況に応じた柔軟な事業形態による事業を効率的・効果的に実施します。

● 地域生活支援事業の事業内容（令和6年度時点）

■ 市町村が行う事業

必須事業	
① 理解促進研修・啓発事業 ② 自発的活動支援事業 ③ 相談支援事業 　（1）基幹相談支援センター等機能強化事業 　（2）住宅入居等支援事業（居住サポート事業） ④ 成年後見制度利用支援事業 ⑤ 成年後見制度法人後見支援事業 ⑥ 意思疎通支援事業 ⑦ 日常生活用具給付等事業 ⑧ 手話奉仕員養成研修事業 ⑨ 移動支援事業 ⑩ 地域活動支援センター機能強化事業	
任意事業	
日常生活支援	（1）福祉ホームの運営 （2）訪問入浴サービス （3）生活訓練等 （4）日中一時支援 （5）地域生活支援拠点・ネットワーク運営推進事業 （6）相談支援事業所等（地域援助事業者）における退院支援体制確保 （7）協議会における地域資源の開発・利用促進等の支援 （8）市町村と地域生活定着支援センターの連携強化事業

社会参加支援	(1) レクリエーション活動等支援 (2) 芸術文化活動振興 (3) 点字・声の広報等発行 (4) 奉仕員養成研修 (5) 複数市町村による意思疎通支援の共同実施促進 (6) 家庭・教育・福祉連携推進事業
就業・就労支援	(1) 盲人ホームの運営 (2) 知的障害者職親委託

必須事業：行うことが義務づけられている中核的な事業。
任意事業：市町村が現在の状況などを考慮し、実施される事業。

実施主体は市町村（指定都市、中核市、特別区を含む）ですが、都道府県が市町村必須事業を代行することも可能です。事業の全部または一部を団体等に委託または補助することもできます。

　ここは覚える！

第25回での事例問題で、市町村地域生活支援事業について出題されました。

■ 都道府県が行う事業

必須事業
① 専門性の高い相談支援事業 　（1）発達障害者支援センター運営事業 　（2）高次脳機能障害及びその関連障害に対する支援普及事業 ② 専門性の高い意思疎通支援を行う者の養成研修事業 　（1）手話通訳者・要約筆記者養成研修事業 　（2）盲ろう者向け通訳・介助員養成研修事業 　（3）失語症者向け意思疎通支援者養成研修事業 ③ 専門性の高い意思疎通支援を行う者の派遣事業 　（1）手話通訳者・要約筆記者派遣事業 　（2）盲ろう者向け通訳・介助員派遣事業 　（3）失語症者向け意思疎通支援者派遣事業 ④ 意思疎通支援を行う者の派遣に係る市町村相互間の連絡調整事業 ⑤ 広域的な支援事業 　（1）都道府県相談支援体制整備事業 　（2）精神障害者地域生活支援広域調整等事業 　（3）発達障害者支援地域協議会による体制整備事業

任意事業

① サービス・相談支援者、指導者育成事業
  (1) 障害支援区分認定調査員等研修事業
  (2) 相談支援従事者研修事業
  (3) サービス管理責任者研修事業
  (4) 居宅介護従事者等養成研修事業
  (5) 障害者ピアサポート研修事業
  (6) 身体障害者・知的障害者相談員活動強化事業
  (7) 音声機能障害者発声訓練指導者養成事業
  (8) 精神障害関係従事者養成研修事業
  (9) 精神障害者支援の障害特性と支援技法を学ぶ研修事業
  (10) 成年後見制度法人後見養成研修事業
  (11) その他サービス・相談支援者、指導者育成事業

② 日常生活支援
  (1) 福祉ホームの運営
  (2) オストメイト（人工肛門、人工膀胱造設者）社会適応訓練
  (3) 音声機能障害者発声訓練
  (4) 矯正施設等を退所した障害者の地域生活への移行促進
  (5) 医療型短期入所事業所開設支援
  (6) 障害者の地域生活の推進に向けた体制強化支援事業

③社会参加支援
  (1) 手話通訳者設置
  (2) 字幕入り映像ライブラリーの提供
  (3) 点字・声の広報等発行
  (4) 点字による即時情報ネットワーク
  (5) 都道府県障害者社会参加推進センター運営
  (6) 奉仕員養成研修
  (7) レクリエーション活動等支援
  (8) 芸術文化活動振興
  (9) サービス提供者情報提供等
  (10) 障害者自立（いきいき）支援機器普及アンテナ事業
  (11) 企業ＣＳＲ連携促進
  (12) 障害者芸術・文化祭のサテライト開催事業

④ 就業・就労支援
  (1) 盲人ホームの運営
  (2) 重度障害者在宅就労促進（バーチャル工房支援）
  (3) 一般就労移行等促進
  (4) 障害者就業・生活支援センター体制強化等
  (5) 就労移行等連携調整事業

⑤ 重度障害者に係る市町村特別支援

実施主体は都道府県ですが、指定都市、中核市に委託することもできます。事業の全部または一部を団体等に委託または補助することも可能です。

● 地域活動支援センター

地域活動支援センターは地域生活支援事業の一つです。活動内容については、すべての地域活動支援センターで行われる基礎的事業と、Ⅰ型～Ⅲ型に分けられる機能強化事業があります。

Ⅰ型については、相談支援事業を実施していることが指定の条件です。一方でⅢ型については、以前無認可作業所であった事業所の移行先として想定されているため、これまでの実績が条件となっているのが特徴です。Ⅱ型は機能訓練や社会適応訓練を実施しています。

■ 地域活動支援センターの類型

類型	内容	職員体制
Ⅰ型	・専門職員（精神保健福祉士等）を配置し、医療・福祉及び地域の社会基盤との連携強化のための調整、地域住民ボランティア育成、障害に対する理解促進を図るための普及啓発等の事業を実施する ・相談支援事業を併せて実施または委託を受けていること	基礎的事業職員数+1人以上（うち2人以上常勤）
Ⅱ型	・地域において雇用・就労が困難な在宅障害者に対し、機能訓練、社会適応訓練、入浴等のサービスを実施する	基礎的事業職員数+1人以上（うち1人以上常勤）
Ⅲ型	・地域の障害者のための援護対策として、地域の障害者団体等が実施する通所による援護事業の実績を概ね5年以上有し、安定的な運営が図られている ・自立支援給付に基づく事業所に併設して実施することも可能	基礎的事業職員数（うち1人以上常勤）
基礎的事業	利用者に対し創作的活動、生産活動の機会の提供等地域の実情に応じた支援を行う	2人以上（うち1人専任者）

▶ サービス利用の流れ

　障害者総合支援法に基づく支援では、認定調査を行った後、コンピューターによる一次判定、審査会による二次判定を経て障害支援区分（非該当、区分1〜6の7段階）が決定。その区分に沿って、どのようなサービスを利用するのかを検討し、実際の支援が始まります。決定に不服がある場合は、都道府県に対して不服申し立てをすることも可能です。

■ 支給決定の流れ

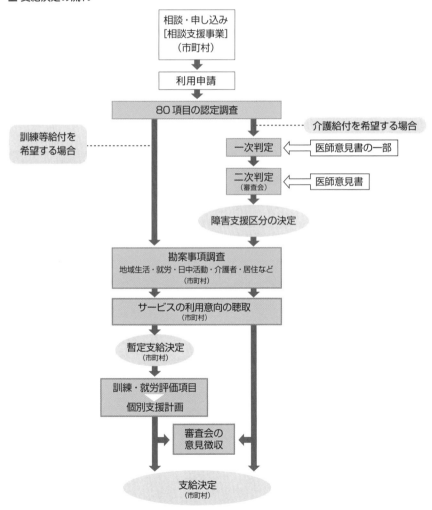

2014（平成26）年4月より、認定調査項目は従来の106項目から80項目に統合・修正され、一次判定ではこれに医師の意見書の一部項目（24項目）を点数化したものを利用することになりました。あわせて判定式も修正し、本人の状況を適切に判定できるように調整が行われました。

ただし、就労継続支援など訓練等給付のみを利用したい場合、障害支援区分が必要ないため、審査会による判定会議は行われません。

障害者自立支援法の時代は、認定調査は介護保険の要介護認定基準項目を多く使用していたため、特に精神障害者については、身体的には困難を抱えていないために障害支援区分が低く出てしまうことが多々ありました。そのため、調査項目では現れにくい生活のしづらさについて、特記事項や医師の意見書で対応するしかなく、一次判定よりも二次判定の結果が高く出ることが多くありました。

訓練等給付のみを利用する場合は、障害支援区分の認定は必要ありませんが、共同生活援助で介護サービス包括支援型を利用する場合は、区分1以上が必要です。

ここは覚える！

第21回で、障害支援区分の認定が市町村の業務であることが出題されました。

▶ 利用者負担

従来、障害者福祉の多くは応能負担（本人の支払い能力に応じて負担額が変動）で運用されてきましたが、障害者自立支援法によって応益負担（受ける利益に応じて支払額が決定）となり、原則1割負担となりました。しかし、上限額の設定を世帯ごとに認め、家族に収入があった場合に上限額が高く設定されることが問題となりました。

それを受け、2010（平成22）年に上限月額の改定を行い、さらに世帯の取り扱いについて、18歳以上の障害者に関しては本人とその配偶者に限定し、親の所得等により上限額が高くならないように定められました。

■ 障害者総合支援法における障害福祉サービスの負担上限額

所得区分ごとの負担上限月額		
生活保護	生活保護受給世帯	0円
低所得	区市町村民税非課税世帯	0円
一般1	区市町村民税課税世帯（所得割16万円未満）	9,300円
一般2	上記以外	37,200円

▶ 自立支援医療

精神保健福祉法に規定された**通院医療費公費負担制度**（精神衛生法改正時
(1965（昭和40）年)は、**ライシャワー事件**（77、169ページを参照）を契機に創設さ
れました。精神障害者の通院医療費の自己負担を5％とし、受療を促すためのもの
でした。

障害者総合支援法の成立により、精神障害者通院医療公費負担制度に代わる
制度として規定されたのが**自立支援医療制度**です。①医療費の自己負担を10％
へと変更、②期間が2年から1年に変更、③所得制限の設定などが大きな変更
点です。通院の負担を軽減する公費制度にもかかわらず自己負担は10％となり、
外来通院やデイケア通所などに支障が出るなどの問題も起こりました。

自立支援医療制度は、対象により3種類あります。

精神通院医療	精神保健福祉法第5条に規定する統合失調症などの精神疾患を有する者で、通院による精神医療を継続的に要する者
更生医療	身体障害者福祉法に基づき身体障害者手帳の交付を受けた者で、その障害を除去・軽減する手術等の治療により確実に効果が期待できる者（18歳以上）
育成医療	身体に障害を有する児童で、その障害を除去・軽減する手術等の治療により確実に効果が期待できる者（18歳未満）

自立支援医療（精神通院医療）は、精神保健福祉センターで要否の判定が行
われ（申請窓口は市町村）、都道府県知事により支給決定されます。支給決定後
は、市町村長を通じて**自立支援医療受給者証**が発行されます。受給者証には指
定自立支援医療機関名が記載されており、原則、記載のある医療機関、薬局等
でしか使用できません（転院や薬局の変更をする場合は再度手続きが必要）。

また、自立支援医療の利用負担は所得区分によっては公費負担対象外となりま
すが、**高額治療継続者（重度かつ継続）**の場合、すべての所得区分において負担
上限額が設定されます。特に精神障害の場合、定期的な受診が必要となり、医療

費が高くなりやすいため、多くの疾患が高額治療継続者に設定されています。

ここは覚える！

第21・22・24回で、自立支援医療について出題されました。根拠法（障害者総合支援法）や支給認定の申請書の提出先（市町村）などを押さえておきましょう。

落とせない！重要問題

自立支援医療（精神通院医療）の支給認定の申請窓口は、精神保健福祉センターである。 第19回

×：申請窓口は市町村である。

■ **精神通院医療において重度に該当する障害**

① 症状性を含む器質性精神障害
② 精神作用物質による精神及び行動の障害
③ 統合失調症、統合失調症型障害及び妄想性障害
④ 気分（感情）障害
⑤ てんかん
⑥ ①～⑤に該当せず、精神医療を3年以上経験した医師が計画的、集中的な通院医療が継続的に必要と判定した場合
⑦ 医療保険の多数該当者

■ **多数該当**：直近1年間に3か月以上の高額療養費の支給を受けている場合、4か月目からは自己負担額が軽減される制度。

頻出度

2 精神保健福祉法の概要

精神障害者の医療と社会復帰を支える

精神保健福祉法

精神保健福祉法 ㉑ ㉒ ㉓ ㉔

▶ 法律の目的

精神保健福祉法（精神保健及び精神障害者福祉に関する法律）1条に、その目的として次の6つが謳われています。同法は医療と福祉にまたがった法律であり、医療と福祉が両輪として動くことが求められていることがわかります。

- 精神障害者の権利の擁護を図る
- 精神障害者に対して医療と保護を行う
- 障害者総合支援法と相まって、精神障害者の社会復帰の促進及び自立と社経済活動への参加促進のために必要な援助を行う
- 精神障害の発生の予防と国民の精神的健康の保持及び増進に努める
- 精神障害者の福祉の増進
- 国民の精神保健の向上

▶ 地方精神保健福祉審議会

同法9条に規定される地方精神保健福祉審議会は、都道府県知事の諮問に答える他、精神保健および精神障害者の福祉に関して、都道府県知事に意見を具申

することができます。その機能の内容から、地方精神保健福祉審議会は都道府県に設置することができますが、設置義務はないことに注意する必要があります。

> 地方精神保健福祉審議会は決定機関ではなく、あくまでも都道府県知事に対して意見を述べる存在であることを理解しておきましょう。

▶ 精神医療審査会

同法12条に規定されている精神医療審査会の業務は概ね次の通りです。

- 精神科を有する病院の医療保護入院者の入院届、措置入院者の定期病状報告書の審査
- 退院・処遇改善請求の審査（請求は書面が原則だが、口頭でも認められる）

ここは覚える！

第22・24回で、精神医療審査会の業務について問われました。第23回では、精神保健福祉センターの業務に精神保健審査会の事務が規定されていることが出題されました。

　精神医療審査会は、その事務を精神保健福祉センターが担うとされており、精神医療審査会の委員の任命要件および任期についても法律で定められています。任期は2年とし、構成員として①精神障害者の医療に関し学職経験を有する者（精神保健指定医）、②法律に関する学識経験者、③精神障害者の保健または福祉に関し学職経験を有する者について、都道府県知事が任命することとなっています。

　精神医療審査会は5名による合議体で、以前は精神保健指定医が3名と定められていましたが、2005（平成17）年の法改正により委員の幅を広く取れるようになりました。

■ 精神医療審査会の合議体についての構成

- 精神障害者の医療に関し学識経験を有する者：2名
- 精神障害者の保健または福祉に関し学識経験を有する者：1名
- 法律に関し学識経験を有する者：1名
  以上を含め5名

▶ 精神保健指定医

同法18条に規定される**精神保健指定医**の要件は次の通りです。

- 5年以上診断または治療に従事した経験を有する
- 3年以上精神障害の診断または治療に従事した経験を有する
- 厚生労働大臣が定める精神障害につき厚生労働大臣が定める程度の診断または治療に従事した経験を有する
- 厚生労働大臣の登録を受けた者が厚生労働省令で定めるところにより行う研修（申請前3年以内に行われたものに限る）の課程を修了している

指定医を設定している理由は、精神科医療には人権が関わることが多く、特に入院医療の場合は治療上患者の行動制限を行うこともあり、十分な精神科医療に関する知識と人権に配慮できる人材が必要だからです。そのため、指定された後も5年間ごとの研修受講が義務付けられています。

職務としては、措置入院・医療保護入院・行動制限等の要否判断などがあり、措置入院等を行う病院には常勤の精神保健指定医を置かなければならないとされています。

精神保健指定医は厚生労働省によって指定されるもので、2019（令和元）年7月1日以降の申請からは、ケースレポートの見直し、口頭試問の実施等が行われています。なお、精神科専門医は、精神医学・精神医療について一定以上の態度・知識・技能を有することを精神神経学会が認めるもので、精神保健指定医とは異なります。

第22回で、精神保健指定医が治療措置の要否の判定を行うことが出題されました。

▶ 特定病院と特定医師

特定病院と**特定医師**は、2006（平成18）年の法改正によって定められました。

特定医師制度の創設の背景には、精神保健医療福祉の改革ビジョンにおける「入院医療中心から地域生活中心へ」という基本理念のもと、精神障害者が安心

して生活できる地域づくりを推し進める上で、精神科救急医療体制の充実、強化が必要とされたことがありました。

特定病院の特定医師は、精神科救急医療体制を整備することを目的に**任意入院患者**に対する**退院制限**、**医療保護入院**、**応急入院**を、緊急その他やむを得ない場合に**12時間**を限度として行うことができます。

また、特定病院は次の要件を満たし、かつ都道府県知事の認定が必要です。

■ 特定病院の要件

精神科救急医療への参画	・応急入院指定病院と同水準の体制であること ・地域の精神科救急システムの輪番病院として参画し、夜間及び休日の診療を受け入れていること
良質な精神科医療の提供体制の確立	・原則として、病院に複数の精神保健指定医が勤務し、当該患者を受け入れる病棟には常時空床を確保しており、原則入院患者3名に対して看護職員1名以上配置されていること
精神障害の人権擁護に関する取り組みの実施	・特定医師が行う任意入院患者に対する退院制限、医療保護入院、応急入院の妥当性を検証するため、院内に事後審査委員会を設置し、原則、月1回以上開催していること ・院内に行動制限のモニタリング及び最小化を促すための行動制限最小化委員会を設置し、月1回以上開催していること

特定医師は、「4年以上診療又は治療に従事した経験を有している」「精神科の臨床経験を2年間以上有している」「精神科医療に従事する医師として著しく不適当でない」が要件です。

▶ 入院形態

精神科における入院形態は、大きく分けて4つあります。

● 任意入院

任意入院とは、精神障害者本人の同意をもって入院を行う形態です。入院手続きの際に、入院中の権利事項等について説明して入院同意書を得る必要があります。退院についても、原則本人が希望する場合は退院をさせなければなりません。ただし、次の場合は退院制限を行うことが可能とされています。なお、任意入院では入院後1年経過時及び2年ごとに同意書を提出してもらう必要があります。

■ 退院制限の条件

- 精神保健指定医の診断の結果、入院継続の必要性が認められる場合、72時間に限り退院制限を行うことができる
- 緊急その他やむを得ない場合において、特定医師の診察により、12時間に限り退院制限を行うことができる

一時的に制限を行うような対応については、指定医は72時間、特定医師は12時間と覚えておくとよいでしょう。

ここは覚える！

第22回で、緊急その他やむを得ない場合には入院の必要性を判定する診察は、特定医師でも可能であることが出題されました。

● 措置入院

　措置入院は、自傷他害のおそれのある精神障害者を都道府県知事もしくは政令指定都市市長の権限によって強制的に入院させる形態です。どこの医療機関でもよいわけではなく、国や都道府県等が設置した精神科病院か指定病院へ入院させることになっています。

　指定病院は、都道府県知事が指定した、国立・都道府県立（都道府県等が設立した地方独立行政法人も含む）以外の精神科病院のことです。指定は、都道府県立等の精神科病院があるかどうかにかかわらず行われます。市町村立の病院であっても、指定を受けなければ措置入院を受けることができません。

　この入院は本人の意思に関係なく行われるため、判断は慎重に行う必要があります。2名以上の指定医の診察を経て、その結果、自傷他害のおそれがあると一致した場合に限り、入院を行うことができます。なお、2024（令和6）年度より、入院必要性に関わる審査を精神医療審査会が行うことになりました。

　治療が必要と思われる者を医療につなげる制度として、一般人申請（22条）、警察官通報（23条）、検察官通報（24条）などがあります。2018（平成30）年3月、警察官通報を契機とした措置入院に関する標準的な手続きを整理した「措置入院の運用に関するガイドライン」および、自治体が中心となって退院後の

医療等の支援を行う必要があるものに対しての支援の具体的な手順を整理した「**地方公共団体による精神障害者の退院後支援に関するガイドライン**」が通知されています。

　また、入院者の人権擁護と適正な医療の確保のため、定期病状報告をしなければならず、措置入院では6か月ごと（措置をとった日の属する月の翌月から6か月を経過するまでの間は3か月）となっています。

自傷他害：自身の生命や身体を害する行為、また、他人の生命や身体、自由、貞操、名誉、財産等に害を及ぼすこと。

都道府県は精神科病院を設置しなければなりませんが、指定病院がある場合は設置を延期することができます。また、措置入院に関しては、特定医師による入院は行われません。

ここは覚える！

第23回で、措置入院について出題されました。

● 緊急措置入院

　措置入院は2名以上の指定医の診察が必要になりますが、緊急でやむを得ない場合に関しては、指定医1名の診察によって72時間に限り入院させることができます。これを「緊急措置入院」と呼びます。

● 医療保護入院

　医療保護入院とは、本人の同意を得ることなく入院させることができる形態です。指定医の診察によって医療保護入院の必要性があると判断され、かつその**家族等**のうちいずれかの者の同意が得られた場合にのみ、医療保護入院を行うことができます。また、緊急でやむを得ない場合のみ、**特定医師**の診察により12時間に限り入院をさせることができます。

　なお、ここでいう家族等とは、当該精神障害者の配偶者、親権を行う者、扶養義務者及び後見人または保佐人を指します（ただし、以下は除く）。

① 行方の知れない者
② 当該精神障害者に対して訴訟をしている者、またはした者並びにその配偶者及び直系血族
③ 家庭裁判所で免ぜられた法定代理人、保佐人または補助人
④ 当該精神障害者に対してDV防止法に規定する身体に対する暴力等を行った配偶者その他の当該精神障害者の入院及び処遇についての意思表示を求めることが適切でない者として厚生労働省令で定めるもの
⑤ 心身の故障により当該精神障害者の入院及び処遇についての意思表示を適切に行うことができない者として厚生労働省令で定めるもの
⑥ 未成年者

　家族等がいない場合は、居住地（居住地がない、不明の場合は現在地）の市町村長の同意により医療保護入院を行うことができます。これまでは同意できるものがいない場合に限定されていましたが、2024（令和6）年度より家族が「意思表示を行わない」場合も市町村長が同意の可否を判断できることになりました。これには、例えば数十年以上親交のない遠方の家族等、本人の利益を勘案して同意・不同意をすることが困難な場合などがあてはまると考えられます。

　医療保護入院についても本人の自由を侵害する可能性があることから、適切な処置であったことを示すため、精神科病院の管理者（精神保健指定医ではない）は、書面で医療保護入院を行ったこと、その理由、また入院中の権利事項について告知しなければなりません。この内容は家族等にも通知することになっています。

　2022（令和4）年の法改正に伴い、2024（令和6）年4月以降に医療保護入院を行う場合、入院期間を定め、精神科病院において期間ごとに入院の要件（指定医の診察の結果、同意能力がない、入院の必要性がある上で、①退院支援員会を開催、②家族等に連絡し同意を確認、③更新届の提出を実施）を確認することが必要になりました。　入院の要件を満たすことが確認された場合に限り、入院期間を更新することが可能です。

同意を行う上で、家族等の中での優先順位はありません。たとえ意見が分かれている場合でも、同意をしている人から同意を得て医療保護入院を行えます。

ここは覚える！

第21・23・25回で、医療保護入院について問われました。入院の同意者や、医療保護入院者の入院届の受理が保健所の精神保健福祉士の業務であることなどを押さえておきましょう。

落とせない！重要問題

医療保護入院には、2名以上の精神保健指定医の診察が必要である。　第21回

×：精神保健指定医1名でよい。2名以上は措置入院の場合。

● 入院者訪問支援事業

　市町村長同意による医療保護入院者等を対象に、都道府県知事等が行う研修を修了した入院者訪問支援員が、患者本人の希望により、精神科病院を訪問して本人の話を丁寧に聴くとともに、必要な情報提供等を行う**入院者訪問支援事業**が、2024（令和6）年度より精神保健福祉法に規定されました。患者の孤独感・自尊心の低下を軽減し、権利擁護を図ることが求められています。

● 応急入院指定病院

　医療保護入院では家族等のうちいずれかの同意が必要になります。この同意が取れない状況で、かつ急を要する場合、精神保健指定医の診察によって72時間に限り**応急入院指定病院**に入院させることができます（特定医師の診察の場合は12時間）。

応急入院指定病院は、前述の特定病院とは異なるものなので注意が必要です。

■ 応急入院指定病院の条件

- 精神保健指定医1名以上と看護師等3名以上が常時診療応需の態勢にある
- 応急入院者のために、予め定められた日に1床以上確保している
- 応急入院に必要な設備を有している

- 医療法の人員配置基準を満たし、医師のうち2名以上は常勤の精神保健指定医である
- 応急入院を受け入れる病棟の看護配置基準は、入院患者3名に対して1名以上である

ここでいう看護師等とは、看護師、准看護師、精神保健福祉士を指します。

● 移送

精神保健指定医の診察の結果、直ちに入院させなければならない、かつ任意入院を行うことは困難であると判断された場合、医療保護入院もしくは応急入院が可能な医療機関につなげなければなりません。都道府県知事は、必要に応じて応急入院指定病院へ移送を行うことができるとされています（同法34条）。

措置入院の移送については同法29条の2の2に規定されています。

▶ 精神科病院の管理者の責務

精神科病院の管理者の責務として、退院後生活環境相談員の選任が求められています。これは、措置入院・医療保護入院になった精神障害者が、退院後の生活がスムーズに行えるよう、その生活環境に対して、本人その家族等からの相談に応じ、指導することを目的に選任されるものです。退院後生活環境相談員は、主に精神保健福祉士が配置されることになっています。

また、入院早期から退院に向けた取り組みを実施することで、措置入院・医療保護入院者の長期入院を防ごうとする目的があり、そのためには地域との関係も考慮に入れなければなりません。このため、障害者総合支援法における一般相談支援事業者や特定相談支援事業者、介護保険の居宅介護支援事業者等（地域援助事業者）と連携し、退院に向けた取り組みを行っていくことが求められています。

さらに、医療保護入院の入院期間の更新をする上で、退院に向けた措置について検討する、医療保護入院者退院支援委員会が開催されることになっていま

す。開催にあたり、退院後生活環境相談員は、開催に向けた調整や、運営の中心的役割を果たすことが求められています。

　また、2024（令和6）年度の改正により、医療保護入院の期間は6か月を経過するまでの間は3か月以内、6か月を経過した後は6か月以内となりました。更新の際には退院支援委員会の審議や家族の同意が必要です。

ここは覚える！

第22・23回で、退院後生活環境相談員の業務について出題されました。退院後生活環境相談員が担当できる医療保護入院者の人数が概ね50人以下であることを押さえておきましょう。

▶ **精神科救急医療の確保**

　精神保健福祉法において、都道府県は精神障害者の救急医療が適切かつ効率的に提供されるよう、精神科救急医療の体制整備を図るよう努めることと明記されています。救急搬送時には、一般救急と精神科救急を振り分けますが、その判断は困難です。また、身体疾患を合併する精神疾患患者は、受け入れにあたって通常より長時間を要してしまうという課題も抱えていることから、精神科救急への対応は急務といえます。

　精神科救急医療体制については、緊急な医療を必要とする精神障害者等のための精神科救急医療体制の確保を目的として、2008（平成20）年度より、精神科救急医療体制整備事業が実施されました。

■ **精神科救急医療体制整備事業の主な内容**

- 関係機関の連携・調整を図る都道府県精神科救急医療体制連絡調整委員会の設置
- 24時間精神医療相談窓口の開設
- 緊急対応が必要な患者の受け入れ先となる医療機関との円滑な連絡調整等を行う精神科救急情報センターの設置
- 入院を必要とする場合に入院させることができるよう空床を確保することを目的とした精神科救急医療確保事業

2002（平成14）年に、精神科救急医療を中心的に担う精神科救急入院料病棟（スーパー救急病棟）が診療報酬表に掲載されました。高い医療費が設定されている半面、施設基準の高さや運用面での基準などから認可されている病院は少なく、2023（令和5）年現在で174施設（合併症型を除く）。

■ 精神科救急医療体制整備事業のイメージ

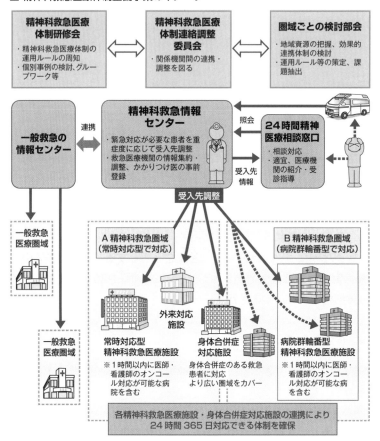

資料：厚生労働省「精神科救急医療の整備の推進について」より作成

▶ 精神障害者の医療の提供を確保するための指針

精神保健福祉法において、厚生労働大臣は、精神障害者の障害の特性その他の心身の状態に応じた良質かつ適切な医療の提供を確保するための指針を定め

ることが示されました。これは精神障害者に対する保健医療福祉に携わるすべての関係者が目指す方向性を定めた指針として策定され、今後、精神科医療の中心となる急性期では一般病床と同等の人員配置とし、新規患者は1年以内の退院を前提とした、より身近で利用しやすい精神科医療とすることなどを目標に掲げています。

■ 指針に定める事項

① 精神病床（病院の病床のうち、精神疾患を有する者を入院させるためのものをいう）の機能分化に関する事項
② 精神障害者の居宅等（居宅その他の厚生労働省令で定める場所をいう）における保健医療サービス及び福祉サービスの提供に関する事項
③ 精神障害者に対する医療の提供に当たっての医師、看護師その他の医療従事者と精神保健福祉士その他の精神障害者の保健及び福祉に関する専門的知識を有する者との連携に関する事項
④ その他良質かつ適切な精神障害者に対する医療の提供の確保に関する重要事項

▶ 精神障害者保健福祉手帳

　精神障害者保健福祉手帳は都道府県知事が交付します。他の障害者手帳と違って更新が2年ごとにあり、これは精神障害が可逆性を有していることに起因します。

　手帳の等級は1～3級で、初診日より6か月以上経過してから市町村で申請できます（判定は精神保健福祉センターで行われる）。申請には精神科医による診断書、もしくは精神障害による障害年金等給付を受けている年金証書の写しと当該精神障害者の写真が必要です。当初、写真の添付はありませんでしたが、現在は原則として写真添付への切り替えが行われています。

　また、性同一性障害（性別不合）への配慮の観点から、手帳の性別欄が削除されています。2019（令和元）年度からはカード様式での交付が可能となりました（対応は自治体の判断による）。

　手帳による福祉施策については、各種減免措置などは他の障害者手帳とほぼ変わりませんが、高速道路の減免措置が行われていないことは大きな差といえます。

1 級	日常生活の用を弁ずることを不能ならしめる程度のもの
2 級	日常生活が著しい制限を受けるか、または日常生活に著しい制限を加えることを必要とする程度のもの
3 級	日常生活もしくは社会生活が制限を受けるか、または日常生活もしくは社会生活に制限を加えることを必要とする程度のもの

申請主義をとっているため、すべての精神障害者が手帳を持っているわけではありません。また、発達障害者についても精神障害者保健福祉手帳の取得が可能な場合があります。発達障害者の場合は、療育手帳についても取得可能な場合があります。

 ここは覚える！

第21回で、精神障害者保健福祉手帳の申請に対する判定業務を行う機関や、申請に本人の顔写真の添付が必要であることについて問われました。第23回では手帳の交付決定や、手帳所持者のうち障害等級2級の者は所得税の障害者控除の対象となることが出題されました。

落とせない！重要問題

精神障害者保健福祉手帳は申請者の居住地を管轄する市町村長が交付する。

第21回

×：都道府県知事が交付する。

▶ 精神障害者社会復帰促進センター

精神障害者社会復帰促進センターは同法51条の2に規定されており、精神障害者の社会復帰の促進を図るための調査・研究・開発や広報・啓発を行う法人として、厚生労働大臣が全国を通じて一つだけ指定することができます。

③ 医療観察法の概要と精神保健福祉士の役割

医療観察法　㉑ ㉒ ㉓ ㉔ ㉕

▶ 医療観察法創設の経緯

　刑法39条では「心神喪失者の行為は、罰しない」「心神衰弱者の行為は、その刑を軽減する」とされており、行為に対して善悪を判断できない状況では罪に問うことができないとして、刑罰を科すことができません。

　しかし、この状態については長年議論があり、保安処分の規定を設けることを含め検討が続けられてきました。そうした中、1999（平成11）年の精神保健福祉法改正において保護者の自傷他害防止監督義務規定の削除が行われたこと、2001（平成13）年の大阪・池田小児童殺傷事件を契機に、2003（平成15）年7月に心神喪失等の状態で重大な他害行為を行った者の医療及び観察等に関する法律（医療観察法）が可決、2005（平成17）年に施行されました。

📖 **保安処分**：社会防衛のため、罪を犯す危険性のある人などに対して施設入所などの形で教育を行う処分のこと。刑罰は起こした罪に対して行うものだが、保安処分はその危険性に対して行うもので、日本での導入は再三検討されたものの、人権侵害等の面から見送られ続けた。

▶ 医療観察法の概要

　医療観察法の目的は、あくまでも本人の社会復帰であり、他害行為の再発防止による社会防衛機能としてのものではないとされています。

　医療観察法の対象は、**心神喪失または心神耗弱の状態で重大な他害行為を行った人**であり、すべての罪を犯した精神障害者が対象になるわけではありません。ここでいう重大な他害行為とは、**殺人、放火、強盗、不同意性交等、不同意わいせつ、傷害（軽微なものを除く）**であり、これ以外は同法の対象外です。

■ 重大な他害行為を行った場合に医療観察法の対象となる者

> ① 心神喪失者または心神耗弱者と認められて不起訴処分となった人
> ② 心神喪失を理由として無罪の裁判が確定した人
> ③ 心神耗弱を理由として刑を減軽する旨の裁判が確定した人（実刑となる人は除く）

■ **社会防衛**：刑法学においては、刑によって社会を犯罪から防衛することが可能となるという考え。
　心神喪失：己の行為の善悪が判断できない、あるいは行動を制御できない状態。
　心神耗弱：己の行為の善悪の判断や行動を制御できないわけではないが、その機能が著しく低下している状態。

ここは覚える！

第21回では医療観察法に規定された重大な他害行為について、第23回では同法の対象について問われました。

▶ 処遇の決定

　まず、検察官がその精神障害を改善し社会復帰を促進するために、地方裁判所に対して医療の要否及び内容を決定することについて処遇決定の申し立てを行います。申し立てを受けた地方裁判所は対象者を入院させ、**精神保健判定医**（もしくはそれと同等以上の学識経験を有する医師）に鑑定を命じます。

　初回審判の場合には2か月（必要に応じて1か月の延長可）、それ以後の審判で鑑定入院する際には1か月（必要に応じて1か月延長可）と、上限が決められています。その後、裁判官と**精神保健審判員**の合議体で審判を行い、入院決定、

通院決定、医療を行わない旨等を決定します。

なお、入院医療を受けている者の処遇改善に関する請求については、厚生労働大臣に対して行います。

 **精神保健判定医**：精神保健審判員・鑑定医として必要な学識経験を有する医師のこと。医療観察法に基づいて厚生労働大臣が名簿を作成し、最高裁判所に送付する。

■ 医療観察法の審判の流れ

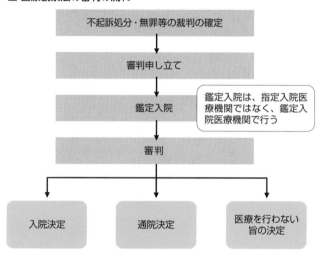

ここは覚える！

第22・25回で、鑑定入院について出題されました。

● 付添人

医療観察法では、対象者が不当な不利益を受けないように対象者を守る役割を担うものとして付添人（弁護士が担当）が存在します。

■ 付添人の役割

① 対象者自身の意見や考えなどを裁判所に伝達する
② 対象者にとって最も利益となる結論が出るよう行動する
③ 対象者の利益を守る

付添人には、対象者やその家族が依頼をする私選弁護人がなることもできますが、それが難しい場合は国選弁護人が付添人を担当することになります。

▶ 医療観察法における医療

医療観察法における医療は、入院医療と通院医療の2つに大別できます。これらは法で定められた処遇であるため、審判により決定された医療は必ず受けなければなりません。

■ 医療観察法における医療

	入院	通院
医療機関	指定入院医療機関	指定通院医療機関
期間	原則標準で18か月以内。必要に応じて継続可	原則3年以内。2年に限り延長可
費用	全額国費	
備考	管理者は6か月ごとに入院の継続について確認の申し立てが必要。医療体制は通常の医療に比べ手厚く設定	精神保健福祉法に基づいた入院をする場合は通常の健康保険を利用

■ 人員配置基準の違い

	医療観察病棟（30床）	精神科病院
医師	8：1（1/2以上は常勤）	48：1
看護師	日中　1.5：1 夜間　6：1（最低3人以上）	4：1
精神保健福祉士・作業療法士、公認心理師	5：1＋1	規定なし

指定入院医療機関は厚生労働大臣指定の国・都道府県・特定独立行政法人の医療機関に限られ、病床数も基本的に小規模です。指定通院医療機関は設置主体の限定がなく、医療法人等も指定を受けられます（精神保健指定医がいること、作業療法士、精神保健福祉士、公認心理師が配置されていることなどが条件）。

▶ 保護観察所

　医療観察法における地域社会処遇において、**保護観察所**の果たす役割は大きなものです。保護観察所はもともと犯罪者予防更生法によって全都道府県に設置されたもので、医療観察法では社会復帰調整官を配置し、次の5点を行っています。

---

① 精神保健観察
② 生活環境調査
③ 退院後に向けた生活環境調整
④ 地域社会における処遇の実施計画の策定及び関係機関相互の連携の確保
⑤ 通院医療を受けている者の処遇の終了、通院期間の延長または再入院の
　申し立て等

犯罪者予防更生法：執行猶予者保護観察法と整理・統合した更生保護法の施行（2008（平成20）年）に伴い、廃止された。
精神保健観察：継続的な医療を確保することを目的に、社会復帰調整官が本人との面接や関係機関からの報告を通じて通院状況、生活状況を見守り、必要な指導、助言を行う。

▶ ケア会議

　医療観察法では、多くの機関が関わることから、各機関の支援内容について整理しておく必要があります。**ケア会議**とは保護観察所が開催するもので、各関係機関による処遇の実施状況などの必要な情報を相互に共有しつつ、処遇方針の統一を図ることを目的に行います。この会議によって実施計画の評価や見直し、場合によっては処遇に関することや病状の変化などへの対応についての協議も行うことになります。また、ケア会議には必要に応じて本人や家族等も参加することがあります。

　　ここは覚える！

第24回で、医療観察法における地域処遇について出題されました。対象者本人は、原則、ケア会議に出席して意見を述べることができます。

医療観察法における精神保健福祉士の役割 ㉒㉔㉕

▶ 社会復帰調整官

社会復帰調整官は、精神障害者の社会復帰支援等に従事する保護観察所の職員です。退院地の選定・確保のための調整、退院地での処遇実施体制の整備、処遇実施計画の作成及び見直し、精神保健観察の実施、ケア会議の実施等を行います。

医療観察法において生活環境調査から継続して関わる唯一の職種であり、制度運用上非常に重要な職といえます。

■ 社会復帰調整官の役割

関係機関相互の連携による継続的な医療とケアの確保

指定通院医療機関
（病院、診療所等）

生活環境の調整 ／ 処遇実施計画の作成

保護観察所
（社会復帰調整官）

精神障害者の地域ケアのコーディネーター役

精神保健観察
（生活状況の見守り） ／ ケア会議の実施

都道府県・市区町村
（精神保健福祉センター、保健所等）／ 障害福祉サービス事業所

医療観察法20条に、社会復帰調整官について「精神保健福祉士その他の精神障害者の保健及び福祉に関する専門的知識を有する者として政令で定めるもの」と規定されています。

第24回で、社会復帰調整官の業務内容について問われました。

▶ 精神保健参与員

精神保健参与員は、審判において裁判官と精神保健審判員の合議体からの求めに応じて、意見を述べる役割を担います（審判の評決へは参加できない）。精神保健参与員は、予め厚生労働大臣が作成した名簿の中から事件ごとに裁判所が任命し、精神障害者の社会復帰に関する専門性を生かし、対象者が社会復帰できる可能性などについて適切に述べる必要があります。

 ここは覚える！

第22・25回で、精神保健参与員の選任や業務内容について問われました。

▶ その他

医療機関、特に指定入院医療機関では、精神保健福祉士は配置基準の一つに挙げられており、社会復帰の促進に向けて、多職種チームの一員として専門性を発揮することが求められます。また、精神保健福祉センターや保健所、市町村などの行政機関、施設の精神保健福祉士は、社会復帰調整官と連携を図り、地域社会の中で対象者が望む生活を実現できるようにサポートすることが求められています。地域全体で支えるシステムの構築が大切です。

④ 相談支援制度と精神保健福祉士の役割

頻出度

居住支援　日中活動支援
居宅支援　自立支援医療
原則定率10% 負担

精神障害者の概念

▶ 精神障害者の医学的定義：精神保健福祉法

精神障害者	統合失調症、精神作用物質による急性中毒またはその依存症、知的障害その他の精神疾患を有する者
統合失調症	妄想型、破瓜型、緊張型を中核とする統合失調症に、知覚、思考、情動の統制、意欲などの障害によって特徴付けられる一群の症状のこと
精神作用物質による急性中毒またはその依存症	覚せい剤、アルコール、アヘン、睡眠剤、カフェイン、タバコ、シンナーなどの精神作用物質の使用によって起こる中毒や依存症のこと
知的障害	知的機能に制約があること、適応行動に制約を伴う状態であること、発達期に生じる障害であること。認知、言語、運動および社会的能力や全体的な知能水準と関係する能力が障害され、同時に、通常の社会環境での日常的な要求に適応する能力が乏しいことをいう
精神疾患	精神上、心理上及び行動上の異常や機能障害によって、生活を送る上での能力が相当程度影響を受けている状態を包括的に表す。発達障害者支援法に規定される自閉症、アスペルガー症候群その他の広汎性発達障害、学習障害、注意欠陥・多動性障害その他これに類する脳機能の障害であって、その症状が通常低年齢において発現するものとして政令で定めるものも含まれる

知的障害は、医学的には1950（昭和25）年の精神衛生法（現・精神保健福祉法）制定当初から精神障害の範疇に入れられています。知能の障害により周囲との意思疎通や感情表現等の障害や、中には突発的な衝動行動等が見られるなど、精神医療を必要とする者もいるための規定です。
また、知的障害者に対する福祉施策は、1960（昭和35）年に精神薄弱者福祉法（現・知的障害者福祉法）が制定されて以来、本法で行われてきました。

▶ 精神障害者の福祉的定義：障害者基本法

障害者基本法（1970（昭和45）年「心身障害者対策基本法」、1993（平成5）年「障害者基本法」、2011（平成23）年8月改正公布・施行）における定義は以下の通りです。

障害者	身体障害、知的障害、精神障害（発達障害を含む）その他の心身の機能の障害がある者であって、障害及び社会的障壁により継続的に日常生活または社会生活に相当な制限を受ける状態にあるもの

これは精神障害者の能力障害に着目した概念で、継続的に日常生活または社会生活に相当な制限を総合的に判断されるものです。生活能力の障害やハンディキャップに着目して援助を行うという福祉施策における捉え方となります。

また、精神障害者においては、幻覚のような陽性症状だけではなく、人間関係の障害、コミュニケーションの障害、意欲低下など、陰性症状による生活のしづらさもあわせて勘案されます。

障害者の定義に「社会的障壁」を含む法律は、障害者基本法と障害を理由とする差別の解消の推進に関する法律（障害者差別解消法）、発達障害者支援法です。

生活障害としての精神障害

精神障害は思春期以降に発症することが多く、このことから多くの課題を抱えやすくなります。諸社会・人間関係の断絶、社会生活上の技能の未修得、自分自身の意見や考えなどが病前の時期のままで成熟が見られない、集中力のなさ、

ストレスに弱い、人間関係が苦手、意欲の低下、臨機応変のなさなどの社会生活・日常生活上の障害を病とともに持つことになります。

　このほか、服薬による副作用や諸環境要因との相互作用などによる波もある病気で、精神障害者は生活のしづらさを抱えているのです。

精神障害者の特性

▶ 疾病と障害をあわせ持つ

　精神障害として代表的な統合失調症は、陽性症状が活発な急性期と、その後陰性症状が前景化する時期とに区別できます。近年は新規抗精神病薬の登場により、外来のみで急性期の症状が軽快する者も増えています。しかし、医学的な疾患としての精神障害は、病気がよくなったとしても治癒（完全に治る）ではなく、寛解（病状が落ち着いている）という用語が使用されます。

　それは、改善したとしてもストレスや環境の変化によって病気が再発・再燃しやすいといった特徴があるからです。精神障害者は多くの場合、慢性的な経過を辿り、医療的なサポートを受けながら、病気を抱えた状態でよりよい人生を生きようとしています。

　精神障害者は、こうした病とともに前述のような生活障害（ストレスや環境の変化に弱い、人間関係が苦手、特有のこだわりなど）をあわせ持ち、両者が相互に影響し合って「生きづらさ」を形成します。

▶ 新しい経験への緊張や不安が強い

　精神障害の発症時期が人間関係や社会経験、知識の広がっていくライフステージである思春期から成人前期に多いことから、発症前後からの閉ざされた世界の中に生きることになり、精神障害者には「新しい経験への緊張や不安が強い」という特徴が見られます。

　これとは逆に、保護的な環境の中で「自己責任が果たしづらい環境にある人」になってしまう可能性もあります。主体的な経験を阻害された医療環境や施設、家庭環境に暮らすことによって、多様な物事の考え方、自分自身の人生を自ら生き責任を取るという経験が不足することに由来します。様々な経験の中での試行錯誤による学びが限られてきたともいえるでしょう。

▶ 認知機能への影響を受けている

精神障害は認知能力に影響します。病によって認知上のゆがみを生じたり、発症により引き起こされた自身や周囲の状況を理解し受け止めることが困難になることなどが原因です。

また、精神障害者に対する偏見によって生きづらさを経験するとともに、自らの内面にも偏見を作り出してしまう側面もあります。病そのものや置かれた状況から、認知のゆがみを引き起こすことがあるのです。

▶ 意欲を持ちづらい状況にある

精神障害という病の影響で、意欲の減退、思考のまとまりがなくなるなどがあります。また、「精神薬を服用しなければならない」ことについての周りの目、自分自身の拒否的意識、服薬による副作用、中途障害の拒絶反応や、諸関係からの断絶により、孤立的、閉鎖的な生活になるなど、様々な状況によって意欲を持ちづらい状況にあるといえます。

精神障害者の生活支援の概要 ㉓ ㉔

▶ 相談・支援プロセス

地域で暮らす人が精神的不健康状態となり、医療機関にかかったとします。機関としては、総合病院精神科外来、精神科病院外来、精神科クリニック（診療所）、都道府県の精神保健福祉専門機関である精神保健福祉センターによる医療相談があります。保健所でも精神保健に関する様々な相談を行っています。継続した治療が必要となれば、医療機関での外来・入院治療となります。

入院が長期になると、退院促進などにより精神科病院から退院しますが、退院先がない、一人暮らしが難しいという場合もあります。地域のグループホーム（共同生活援助）は、基本的に利用期限はありませんが、通過型と独自に定めているところもあります。通過型では、一人暮らしを目指すこともできます。

ただし、こうした生活の場は症状が慢性化しやすいことから、通院治療を受け続けるケースが多くなります。そのため、病院やクリニック（診療所）に併設のデイケアに通院し、治療（デイケアにおける諸活動を指す）を受けることができます。

外来通院やデイケア通院では、自立支援医療（精神通院医療）により通院費

の補助を受けることができます（医療機関に申請すると、市町村を経由して都道府県が認定判断を行い、市町村から本人に通知される）。

　障害者総合支援法による**就労支援系サービス**では、就労支援の前段階の地域活動支援センターなどにより力を蓄えた上で**就労継続支援B型**から**就労継続支援A型**へ、さらに**就労移行支援**によって、段階的に一般就労へ向かう流れをとることができます。また、就労に伴い生じている生活面の課題には、**就労定着支援**によりサポートを受けることができます。

　ただし、支援において大切なのは、精神障害者をこのシステムに乗せることではなく、あくまでも精神障害者自身の自己選択・自己決定を保障するためのサポートです。

■ 精神障害者の相談・支援プロセス

<地域に暮らす人が精神的不健康に陥る>

「医療的ニーズを抱える」

機関：総合病院精神科外来、精神科病院外来、精神科クリニック、
　　　精神保健福祉センター、保健所相談、市町村保健センター

↓

医療機関入院治療又は通院治療開始・継続

↓

通院費の補助のニーズの場合

↓

市町村に「自立支援医療（精神通院医療）」申請→都道府県が認定判断→市町村が通知

↓

「自立支援医療受給者証」交付を受け医療機関に提示し受診

＋

「福祉的ニーズを抱える」

機関：市町村窓口、相談支援事業（市及び県からの委託）

「①障害福祉サービスニーズの場合」

↓

市町村に「支給申請」＋「障害支援区分認定調査」

↓

「障害支援区分の認定」及び「支給決定」を受ける

↓

支給量等を記載された「障害福祉サービス受給者証」交付を受ける

「②障害福祉サービス以外のニーズの場合」

↓

障害年金 → 国民年金課主管または年金事務所
生活保護 → 福祉事務所
就労支援 → 公共職業安定所（ハローワーク）、地域障害者職業センター、
　　　　　　就業・生活支援センター
居住支援 → 民間アパート、公営住宅、施設利用

▶ 精神障害者の生活支援のための施策の概要

● 精神医療施策

精神障害者の医療及び保護のための施設として、医療法で規定されている精神科病院、診療所、デイケア等があり、入院・通院医療や訪問看護などが行われています。現在、入院医療中心から病棟機能の専門分化や病棟の縮小・施設化などによる退院促進、社会的入院者を減らすとともに、地域医療へのシフトが図られています。また、入院制度や**精神医療審査会**等の規定により、適正な医療の確保が図られています。

■■ **精神医療審査会：** 精神科病院に入院している患者に対して、人権に配慮した適正な医療や処遇が行われているかを審査する機関。

● 精神障害者支援施策（障害者総合支援法に基づくもの）

市町村の**地域生活支援事業**では、相談事業や地域活動支援事業などが行われています。

2012（平成24）年4月に障害福祉サービスの支給決定プロセスが見直され、計画相談支援の対象が原則として障害福祉サービスを申請した障害者等へと大幅に拡大されています。また、地域移行・地域定着支援は個別給付化が図られました。

地域における相談支援の拠点として、**基幹相談支援センター**を市町村が設置できることとなり、相談支援体制の強化が行われました。さらに、地域支援体制づくりに重要な役割を果たす（自立支援）**協議会**が法律上位置づけられました。

ここは覚える！

第23回で、基幹相談支援センターについて出題されました。

■ 障害者への相談支援

ⅰ 計画相談支援（サービス利用支援）
障害福祉サービス等の申請に係る支給決定前に、サービス等利用計画案を作成。支給決定後に、サービス事業者等との連絡調整等を行い、サービス等利用計画の作成を行う
ⅱ 計画相談支援（継続サービス利用支援）
支給決定されたサービス等の利用状況のモニタリングを行い、サービス事業者等との連絡調整などを行う

iii 地域相談支援（地域移行支援）
障害者支援施設、精神科病院、保護施設、矯正施設等を退所する障害者、児童福祉施設を利用する18歳以上の者等を対象として、地域移行支援計画の作成、相談による不安解消、外出への同行支援、住居確保、関係機関との調整等を行う
iv 地域相談支援（地域定着支援）
居宅において単身で生活する障害者等を対象に、常時の連絡体制を確保し、緊急時には必要な支援を行う
v 基本相談支援
障害者・障害児等からの相談に応じる

　なお、市町村長が指定した**指定特定相談支援事業者**は、サービス等利用計画案の作成等の計画相談支援と基本相談支援を担います。また、都道府県知事、指定都市市長及び中核市市長等が指定した**指定一般相談支援事業者**は、地域相談支援と基本相談支援を担います。

ここは覚える！

第23回で、地域相談支援に基づくサービスの理解度を問う事例問題が出題されました。第24回では、指定特定相談支援事業者について、市町村が事業者を指定することや、計画相談支援給付費が支給されることが問われました。

▶ 地域生活における精神障害者の人権

● 成年後見制度

　成年後見制度は民法による制度で、認知症高齢者、知的障害者、精神障害者などで判断能力が不十分な状態にある人の財産管理や介護サービス、障害者福祉サービスの利用契約などを支援する制度です。以下の3類型（後見、保佐、補助）があります。

後見類型	精神上の障害により判断能力を欠く状況にある人を対象に後見人が選任され、後見人は財産に関わるすべての法律行為に対して代理権をもつことになります
保佐類型	精神上の障害により判断能力が著しく不十分な人を対象に保佐人が選任され、保佐人は同意権・取消権など特定の法律行為の代理権をもつことになります
補助類型	軽度の障害により判断能力が不十分な人を対象に補助人が選任され、補助人は審判で決められた特定の法律行為について代理権あるいは同意権・取消権をもつことになります

これらに加えて、**任意後見制度**があります。この制度は、将来の判断能力の低下に備えて事前に任意後見人を選定するものです。

成年後見制度の利用の促進に関する施策を総合的かつ計画的に推進するために、国の責務等を明らかにした成年後見制度の利用の促進に関する法律が、2016（平成28）年4月に公布されました。

● 日常生活自立支援事業

日常生活自立支援事業は成年後見制度を補完するものとして創設されたもので、社会福祉協議会が実施機関となり、本人との契約に基づいて福祉サービスや日常的金銭管理に関する援助を行います。

● 成年後見制度利用支援事業

成年後見制度利用支援事業は、障害者総合支援法の地域生活支援事業に位置付けられています。成年後見制度の利用にあたって必要となる費用を負担することが困難な人に対して、市町村が助成を行うものです。

● 障害者虐待防止法

障害者に対する虐待が障害者の尊厳を害するもので、障害者の自立及び社会参加にとってその防止が極めて重要であること等に鑑み、障害者に対する虐待の禁止、国等の責務、障害者虐待を受けた障害者に対する保護及び自立支援のための措置、養護者に対する支援のための措置等を定めた法律です。障害者虐待の防止、養護者に対する支援等に関する施策を促進し、障害者の権利利益の擁護に資することを目的としています。

障害者虐待には、①**養護者**による虐待、②**障害者福祉施設従事者等**による虐待、③**使用者**による虐待があります。また、次の5つの類型があります。

---

① 身体的虐待 　　② 放棄・放置 　　③ 心理的虐待

④ 性的虐待 　　⑤ 経済的虐待

虐待を受けたと思われる障害者を発見した者は、速やかに通報する義務があります。障害者虐待対応の窓口として、市町村障害者虐待防止センターや都道府県障害者権利擁護センターが設けられています。

5 居住支援制度と精神保健福祉士の役割

居住支援制度の概要　㉓

　精神障害者が地域で暮らすための住居は、障害者総合支援法の①支援施設入所、②援助付き共同住居、③公営住宅法による公営住宅の優先入居などがあります。

　そして、これらの住居での生活維持のための支援として、ショートステイ、訪問介護、生活援助、自立支援医療、医療機関の行う訪問看護などがあります。また、保証人等の問題を支援する居住サポート事業もあります。

ここは覚える！

第23回の事例問題で、訪問介護について出題されました。

居住支援の具体的な内容　㉓ ㉕

▶ 施設入所支援

　障害者総合支援法では、施設への入所は病院等で医療サービスを要する特定疾患をもつ身体障害者のみを対象とした療養介護（障害支援区分5以上）と、

主として夜間に入浴、排せつまたは食事の介護等を提供する施設入所支援（障害支援区分4以上）があります。

　施設に入所する障害者につき、主として夜間において、入浴、排せつ及び食事等の介護、生活等に関する相談及び助言、その他の必要な日常生活上の支援を行います。

■ 施設入所支援の対象

① 生活介護を受けている者であって障害支援区分が区分4以上（50歳以上の者にあっては区分3以上）である者
② 自立訓練または就労移行支援、就労継続支援B型（訓練等）を受けている者であって、入所させながら訓練等を実施することが必要かつ効果的であると認められる者、または地域における障害福祉サービスの提供体制の状況その他やむを得ない事情により、通所によって訓練等を受けることが困難な者

▶ 共同生活援助（グループホーム）

　共同生活を営むべき住居に入居している障害者につき、主として夜間において共同生活住居で入浴、排せつ及び食事等の介護、調理、洗濯及び掃除等の家事、生活等に関する相談及び助言、就労先その他関係機関との連絡、その他の必要な日常生活上の世話を行います。

　介護サービスの提供については、以下の形態があります。

介護サービス包括型	・生活介護や就労継続支援等の日中活動を利用している知的障害者・精神障害者など、地域において自立した日常生活を営む上で食事や入浴等の介護や日常生活上の支援を必要とする者を対象とした施設 ・介護サービスは事業者が提供（旧・ケアホームの形態）
外部サービス利用型	・就労または就労継続支援等の日中活動を利用している知的障害者・精神障害者であり、地域において自立した日常生活を営む上での相談等や、生活上の援助や介護が必要な者を対象とした施設 ・事業者は介護サービスの提供については手配のみを行い、外部の居宅介護事業者に委託する
日中サービス支援型	・24時間体制で利用者の支援を行う

今後、精神障害者の高齢化・重度化が進むことから、介護が必要な者のグループホーム新規利用者やグループホーム入居後に要介護となるケースが増加することが見込まれています。外部の居宅介護事業者と連携すること等により利用者の状態に応じた柔軟なサービス提供が可能に、また、「サテライト型住居の創設」として、本体住居との連携を前提としたサテライト住居の仕組みを可能とし、さらなる地域移行の促進が図られています。

> 共同生活援助は、身体障害者（65歳未満の者または65歳に達する日の前日までに障害福祉サービスもしくはこれに準ずるものを利用したことがある者に限る）、知的障害者及び精神障害者が対象となります。

▶ 地域生活支援事業（福祉ホーム）

住居を必要としている人に、低額で居室等を提供するとともに、日常生活に必要な支援を行います。住居を求めている障害者に低額な料金で居室その他の設備を利用させる事業であり、地域生活支援事業として位置付けています。

一つの施設内で複数の事業に取り組むことができ、自立訓練の中の食事や家事等日常生活能力を向上するための一定期間の支援や、日常生活上の相談支援などを行う生活訓練なども提供できます。

▶ 宿泊型自立訓練

日中は施設内外で生活訓練を行い、これに夜間宿泊を加えたものです。2年ないし3年の生活訓練にあわせて夜間宿泊も同じ期間で提供されます。そのサービス内容は、夜間の宿泊提供とともに食事や家事等の日常生活能力を向上するための支援、また、日常生活上の相談支援や就労移行支援事業所等の機関との連絡調整等の支援を行うものです。

ここは覚える！

第23回で、宿泊型自立訓練の理解が問われました。また、第25回ではグループホームでの宿泊体験について出題されました。

▶ 精神障害者退院支援施設及び地域移行型ホーム

精神障害者退院支援施設は精神科病院の病棟の転換によって、地域移行型ホームは病棟ではなく病院敷地内にホームを設置することによって、日中は生活訓練や就労移行支援を、夜間は宿泊施設として提供することで「精神障害者退院支援施設加算」が算定されるものです。

▶ 公営住宅法による公営住宅優先入居

公営住宅は公営住宅法により、地方公共団体が国の補助を受け、低所得者階層を対象に建設されています。障害者への対応としては、優先入居、単身入居、グループホームとしての利用制度があります。

1971（昭和46）年に始まった心身障害者向け特定目的公営住宅は、障害者世帯を対象に設備の面で配慮された公営住宅を優先的に提供するための制度です。この中に数は少ないながらも精神障害者も対象に含まれていました。

入居にあたっては家族同居が原則でしたが、1980（昭和55）年の公営住宅法の改正により障害者の単身入居が可能となりました。また、従来単身入居できる障害は身体障害のみでしたが、2006（平成18）年2月から精神障害者の単身入居も可能になりました。

1996（平成8）年の改正では、グループホームとしての利用も可能となりました。

居住生活の維持のための主な支援 ㉔

▶ 地域移行・地域定着

精神障害者地域移行・地域定着支援事業は、精神障害者地域移行支援特別対策事業（2008（平成20）年度より実施）で行ってきた地域移行推進員と地域体制整備コーディネーターの配置に、未受診・受療中断等の精神障害者に対する支援体制の構築と精神疾患への早期対応を行うための事業内容を加えました。

ピアサポーター（の活用が位置づけられている）の活動費用を計上するとともに、精神障害者と地域の交流促進事業も行えるよう見直しを行い2010（平成22）年度から実施され、2012（平成24）年度からは指定一般相談支援事業所の地域相談支援に移行しました。この際に「未受診・受療中断等の精神障害者への支援体制の構築」「精神疾患への早期対応」の事業が追加されています。

また、2014（平成26）年４月１日より、地域移行支援の対象が拡大され、これまでの障害者支援施設等に入所している障害者または精神科病院に入院している精神障害者に、「その他の地域における生活に移行するために重点的な支援を必要とする者であって厚生労働省令で定めるもの」が追加され、保護施設、矯正施設等を退所する障害者などにも対象が拡大されました。

▶ 居宅介護（ホームヘルプサービス／障害者総合支援法の介護給付）

居宅において入浴、排せつ及び食事等の介護、調理、洗濯及び掃除等の家事並びに生活等に関する相談及び助言、その他の生活全般にわたる援助を行います。

対象は、障害支援区分が区分1以上（障害児にあってはこれに相当する心身の状態）である者となっています。

▶ 重度訪問介護（障害者総合支援法の介護給付）

重度の肢体不自由者で常に介護が必要な場合に、居宅において入浴、排せつ及び食事等の介護、調理、洗濯及び掃除等の家事並びに生活等に関する相談及び助言、その他の生活全般にわたる援助並びに外出時における移動中の介護を総合的に行います。2014（平成26）年４月１日より、従来の重度の肢体不自由者に加え、重度の知的障害者・精神障害者に対象が拡大されました。

対象は、重度の肢体不自由者または重度の知的障害もしくは精神障害により行動に著しい困難を有する障害者であって、常時介護を要する障害者です。

▶ 同行援護（障害者総合支援法の介護給付）

視覚障害により、移動に著しい困難を有する障害者等につき、外出時において、当該障害者等に同行し、移動に必要な情報を提供するとともに、移動の援護その他の厚生労働省令で定める便宜を供与することをいいます。

▶ 行動援護（障害者総合支援法の介護給付）

知的障害または精神障害により行動上著しい困難を有する障害者等であって常時介護を要する者等の、外出時における移動中の介護、排せつ及び食事等の介護、その他行動する際に必要な援助を行います。障害者総合支援法に基づく居宅介護（障害者（児）ホームヘルプ）業務のうち、特に知的障害者・精神障害者の行動援護業務に従事します。

　知的障害または精神障害により行動上著しい困難を有する障害者等であって常時介護を要する者で、障害支援区分が区分3以上であり、障害支援区分の認定調査項目のうち行動関連項目（12項目）等の合計点数が10点以上（障害児にあってはこれに相当する心身の状態）である者が対象となります。

▶ 重度障害者等包括支援（障害者総合支援法の介護給付）

　重度の障害者等に対し、居宅介護、重度訪問介護、同行援護、行動援護、生活介護、短期入所、自立訓練、就労移行支援、就労継続支援、就労定着支援、自立生活援助、共同生活援助を包括的に提供します。

　常時介護を要する障害者等であって、意思疎通を図ることに著しい支障がある者のうち、四肢の麻痺及び、寝たきりの状態にある者並びに知的障害または精神障害により行動上著しい困難を有する者が対象です。具体的には、障害程度区分が区分6でなおかつ別に定める状態にある者となります。

▶ 短期入所（ショートステイ／障害者総合支援法の介護給付）

　児童や障害児・者、高齢者の心身の状況や病状、その家族の病気、冠婚葬祭、出張等のため一時的に養育・介護できない、または家族の精神的・身体的な負担の軽減等を図るために、短期間入所して日常生活全般の養育・介護を受けることができるサービスのことです。

ここは覚える！

第24回の事例問題で、短期入所サービスについて出題されました。

▶ 居住サポート事業（地域生活支援事業）

　賃貸住宅への入所を希望しているが、保証人不在等の理由により入居が困難な障害者に対し、入居に必要な調整等の支援や家主等への相談・助言等を行います。

▶ 医療機関等の行う精神科訪問看護（健康保険法）

　精神科訪問看護とは、病院・診療所などの医療機関や訪問看護ステーションから、担当医の指示を受けた看護師、作業療法士、精神保健福祉士が患者を訪問し、個別に看護及び社会復帰指導等を行うものです。

▶ 精神障害者アウトリーチ推進事業

　未治療や治療を中断している精神障害者等の新たな入院や再入院を防いで、地域生活が維持できるように、保健師、看護師、精神保健福祉士、作業療法士等の多職種から構成されるアウトリーチ（訪問）チームが、一定期間支援を行う事業です。支援対象者が、円滑に医療機関や障害福祉サービスによる安定的な支援に移行するまでの概ね6か月間を目安とし、2011（平成23）年度から試行的に実施されました。

　本事業は、支援における評価指標や事業効果の検証を行い、アウトリーチ支援を地域精神保健医療の新たな体制として構築することを目指したもので、都道府県が実施主体となっています。なお、指定都市において、当該市のほうが適切に事業実施できる場合は事業の一部を委託できます。また、事業の一部を団体等に委託して実施することも可能です。

　都道府県は、当該事業の実施に際し、医療・福祉・保健に携わる関係者、当事者、家族等から構成するアウトリーチ事業評価検討委員会（評価委員会）を設置するとともに、3か月に1回以上会議を開催。なお、都道府県自立支援協議会等の既存の組織を評価委員会として位置づけて差し支えないとされました。

　同事業は2013（平成25）年度をもって廃止され、2014（平成26）年度からは、一部を診療報酬化、一部を精神障害者地域生活支援広域調整等事業として実施されています。

居住支援に関わる専門職の役割

　共同生活援助（グループホーム）には、**サービス管理責任者**と世話人を置くことになっています。また、介護サービス包括型及び日中サービス支援型グループホームでは**生活支援員**を置くことになっています。

サービス管理責任者	・療養介護、生活介護、共同生活援助、自立訓練、自立生活援助、就労移行支援、就労継続支援（A型、B型）、就労定着支援に置かれる個別支援計画の策定や評価を義務化し、サービス提供の責任を明確化 ・関わる者の意識改革やサービス提供のプロセス全体を管理することが責務となる
世話人	・食事や掃除等の家事支援、日常生活上の相談支援等を行う
生活支援員	・全体の利用者数に対して、利用者ごとの障害支援区分に応じて配置 ・食事や入浴、排泄等の介護等を行う

居住支援の実際

　精神障害者向けの居住支援は1988（昭和63）年施行の精神保健法による援護寮（生活訓練施設）と福祉ホームから始まり、1993（平成５）年には地域生活援助事業（グループホーム）、1999（平成11）年に福祉ホームB型が法定化されました。

　さらに2006（平成18）年には、障害者自立支援法施行に伴って新たに共同生活介護事業（ケアホーム）と退院支援施設が創設されました。

　また、同年施行の**住生活基本法**に基づいて「住生活基本計画」が策定され、2007（平成19）年には「住宅確保要配慮者に対する賃貸住宅の供給の促進に関する法律」（住宅セーフティネット法）が高齢者、障害者、低所得者等への賃貸住宅の供給促進を目的に施行されました。

> 住生活基本法は、住生活の安定の確保及び向上の促進に関する施策について、基本理念を定め、国、地方公共団体、住宅関連事業者の責務を明らかにしたものです。また、基本理念の実現を図るための基本的施策、住生活基本計画その他の基本となる事項を定め、住生活の安定の確保及び向上の促進に関する施策を総合的かつ計画的に推進し、国民生活の安定向上と社会福祉の増進を図るとともに、国民経済の健全な発展に寄与することを目的としています。

居住支援における近年の動向と課題 ㉕

　精神障害者の居住支援の充実を図るには、グループホームの量的整備が急務となっています。2006（平成18）年度から**住宅入居等支援事業（居住サポート事業）**が始まりました。これは、賃貸契約による一般住宅への入居を希望していても、保証人がいない等の理由により入居が困難な障害者に対し、入居に必要な調整等に係る支援を行うとともに、家主等への相談・助言を通じて障害者の地域生活を支援するものです。

　課題としては、精神障害者に対する入居時の偏見・差別の解消が挙げられます。不動産業者を訪問時に精神障害者とわかると門前払いになる、不動産業者が了解しても家主の承諾が得られないことも多々あります。入居差別の解消には精神障害の理解やサポートネットワーク作り、さらには条例等によって入居差別

自体を権利の侵害と位置付けて、家主や不動産業者の意識の改善を促すことも必要と考えられます。

　また、支援のための社会資源の地域間格差の解消や居住支援体制の構築とともに、医療と福祉の支援ネットワークの充実化も求められます。

■ 居住サポート事業の主な内容

① 入居支援（不動産業者に対する物件あっせん依頼及び家主等との入居契約手続き支援）
② 24時間支援（夜間を含め、緊急に対応が必要となる場合における相談支援、関係機関との連絡・調整等、必要な支援）
③ 居住支援のための関係機関によるサポート体制の調整

 ここは覚える！

第25回で、居住サポート事業について出題されました。

関係する組織、団体、専門職、自助組織等との連携

　精神障害者への居住支援では、医療支援、障害特性を踏まえた専門的なケア、自助グループでの当事者同士の支え合いなど、総合的かつ包括的な支援が求められます。また支援体制構築の核となる支援団体としては、病院、障害者支援団体（社会福祉法人、NPO法人）、相談支援事業者、社会福祉協議会等のいずれかが中心的に居住支援を行うか、不動産関係の団体も既存の医療・福祉のネットワークに参加することが望ましいと考えられます。

6 就労支援制度と精神保健福祉士の役割

就労支援制度の概要 ㉓

▶ 精神障害者の就労支援相談窓口

精神障害者の就労支援についての相談窓口として、公共職業安定所（ハローワーク）や障害者雇用促進法による障害者就業・生活支援センター、市町村窓口、障害者総合支援法における相談事業所等があります。

📖 **障害者就業・生活支援センター**：2002（平成14）年改正の障害者雇用促進法で設置されることになった民間施設。障害者の自立を目指し、職業斡旋や生活相談などを行う。

▶ 職業リハビリテーションの概念

精神障害者は、その障害の影響で職業に就くことや、就業を維持していくことが難しい場合があります。職業リハビリテーションとは、職業を通じて社会参加と自己実現、経済的自立の機会を作り出していく取り組みです。

職業に就くことは、生計の手段としてだけでなく、生きがいなどの自己実現や自分の力を活用する上で大切です。中途障害である精神障害者にあっては、職業上、特別な配慮のもとに特別な援助を必要とする者が多く、その意味でも職業リハビリテーションは重要な分野です。

日本の精神障害者の社会復帰に向けた施策は、1981（昭和56）年の国際障害者年や、これに続く「国連・障害者の10年」を経た後に大きく進展しました。

1983（昭和58）年に国際労働機関（ILO）が採択した「職業リハビリテーション及び雇用（障害者）に関する条約」の1条2項では、職業リハビリテーションの目的を次のように定義しています。

> 障害者が適当な職業に就き、これを継続し及びその職業において向上することを可能にし、それにより障害者の社会における統合または再統合の促進を図ること

これは思春期の発病による就職未経験者、あるいは障害のために職業を中断してしまった者が職に就くことを意味し、その実現には大変な困難が伴うため、職業リハビリテーションの援助が重要になります。

▶ 障害者の雇用の促進等に関する法律の沿革

障害者の雇用の促進等に関する法律（障害者雇用促進法）は障害者が働くことを支援するための法律で、障害者の職業リハビリテーションや雇用、在宅就業の促進について定めています。また、民間企業・国・地方公共団体に一定割合の障害者を雇用することなども義務付けています。

同法 2 条7号においては、職業リハビリテーションを「障害者に対して職業指導、職業訓練、職業紹介その他この法律に定める措置を講じ、その職業生活における自立を図ること」と定義しています。

■ 精神障害者の雇用施策の流れ

1986 （昭和61）年	・三疾患（精神分裂病（現・統合失調症）、躁うつ病、てんかん）にかかっている者で症状が安定し、就労が可能な状態にあるものを職場適応訓練の対象とした
1987 （昭和62）年	・身体障害者雇用促進法の改正により障害者雇用促進法が制定 ・2条1項の「障害者」の定義に「身体又は精神に障害」と明記され、精神障害者も制度の対象となり、職業準備訓練が開始（しかし、精神障害者にかかわる施策はほとんどない状態）
1992 （平成4）年	・障害者雇用促進法改正。精神障害者も障害者雇用納付金制度に基づく助成金の支給対象となる ・関係法律の改正により特定求職者雇用開発助成金の支給や公共職業訓練の対象にも含まれるようになる ・障害者職業センターで職域開発援助事業が開始

1997 (平成9) 年	・障害者雇用促進法改正。各種助成金が**短時間労働の場合でも支給可能に**。三疾患以外の精神障害者も、**精神障害者保健福祉手帳の所持者で症状が安定し就労が可能な状態にある場合は**職場適応訓練や各種助成金制度の対象とされた (1995 (平成7) 年の精神保健福祉法で精神障害者保健福祉手帳制度の創設による) ・障害者雇用納付金制度に基づく助成金の支給対象に、精神保健福祉法に基づく**精神障害者社会適応訓練事業の対象者を追加** ・改正により知的障害者が雇用義務に加えられたが、精神障害者は加えられなかった
2002 (平成14) 年	・雇用率の算定方式が見直され、特例子会社を保持する企業は関連する子会社も含めて企業グループでの雇用率算定が可能になる ・障害者に対する総合的支援策の充実を図る(障害者就業・生活支援センター事業、職場適応援助者(ジョブコーチ)事業の創設など) ・精神障害者の雇用促進に向けた充実強化が示されるなど、精神障害者の特性を踏まえた施策が展開される
2009 (平成21) 年	・4月から、厚生労働大臣の認定を受けた企業グループは、特例子会社がない場合であっても、企業グループ全体で実雇用率を通算できる企業グループ算定特例と、中小企業が事業協同組合等を活用して協同事業を行い、事業協同組合等(特定組合等)とその組合員である中小企業(特定事業主)で実雇用率を通算できる事業協同組合等算定特例が開始
2013 (平成25) 年	・雇用の分野における障害を理由とする差別的取扱いを禁止する ・事業主に、障害者が職場で働くにあたっての支障を改善するための措置を講ずることを義務付ける ・法定雇用率の算定基礎に**精神障害者を加える**
2019 (令和元) 年	・対象障害者の不適切計上の再発防止 ・精神障害者や重度障害者を含めた、障害者雇用の計画的な推進 ・短時間であれば就労可能な障害者等の雇用機会の確保 ・中小企業における障害者雇用の促進

障害者職業センター:独立行政法人高齢・障害・求職者雇用支援機構の1部門で各県に設置され、公共職業安定所(ハローワーク)で障害者のための就職相談、障害者のための機能訓練、職業評価、就職前の支援、ジョブコーチによる就職後の職場適応支援などを行っている。
精神障害者社会適応訓練事業:2010(平成22)年12月の障害者自立支援法の一部改正に伴う精神保健福祉法の一部改正により廃止された。

▶ 障害者雇用率制度

　障害者雇用率制度は、障害者が一般労働者と同じ水準で常用労働者となり得る機会を確保することを目的として、常用労働者の数に対する割合(障害者雇用率)を設定し、事業主等に障害者雇用率達成義務を課すことにより、これを保障するものです。民間企業と国や地方自治体、教員委員会でそれぞれ雇用率が設定されており、2002(平成14)年時点では民間企業で1.8%でしたが、精神障害者が算定基礎に入ったことなどの影響により、雇用率は上昇傾向にあります。

	2024（令和6）年4月～	2026（令和8）年7月～
法定雇用率（民間企業）	2.5%	2.7%
障害者雇用の対象となる事業主の範囲	従業員40人以上	従業員37.5人以上

※国・地方公共団体は2026（令和8）年7月以降は3.0%、教育委員会は2.9%に引き上げ

ここは覚える！

第23回で、障害者雇用率の算定にあたり精神障害者保健福祉手帳の所持が前提となることが問われました。

● 雇用率達成に向けての取り組み

　障害者の雇用に伴う事業主の経済的負担の調整を図るとともに、全体的に障害者の雇用水準を引き上げることを目的に、雇用率未達成企業 から納付金を徴収し、一定水準を超えて障害者を雇い入れる事業主に対して調整金等を支給しています。

常用雇用労働者101人以上が、障害者雇用納付金制度の対象となっています。

▶ ジョブコーチ事業

　地域障害者職業センターでは、2002（平成14）年5月より、ジョブコーチを派遣する「ジョブコーチ事業」が開始されました。ジョブコーチには、地域障害者職業センターの配置型のジョブコーチと社会福祉法人などの協力機関に所属する訪問型ジョブコーチ（支援日数に応じて謝礼金が支払われる）、障害者を雇用する企業に雇用される企業在籍型ジョブコーチがあります。支援期間は2～4週間です。

　そのほか、2013（平成25）年には発達障害が精神障害に含まれることが明確化、2016（平成28）年には募集・採用などにおける障害者雇用における差別の禁止や、就業にあたっての合理的配慮の実施が行われるようになりました。

障害者雇用促進法の改正のポイント

2022（令和4）年12月に改正障害者雇用促進法が成立しました（施行は2023（令和5）年4月1日と2024（令和6）年4月1日）。この改正で、新たに次の事項が定められました。

■ 2023（令和5）年4月1日施行分

- **雇用の質の向上のための事業主の責務の明確化**
  事業主の責務に、適当な雇用の場の提供、適正な雇用管理等に加え、職業能力の開発及び向上に関する措置が含まれることを明確化
- **有限責任事業組合（LLP）算定特例の全国展開**
- **在宅就業支援団体の登録要件の緩和**
- **精神障害者である短時間労働者の雇用率算定に係る特例の延長**
  精神障害者に関する実雇用率の算定については、2022（令和4）年度末まで、一定の要件を満たせば短時間労働者を1カウントとする特例措置が設けられていたが、2023（令和5）年4月1日以降は、すべての人について当分の間、1人をもって1人とカウントとする

■ 2024（令和6）年4月1日施行分

- **週所定労働時間10時間以上20時間未満で働く重度の身体・知的障害者、精神障害者の算定特例**
  特に短い時間（週所定労働時間が10時間以上20時間未満）で働く重度身体障害者、重度知的障害者、精神障害者を雇用した場合、特例的な取扱いとして、実雇用率上、1人をもって0.5人と算定する

  ■ 雇用率制度における算定方法

週所定労働時間		30H以上	20H以上30H未満	10H以上20H未満
身体障害者		1	0.5	—
	重度	2	1	0.5
知的障害者		1	0.5	—
	重度	2	1	0.5
精神障害者		1	0.5※	0.5

  ※0.5ではなく1とカウントする措置は、当分の間延長されている。

- **障害者雇用調整金・報奨金の支給方法の見直し**
  障害者雇用調整金及び報奨金について、事業主が一定数を超えて障害者を雇用する場合、その超過人数分の支給額の調整を行う
- **納付金助成金の新設・拡充等**
  障害者の雇入れ及び雇用継続に対する相談支援等に対応するための助成措置を新設するとともに、既存の助成金（障害者介助等助成金、職場適応援助者助成金等）の拡充等を行う

就労支援制度の概要　㉑㉒㉓㉔㉕

▶ ハローワークによる支援

　実際の支援の現場では、関係機関や施設等の間で、個々の障害者に対する支援を着実につないでいくことが重要です。そのため、ハローワークが中心となり、福祉施設等の関係者からなる就労支援のためのチーム（**障害者就労支援チーム**）を設置し、就職を希望する福祉施設の利用者一人ひとりに対して就職の準備段階から職場定着まで一貫した支援（チーム支援）を行います。

　障害者就労支援チームは**ハローワーク、福祉施設の職員**が中心となり、地域障害者職業センター、障害者職業能力開発校、社会福祉協議会、福祉事務所等の専門機関、民生委員、グループホームの世話人など支援対象者の関係者なども加わります。**対象者ごとにチームを構成**して、**支援計画**を作成します。

■ **支援計画の主な内容**

- 目標・支援スケジュール
- ニーズを踏まえた支援内容
- チーム構成員の役割分担　など

　また、就職後の**フォローアップ**についても支援計画に基づいて実施されます。それぞれの役割に応じた支援を行うとともに、必要に応じて検討会議を開き、新たなニーズにも柔軟に対応するようにしています。2008（**平成20**）年度からは、地域の福祉施設等に出向き就労希望者の把握や就労支援に当たっての調整等を行う「**就労支援コーディネーター**」の設置等によりチーム支援の体制・機能整備が図られています。

2010（平成22）年度からは、医療機関を利用している精神障害者等を対象に、就職意欲を高め就職に向けた取り組みが行えるように、ハローワークの職員が医療機関等を訪問し、就職活動の知識や方法についてガイダンスを行うジョブガイダンス事業を実施しています。

▶ 障害者の特性を踏まえたきめ細やかな職業相談・職業紹介等

● ハローワークの役割

ハローワークは、就職を希望する障害者について求職登録から就職後のアフターケアまで一貫した支援を行っており、専門の職員等のケースワーク方式により障害者一人ひとりの障害の態様や適性、希望職種等に応じてきめ細やかな職業相談、職業紹介、職場適応指導を実施しています。

● 障害者試行雇用事業の推進

障害者に関する知識や雇用経験がない事業所に障害者雇用のきっかけを作り、一般雇用への移行を促進するため、短期の試行雇用（トライアル雇用）が推進されています。具体的には、ハローワークの職業紹介により事業主と対象障害者との間で3か月間の有期雇用契約を締結した場合に助成金を支給しています。

なお、精神障害者は最大12か月までトライアル雇用期間を延長することが可能です。また2021（令和3）年度からは、テレワークでのトライアル雇用を行う場合、原則3か月のところを最長6か月まで延長できるようになっています。

● 職場適応援助者（ジョブコーチ）による支援

専門的な職業リハビリテーションを実施する機関として各都道府県に設置されている「地域障害者職業センター」が、就職した障害者の職場適応を容易に

するため、ジョブコーチを職場に派遣し、障害者本人への作業遂行力、職場内コミュニケーション能力の向上支援、事業主への障害特性に配慮した雇用管理に関する助言などを行っています。また、就労支援ノウハウを有する社会福祉法人等や事業主が自らジョブコーチを配置して障害者に対する職場適応援助を行う場合には助成金が支給されています。

ここは覚える！

第22・23回で、ジョブコーチやその支援内容について出題されました。また、第25回では、キャンパスソーシャルワーカーの支援に関する事例問題でジョブコーチの利用について出題されました。

▶ 雇用施策と福祉施策との連携

障害者の就労に際しては障害の態様やニーズが様々あり、生活面での配慮も必要であることから、雇用施策と福祉施策が連携して実施される必要があります。

雇用施策と福祉施策との連携については、2005（平成17）年の障害者雇用促進法改正において施策の有機的な連携を図る旨の規定が設けられ、ハローワークが福祉施設等と連携して就職支援を行う事業の創設等が行われるとともに、障害者総合支援法においても同法に基づくサービスの実施主体である市町村や福祉施設等がハローワーク等と緊密な連携を図る旨の規定が設けられ、連携を図る取り組みが実施されています。

実際の支援の現場においては、福祉施設での就労支援事業の初期段階で適性や課題を把握し基礎訓練を行いますが、その段階では地域障害者職業センターによる職業評価などの専門的支援を受けています。なお、地域障害者職業センターでは職場適応援助者（ジョブコーチ）の派遣や、職場復帰支援（リワーク支援）を実施しているため、連携する機会が多くあります。

職場実習などの実践的訓練を経て求職活動を行う段階では、ハローワークが職業紹介や求職活動支援、求人開拓等を行っています。就職した者の支援は就業面及び生活面の一体的な支援を行う障害者就業・生活支援センターが中心となっていますが、就労移行支援の利用により就職した者については支援を実施した就労移行支援事業者が原則として就職後6か月までの期間はフォローアップを行うこととされています。その後のフォローは、就労定着支援事業者が最大3年間（1年毎に更新）対応することになります。

ここは覚える！

第21回で、地域障害者職業センターの業務について問われました。第22回の事例問題では、リワークプログラムについて出題されました。

● **障害者就業・生活支援センターによる支援**

2002（平成14）年、障害者雇用促進法に基づいて就業及びこれに伴う日常生活、社会生活上の相談・支援を一体的に行う事業として障害者就業・生活支援センターが創設され、全国337か所（2024（令和6）年4月1日現在）で設置・運営されています。

障害者就業・生活支援センターでは、職業準備訓練、職場実習のあっせん、就職活動の支援、職場定着に向けた支援といった就業面での支援と日常生活、地域生活に関する助言といった生活面での支援が一体的に行われています。

就労支援に関わる専門職の役割と連携 ㉑ ㉒ ㉓

▶ 福祉分野における専門職

サービス管理責任者	各事業者に配置され、事業全体の進行を管理し、個別支援計画の策定や評価を行う。サービス提供のプロセス全体を管理する
就労支援員	障害者総合支援法における就労移行支援事業所に配置。サービス管理責任者を補佐し、個別支援計画に基づいて施設外実習・就労や雇用前提の企業実習、定着支援等を計画・実施する。利用者とサービス事業所および企業や家族との関係を調整し、適切なサポートを行う
職業指導員	障害者総合支援法における就労移行支援事業および就労継続支援事業所に配置。サービス管理責任者を補佐し、事業所内での作業について個別の支援計画に沿って職業指導をする。家族との関係を調整し、適切なサポートを行う
生活支援員	障害者総合支援法における就労移行支援事業および就労継続支援事業所に配置。サービス管理責任者を補佐し、個別支援計画に基づいて事業所内での安定した就業生活の維持を図る。地域生活移行等に関する相談を受け、必要なサービスを調整して適切なサポートも行う
障害者就業・生活支援センターの生活支援担当職員	利用者の家庭や職場等を訪問すること等により、利用者の生活上の相談等に応じるなど、就業およびこれに伴う日常生活または社会生活に必要な支援を行う

第21回で、個別支援計画の作成者がサービス管理責任者であることが出題されました。第23回では、個別支援計画の変更について問われました。就労支援に関わる専門職については、様々な問われ方がされています。しっかりと覚えましょう。

▶ 雇用分野における専門職

障害者職業カウンセラー	障害者職業センター（地域障害者職業センター等）に配置され、職業評価や職業リハビリテーションカウンセリング等の専門的な知識・技術に基づいて職業リハビリテーションサービス等を行う
障害者就業・生活支援センターの就業支援担当者	障害者の就業および日常生活上の問題について必要な指導・援助を行う
職場適応援助者（ジョブコーチ）	知的障害者、精神障害者等の職場適応を容易にするため、障害者職業センターや社会福祉施設から職場に派遣され、または職場内で職場適応のための担当者を決め、当事者の職場定着を支援する

第22回の事例問題で、障害者職業カウンセラーについて出題されました。

就労支援における近年の動向と課題 ㉓

▶ 福祉的就労から一般就労への移行

　福祉的就労から一般就労への移行状況は、授産施設等の利用者のうち、就職のために施設を退所する人は年間で約１％でした。障害者自立支援法（現・障害者総合支援法）の施行により、就労移行支援と就労継続支援とに再編されました。

　就労支援の取り組みから、生活面の課題への対応が必要となり、2018（平成30）年4月から就労定着支援が追加されました。さらに2025（令和7）年10月からは、本人に適したサービスが受けられるよう、就労選択支援が創設される予定です。

▶ 民間企業における雇用

　近年、障害者の就職率は上昇傾向にあります。コロナ禍による影響で一時期低下したものの、2022（令和4）年度は43.9％となり、コロナ禍以前の水準ま

で回復してきています。

　障害者雇用状況（2023（令和5）年6月1日現在）を見ると、「障害者の雇用の促進等に関する法律」において雇用義務がある企業で雇用されている障害者は、身体障害者が36万157.5人、知的障害者が15万1,722.5人、精神障害者が13万298人となっており、特に精神障害者の伸び率が大きくなっています。

　また、障害者の実雇用率は2.33％であり、2005（平成17）年以降、着実に上昇しています。

第23回で、障害者の雇用状況について、実雇用率が問われました。民間企業における障害者雇用と就業の現状は、しっかりと押さえておきましょう。

▶ 精神障害者の雇用

　精神障害者に向けた就労支援については雇用前や雇用後の支援はもとより、就職後に発病し休職を経て復職するためのリワーク支援についてもニーズが高まっています。地域障害者職業センターでは、主治医との連携のもとで精神障害者総合雇用支援を実施し、雇用促進、職場復帰、雇用継続に向けた取り組みを実施しています。

　また、ハローワークでは精神障害者の就職に向けたプログラムの実施や、事業主が精神障害者の雇用にあたって生じる不安への対応をするため、精神障害者雇用トータルサポーターが配置されています。

7 精神障害者の経済的支援に関する制度

医療保険制度 ㉑ ㉕

　医療保険とは、医療にかかった金額について、保険者が一定額を給付する仕組みの総称です。医療保険は大きく分けて、公的医療保険と保険会社などが行う民間医療保険の2種類がありますが、ここでは公的医療保険について解説を進めていきます。

▶日本の医療保険制度

　日本における公的医療保険制度は、勤めている会社を通じて加入する被用者保険と、それ以外の一般住民を対象にした国民健康保険に分けられます。

　被用者保険には、一般企業等に勤める人を対象にした健康保険（協会けんぽ）と、船員保険、各種公務員を対象にした共済組合、私立学校教職員共済などがあります。国民健康保険は、自営業など、上に挙げた保険に入ることができない人が対象です。

▶医療保険給付

　医療保険における保険給付には、法律によって定められている法定給付と、保険者が独自に上乗せをする附加給付があります。法定給付としては、業務外の病気、ケガに対応する療養の給付の他、例えば次のようなものもあります。

📖 **附加給付**：共済組合や健康保険組合などが独自に行うもので、協会けんぽにはない。附加給付は、各団体がそれぞれの定款で定めるところによって行う給付であり、各団体によって給付内容も異なる。

● 高額療養費

　1か月にかかった医療費が一定金額以上になった場合に、規定された金額を超えた分が戻ってくる制度です（上限額は所得に応じて決められる）。一般的な算定方法は、次の通りです。

　なお、通常は払い戻しの形で支払われますが、限度額適用認定証を提示することで、窓口での支払額が自己負担限度額までとなります。

■ 高額療養費の算定方法

【70歳未満の人の場合】

所得区分	1か月の負担の上限額
標準報酬月額83万円以上	252,600円 ＋（医療費－842,000円）×1% 〈多数該当：140,100円〉
標準報酬月額53～79万円	167,400円 ＋（医療費－558,000円）×1% 〈多数該当：93,000円〉
標準報酬月額28～50万円	80,100円 ＋（医療費－267,000円）×1% 〈多数該当：44,400円〉
標準報酬月額26万円以下	57,600円 〈多数該当：44,400円〉
低所得者（住民税非課税）	35,400円 〈多数該当：24,600円〉

【70～74歳の人の場合】

被保険者の所得区分		自己負担限度額	
		外来（個人ごと）	外来・入院（世帯）
①現役並み所得者	現役並みⅢ（標準報酬月額83万円以上で高齢受給者証の負担割合が3割の人）	252,600円＋（総医療費－842,000円）×1% ［多数該当：140,100円］	
	現役並みⅡ（標準報酬月額53万～79万円で高齢受給者証の負担割合が3割の人）	167,400円＋（総医療費－558,000円）×1% ［多数該当：93,000円］	
	現役並みⅠ（標準報酬月額28万～50万円で高齢受給者証の負担割合が3割の人）	80,100円＋（総医療費－267,000円）×1% ［多数該当：44,400円］	
一般所得者（①及び③以外の人）		18,000円 （年間上限144,000円）	57,600円 ［多数該当：44,400円］
②低所得者	Ⅱ（※1）	8,000円	24,600円
	Ⅰ（※2）		15,000円

※1 被保険者が市区町村民税の非課税者等である場合。
※2 被保険者とその扶養家族全ての人の収入から必要経費・控除額を除いた後の所得がない場合。

 **多数該当：**直近1年間に3か月以上の高額療養費の支給を受けている場合、4か月目からは自己負担額が軽減される制度。

ここは覚える！

第21回で、高額療養費制度について出題されました。

● **傷病手当金**

　傷病手当金は、業務外の病気やケガなどにより業務を行うことができなくなった際に、公休日を含め連続して3日休んだ後の4日目から支給されます。支払額は支給開始日以前の継続した12か月間の月額を平均した額を30で除した額（標準報酬日額）の3分の2程度で、同一の傷病について支給を開始した日から通算して1年6か月を限度としています。

傷病手当金と出産手当金は、国民健康保険では給付の特性上、行っていない場合がほとんどです。

ここは覚える！

第25回の事例問題で、傷病手当金について問われました。

● **出産手当金**

　出産のために仕事ができない場合に支給されます。支給額は標準報酬日額の3分の2程度で、出産日（予定日より後になった場合は出産予定日）の前42日（多胎妊娠の場合は98日）から出産日の翌日以降56日以内で、会社を休み給与の支払いがなかった期間を対象としています。なお、傷病手当金と出産手当金の両方の受給対象となる場合は、出産手当金のみが支給されます。

● **出産育児一時金・家族出産育児一時金**

　本人または配偶者が出産した際に一時金として支払われます。正常な出産は医療ではないため、全額自己負担になることから支払われるものですが、現在は出産時にまとまったお金を本人が先に払わなくてもよいように、保険者から直接医療機関に支払われる直接支払制度があります。

▶ 後期高齢者医療制度

急速に高齢化が進展し、高齢者の医療費が増大する状況の中、国民皆保険を維持し高齢者の医療費を安定的に賄うため、従来の健康保険制度から独立した制度として後期高齢者医療制度があります。

対象は75歳以上（65 ～ 74歳で一定の障害の状態にあり、広域連合の認定を受けた者を含む）となっており、都道府県ごとの広域連合が運営する後期高齢者医療制度に加入し、給付を受けることになっています。

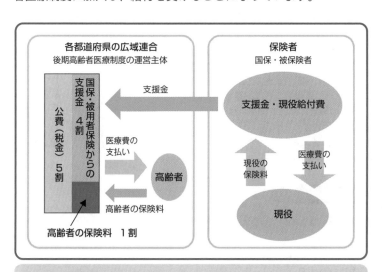

・若人と高齢者の分担ルールを明確化（若人が給付費の4割、高齢者が1割）
・保険料を納める所とそれを使う所を都道府県ごとの広域連合に一元化し、財政・運営責任を明確化
・都道府県ごとの医療費水準に応じた保険料を、高齢者全員で公平に負担

経済的支援に関する制度　㉑ ㉒ ㉔

▶ 年金制度

今まで年金を払ってきた人が、精神障害によってある一定の状況に達していると認められた場合、障害年金を受給できる可能性があります。

精神障害では、20歳以上65歳未満の人で初診日から1年6か月後、もしくは症状が固定した日を障害認定日とし、保険料の納付要件を満たし、その程度が1級もしくは2級に該当する場合（厚生年金は3級まで）は障害年金を受給できます。

障害認定日の段階で障害等級に該当しない場合は年金を受給できませんが、それ以降に悪化したことにより該当するようになった場合は、申請の上受給できます（**事後重症**）。事後重症申請の場合は申請時からの支給になるため、悪化したのがかなり前でもそのことは考慮されません。

　また、障害認定日以降、数年経過した後で申請した場合、5年まで遡って請求できます（**遡及請求**）。

　なお、20歳前に障害等級に該当する傷病を負った場合、障害認定日が20歳前でも支給は20歳を過ぎてからになります（この場合は年金受給に関して所得制限がある）。

> 年金に加入している間に初診日があることが、障害年金の受給要件の一つとなります。また、障害認定日は、基本的に症状が固定した日を指すため、すべての障害において1年6か月後になるわけではありません。腕の切断など、回復することがない場合（不可逆な状態）は、治療が終わった時点で障害認定日と見なされます。

ここは覚える！

第24回の事例問題で、障害年金について出題されました。

■ 納付要件の基本的な考え方

- 初診日の属する月の前々月までの被保険者期間のうち、国民年金の保険料納付済期間と保険料免除期間を合わせた期間が3分の2以上である
- ただし、①初診日が2026（令和8）年4月1日前、②初診日に65歳未満、③初診日の属する月の前々月までの1年間に保険料未納期間がない場合は納付要件を満たす（直近1年要件）

■ 障害認定日の取り扱い（20歳以前に初診日があった場合）

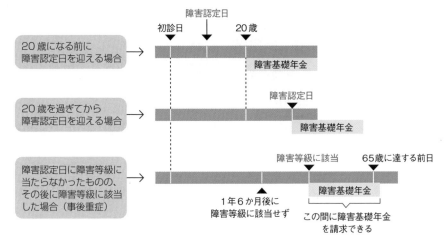

■ 障害年金の等級表

1級	日常生活の用を弁ずることを不能ならしめる程度のもの
2級	日常生活が著しい制限を受けるか、または日常生活に著しい制限を加えることを必要とする程度のもの
3級	労働が著しい制限を受けるか、または労働に著しい制限を加えることを必要とする程度の障害を残すもの

等級の判定については、厚生労働省が精神の障害に係る等級判定ガイドラインを策定しており、これに基づいて実施されています。

　障害年金には、大きく分けて基礎年金と呼ばれる共通の部分と、上乗せ部分である厚生年金があります。加入していた保険に応じて、基礎年金のみになるか、基礎年金に厚生年金が加算されるかが決まります。なお、3級に関しては基礎年金には存在せず、厚生年金の加入者のみ該当するので注意が必要です。

■ 障害年金の構成

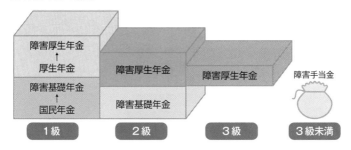

障害手当金
・障害厚生年金にのみ設定されている制度で、障害年金を申請した際に3級未満の状態で以下の条件を満たした場合に、一時金として支払われるもの ・手当金の額は、障害厚生年金3級で支払われる年金額の2年分とされている 〈要件〉 　① 厚生年金保険の被保険者である間に、障害の原因となった傷病の初診日がある 　② その傷病が、初診日から5年以内に症状が固定し、症状が固定した日において、障害厚生年金を受けるよりも軽い障害の状態であって、障害の程度が障害等級表に定める程度である 　③ 保険料の納付要件を満たしている
特別障害給付金
・国民年金に任意加入していなかったことにより障害基礎年金等を受給していない人に対する措置として創設されたもの ・対象は、1991（平成3）年3月以前の学生、もしくは1986（昭和61）年3月以前に被用者等の配偶者であって、当時、国民年金に任意加入していなかった期間内に初診日があり、現在、障害基礎年金の1級、2級相当の障害の状態にある人に限定される

現在、国民年金は強制加入ですが、以前は任意加入でした。しかし、制度の周知徹底がなされておらず、多くの学生や主婦層が年金を払っていない時期がありました。この時期に障害の状態になったことで障害年金を受給できない人が多発し、訴訟問題へと発展しています。なお、現在学生については、学生納付特例制度によって、納付が猶予されるようになっています。

 ここは覚える！

第22回で、障害手当金について問われました。

▶ 労災保険

労働者災害補償保険（労災保険）は、業務上の病気、ケガ、障害、死亡に対して、本人もしくは遺族に対して支払われるものです。労災保険は、その状態に対して**業務遂行性**と**業務起因性**が認められる必要があります。以前は、精神疾患などは認定されにくかったのですが、最近では認められるケースも増えてきました。

労災保険の主な給付には、必要な医療を全額給付される**療養補償給付**と、休業中の補償としての**休業補償給付**、障害が発生した場合の**障害補償給付**などがあります。

📖 **業務遂行性**：労働者が労働契約に基づいて使用者（会社）の支配下にあること。
　　業務起因性：その状態が業務によって引き起こされたという因果関係があること。

ここは覚える！

第21回で、療養補償給付について出題されました。

▶ 経済負担の軽減

経済負担の軽減としては、大きく分けて税金の控除、公共料金の控除、自治体独自施策などがあります。このような制度を受けるためには、精神障害者保健福祉手帳を取得していることが必要です。

主な税金の控除として、所得税、住民税、相続税の障害者控除、贈与税の非課税、自動車税の減免などがあります。

■ **精神障害者の税金控除等（一部）**

	条件	備考
所得税 住民税	障害者控除（手帳2・3級） 特別障害者控除（手帳1級）	対象は本人もしくは配偶者、扶養している親族
贈与税	手帳1級	6,000万円まで非課税
自動車税 自動車取得税	手帳1級	本人もしくは生計を一にする人が、対象者の通院・通所・通学・生業のために使用する自動車・軽自動車の税金が減免。取得税は減免

公共料金では、NTTの番号案内料金の免除、条件付きですがNHK受信料の

免除などがあります。また携帯電話各社による通話料の割引サービスなど、民間企業では各種割引制度を実施している所があります。JRに関してはこれまで身体障害者手帳、療育手帳ともに運賃の割引がありましたが、精神障害者に対しては2025（令和7）年4月より割引制度が始まることが予定されています。

　自治体独自施策では、自治体運営の公共交通機関の減免制度や各種施設の入場料割引、医療費の減免（自己負担分を負担する市町村もある）などがあり、各自治体によって実施内容はまちまちです。

生活保護制度 ㉑ ㉕

　生活保護制度は、本人の努力や他の社会保障制度を利用しても一定レベルの生活水準を維持できない状態に陥った人を対象とするものです。対象者の数は2023（令和5）年1月時点で約202万人となっており、世帯の置かれている状況に合わせた支援が行われています。

　生活保護法1条では「日本国憲法第25条に規定する理念に基づき、国が生活に困窮するすべての国民に対し、その困窮の程度に応じ、必要な保護を行い、その最低限度の生活を保障するとともに、その自立を助長することを目的とする」とされています。

ここは覚える！

第25回で、生活保護制度について出題されました。

■ 日本国憲法25条

1項	すべて国民は、健康で文化的な最低限度の生活を営む権利を有する
2項	国は、すべての生活部面について、社会福祉、社会保障及び公衆衛生の向上及び増進に努めなければならない

▶ 生活保護の原理
　生活保護法には、次の4つの原理が定められています。

国家責任の原理	・最低限度の生活の保障と自立の助長について国が責任をもって行う
無差別平等の原理	・規定の要件を満たしていれば、貧困状態になった理由を問わず、保護の請求権を無差別平等に保障する
最低生活の保障の原理	・単純に生きていくことだけではなく、健康で文化的な生活水準を保つことができる生活を保障する
保護の補足性の原理	・資産の活用、能力の活用、その他あらゆるものの活用が保護の要件であり、これらを活用してもなお十分な生活を送れない場合に生活保護を利用できる ・扶養義務者の扶養、その他法律に定める扶養は保護に優先する ・他法、他施策の支援を受けられる場合は、それらを優先する

▶ 保護実施の原則

4つの原理に基づいて保護を実施する上で、次の原則が定められています。

申請保護の原則	・要保護者、その扶養義務者、その他の同居の親族が申請することによって開始される ・要保護者が窮迫した状況の場合は申請がない保護も可能
基準及び程度の原則	・保護は、厚生労働大臣が定めた基準で要保護者の需要を測定し、本人の金銭、物品でその基準を満たすことができない場合、その不足分を補う程度で行われる ・保護の要否を判断するために資力調査（ミーンズテスト）が行われる
必要即応の原則	・要保護者の年齢、健康状態等を考慮して要保護者の状況を勘案して保護を行うことが必要である
世帯単位の原則	・世帯を単位として保護の要否や程度を判断する ・世帯は住居と生計を同一にしている生活共同体のことを指す

▶ 保護の種類

生活保護法における保護には、衣食住や光熱費に対応する生活扶助や、義務教育にかかる費用に関わる教育扶助など、8種類が設けられています。その内容は以下の通りです。

扶助の種類	生活を営む上で生じる費用	支給内容
生活扶助	日常生活に必要な食費や被服費、光熱費等	・基準額は、以下を合算して算出 （第1類）食費等の個人的費用 （第2類）光熱水費等の世帯共通費用 ・特定の世帯には加算がある（母子加算等）
教育扶助	義務教育を受けるために必要な学用品費々	定められた基準額を支給

扶助の種類	生活を営む上で生じる費用	支給内容
住宅扶助	アパート等の家賃や補修費等の住宅維持費等	定められた範囲内で実費を支給
医療扶助	医療サービスの費用	・費用は直接医療機関へ支払 ・調剤については、後発医薬品使用できる場合は、原則後発医薬品を調剤
介護扶助	介護サービスの費用	費用は直接介護事業者へ支払
出産扶助	出産費用	定められた範囲内で実費を支給
生業扶助	就労に必要な技能の習得にかかる費用	定められた範囲内で実費を支給
葬祭扶助	火葬や納骨などの葬祭費用	定められた範囲内で実費を支給

　生活扶助は原則、被保護者の居宅で行われますが、それが困難な場合については救護施設や更生施設などでの入所支援が行われています。

　これらの他に、障害者や妊産婦等の特別な事情がある場合は、妊産婦加算や障害者加算等の各種加算が行われます。また、地域による物価の違いなどを考慮して級地制度が設けられており、市町村を6区分にして保護基準額に差をつけています。

　保護を受ける場合、収入があればそれを最低生活費の一部として活用することが求められます。厚生労働大臣が定める基準で計算される最低生活費と収入を比較して、収入が最低生活費に満たない場合に、最低生活費から収入を差し引いた差額が保護費として支給されます。

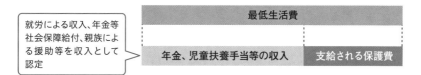

第21回で、生活扶助に含まれるものについて問われました。

▶ **保護施設**
　保護施設として次のように規定されています。

救護施設	身体上または精神上著しい障害があるために日常生活を営むことが困難な要保護者を入所させて、生活扶助を行うことを目的とする施設
更生施設	身体上または精神上の理由により養護及び生活指導を必要とする要保護者を入所させて、生活扶助を行うことを目的とする施設
医療保護施設	医療を必要とする要保護者に対して、医療の給付を行うことを目的とする施設
授産施設	身体上・精神上の理由または世帯の事情により就業能力の限られている要保護者に対して、就労または技能の修得のために必要な機会及び便宜を与えて、その自立を助長することを目的とする施設
宿場提供施設	住居のない要保護者の世帯に対して、住宅扶助を行うことを目的とする施設

他にも居住の場として、社会福祉法2条3項8号で規定する「生計困難者のために、無料または低額な料金で、簡易住宅を貸し付け、または宿泊所その他の施設を利用させる事業」(無料低額宿泊所)があります。

2020(令和2)年4月より、無料低額宿泊所の中でも、被保護者に対して個別支援計画を策定し、当該計画に基づき個別的・専門的な日常生活上の支援を行う施設として、その支援の実施に必要な人員を配置するなど一定の要件を満たす施設施設については、生活保護法30条1項但し書きの規定に基づく日常生活支援住居施設として生活扶助を行うことになりました。

▶ 権利と義務

被保護者には、保護を受けるにあたって3つの権利と4つの義務が課されています。

保護者の権利	不利益変更禁止	正当な理由がなければ、すべて決定した保護を不利益に変更されることがない
	公課禁止	保護で得た金品には税金などが課されない
	差し押さえ禁止	支給された金品や権利は差し押さえることができない
保護者の義務	譲渡禁止	保護等の権利を譲渡できない
	生活上の義務	年齢や体力に応じて働くことや、支出の節約などの生計上の努力など
	届出の義務	収入があった場合、勤務先や住む場所が変わった場合などに届け出る
	指示等に従う義務	保護の実施機関からの指導、指示に従う

資力があるにもかかわらず保護を受けた場合や、就労等によって収入を得た場合に申告がなかった場合は、支給済の保護費の返還を求められることがあります。

▶ 不服申し立て

保護の決定や変更等に不服がある場合は、不服申し立てを行うことができます。都道府県知事に対して、処分を知った日の翌日から3か月以内に審査請求を行います。その採決に不服がある場合は、厚生労働大臣に対して、採決があったことを知った日の翌日から1か月以内に再審査請求を行うことができます。

なお、審査請求の裁決を経なければ、訴訟を起こすことはできません（審査請求前置主義）。

生活困窮者自立支援制度

生活保護に至る前段階での自立支援政策を強化することを目的に、2015（平成27）年に生活困窮者自立支援法が施行されました。

生活困窮者自立支援制度では、個々の就労状況や心身の状況、地域社会からの孤立等の状況に応じて、包括的かつ早期に、福祉や就労、教育など様々な関係機関や民間団体との連携を行いながら、生活困窮者の自立を支援することとされています。

都道府県や市、福祉事務所を設置する町村は、支援員が相談を受け、どのような支援が必要かを相談者と一緒に考え、具体的な支援プランを作り自立に向けた支援を行う自立相談支援事業を必須事業として行います。必須事業には、就職活動を支えるために家賃費用を有期で給付する住居確保給付金の支給もあります。

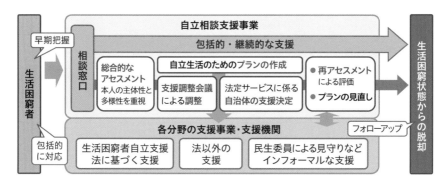

また、任意事業として以下のものがあります。

就労準備支援事業	直ちに就労が困難な人に6か月～1年の間、プログラムに沿って一般就労に向けた基礎能力を養いながら就労に向けた支援や就労機会の提供を行う
一時生活支援事業	住居を持たないなど不安定な住居形態にある人に対して、一定期間、宿泊場所や食事を提供する
家計改善支援事業	相談者が自ら家計を管理できるように、状況に応じた支援計画の作成、相談支援、関係機関へのつなぎ、必要に応じて貸付の斡旋等を行う
生活困窮世帯の子どもの学習・生活支援事業	子どもの学習支援をはじめ日常的な生活習慣、仲間との出会いや活動ができる居場所づくり、進学に関する支援、高校進学者の中退防止に関する支援などを行う

また、都道府県知事や指定都市市長、中核市の市長は、個別の就労支援プログラムに基づいて一般就労に向けた支援を中・長期的に実施する就労訓練事業（中間的就労）の認定も行っています。

■ 就労訓練事業のイメージ

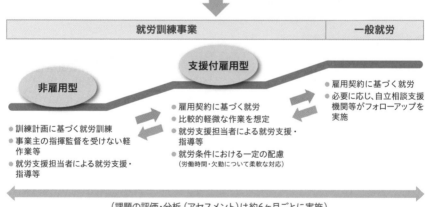

出典：厚生労働省「生活困窮者のための就労訓練事業を考えてみませんか?」パンフレット

低所得者への支援

▶ 生活福祉資金貸付制度

　生活福祉資金貸付制度は、低所得者、障害者、高齢者が安定した生活を送れるようにするため、資金の貸付と必要な相談支援を行い、経済的自立と生活意欲の助長促進、在宅福祉と社会参加の促進を図る制度です。

　実施主体は**都道府県社会福祉協議会**で、業務の一部については市町村社会福祉協議会、特に必要と認められる場合には、厚生労働大臣が定めるものに委託されています。

　貸付対象は低所得者世帯、障害者世帯、高齢者世帯で、原則、連帯保証人を必要としますが、連帯保証人がいない場合についても貸付が可能です。

低所得者世帯	必要な資金を他から借り受けることが困難な世帯（市町村民税非課税程度）
障害者世帯	身体障害者手帳、療育手帳、精神障害者保健福祉手帳の交付を受けた者等の属する世帯
高齢者世帯	65歳以上の高齢者の属する世帯

　貸付には、総合支援資金、福祉資金、教育支援資金、不動産担保型生活資金の4種類があります。

■ 生活福祉資金貸付条件等一覧

資金の種類		費用の内容
総合支援資金	生活支援費	生活再建までの間に必要な生活費用
	住宅入居費	敷金、礼金等住宅の賃貸契約を結ぶために必要な費用
	一時生活再建費	生活を再建するために一時的に必要かつ日常生活費で賄うことが困難である費用
福祉資金	福祉費	・生業を営むために必要な経費 ・技能習得に必要な経費及びその期間中の生計を維持するために必要な経費 ・住宅の増改築、補修等及び公営住宅の譲り受けに必要な経費 ・福祉用具等の購入に必要な経費　　　等
	緊急小口資金	緊急かつ一時的に生計の維持が困難となった場合に貸し付ける少額の費用

教育支援資金	教育支援費	低所得世帯に属する者が高等学校、大学または高等専門学校に修学するために必要な経費
	就学支援費	低所得世帯に属する者が高等学校、大学または高等専門学校への入学に際し必要な経費
不動産担保型生活資金	不動産担保型生活資金	低所得の高齢者世帯に対し、一定の居住用不動産を担保として生活資金を貸し付ける資金
	要保護世帯向け不動産担保型生活資金	要保護の高齢者世帯に対し、一定の居住用不動産を担保として生活資金を貸し付ける資金

このうち総合支援資金と緊急小口資金の貸付については、原則として自立相談支援事業の利用が要件となっています。

▶ 求職者支援制度

求職者支援制度は、職業訓練の実施等による特定求職者の就職の支援に関する法律（求職者支援法）に規定する、雇用保険を受給できない求職者の就労支援のために、給付金を受給しながら訓練を受講することができる制度です。

制度の対象者を**特定求職者**といい、①ハローワークに求職の申し込みをしていること、②雇用保険被保険者や雇用保険受給資格者でないこと、③労働の意思と能力があること、④職業訓練等の支援を行う必要があるとハローワークが認めたことが条件となっています。

特定求職者に対して、厚生労働大臣の認定を受けた民間教育訓練機関が実施する**求職者支援訓練**や、公共職業訓練の受講支援を目的とした給付金（**職業訓練受講給付金**）があります。給付金は、訓練を受講している期間について1か月ごとに支給されます。

■ 職業訓練受講給付金の内容

職業訓練受講手当	月10万円
通所手当	訓練施設へ通所する場合の定期乗車券などの額（月上限4万2,500円） ※収入要件を満たさない場合でも、本人収入が月12万円以下かつ世帯収入が月34万円以下で他の要件を満たせば、通所手当のみ支給を受けられる
寄宿手当	月1万700円 ※訓練施設へ通所するために同居の配偶者、子および父母と別居して寄宿（訓練施設に付属する宿泊施設やアパートなど入居）する場合で、住居の変更が必要とハローワークが認める場合に支給

2023（令和5）年4月以降に開始する訓練を受講する場合、給付金を受けるにあたって以下の条件に該当することが必要です。

- 本人収入が月8万円以下
- 世帯全体の収入が月30万円以下
- 世帯全体の金融資産が300万円以下
- 現在住んでいるところ以外に土地・建物を所有していない
- 訓練実施日すべてに出席する
  （やむを得ない理由により欠席し、証明できる場合（育児・介護を行う者や求職者支援訓練の基礎コースを受講する者については証明ができない場合を含める）であっても、8割以上出席する）
- 世帯の中で同時にこの給付金を受給して訓練を受けている者がいない
- 過去3年以内に、偽りその他不正の行為により、特定の給付金の支給を受けていない
- 過去6年以内に、職業訓練受講給付金の支給を受けていない

▶ 無料低額診療所

　無料低額診療所は、社会福祉法2条3項9号に規定する「生活困難者のために、無料または定額の料金で診療を行う事業」を行う医療機関のことです。無料低額診療事業は第二種社会福祉事業として位置づけられており、固定資産税や不動産取得税の非課税等税制上の優遇措置が講じられています。

　対象者は低所得者等で経済的理由により診療費の支払いが困難な人となっており、国民健康保険や健康保険等に加入していない者のみならず、公的医療保険の被保険者であったとしても、医療費の支払いが困難な場合であればこの事業の対象となりえます。

Q ──────────────────────────────── **A**

☐ **1** 障害者政策委員会は、障害者基本法に規定されている。 第21回 ○

☐ **2** 障害者総合支援法に関して、精神障害者に対する障害支援区分の認定は、精神障害者保健福祉手帳の障害等級が用いられる。 第12回改変 ×

☐ **3** 共同生活援助（グループホーム）は、介護給付に位置付けられている。 第24回 ×

☐ **4** 精神保健福祉法では、退院後生活環境相談員を規定している。 第25回 ○

☐ **5** 精神保健福祉法における精神障害者の定義は、「統合失調症、精神作用物質による急性中毒またはその依存症、知的障害、精神病質その他の精神疾患を有する者をいう」とある。 第18回 ×

☐ **6** 精神医療審査会は、処遇改善請求に関する審査を行う。 第20回 ○

☐ **7** 精神医療審査会に関して、退院請求は口頭では認められない。 第22回 ×

☐ **8** 特定病院になるには必要となる要件を満たした上で、都道府県知事の認定が必要である。 予想問題 ○

☐ **9** 措置入院は、精神保健指定医の権限で入院を決定する。 第23回 ×

☐ **10** 医療保護入院は、本人の同意がなくても、家族等のいずれかの者の同意に基づき行われる。 第19回 ○

☐ **11** 医療保護入院を行う場合、その旨を本人のみに書面で知らせる。 第26回改変 ×

☐ **12** 更生保護施設は、自立に向けた就労支援を行っている。 第20回 ○

☐ **13** 医療観察法の目的は対象者の社会復帰の促進である。 第26回 ○

☐ **14** 医療観察法における鑑定入院において、鑑定は精神保健審判員が行う。 第22回 ×

☐ **15** 社会復帰調整官は、通院処遇中の対象者に対して、精神保健観察を行う。 第20回 ○

解説

2 認定調査、その後の二次判定を経て決まる。

3 訓練等給付に位置付けられる。

5 「統合失調症、精神作用物質による急性中毒またはその依存症、知的障害その他の精神疾患を有する者」である。

7 書面が原則だが、口頭でも可能である。

9 都道府県知事もしくは政令指定都市市長の権限による。

11 本人のみではなく、家族等にも通知する。

14 精神保健判定医（もしくはそれと同等以上の学識経験を有する医師）が行う。

Q — — — — — — — — — — — — — — **A**

☐ **16** 医療観察法における重大な他害行為には、略取誘拐が含まれる。 第21回 ✕

☐ **17** 医療観察法における鑑定入院は地方検察庁の命令に基づく。 第25回 ✕

☐ **18** 精神保健参与員は、審判において裁判官と精神保健審判員が対象者への処遇決定をするにあたり、精神科医として精神保健福祉の観点から必要な意見を述べるものである。 予想問題 ✕

☐ **19** 精神保健参与員は地方検察庁により任命される。 第22回 ✕

☐ **20** 2006（平成18）年2月から、精神障害者の公営住宅への単身入居が可能となった。 予想問題 ◯

☐ **21** 共同生活援助（グループホーム）地域生活支援事業に位置づけられる。 第26回 ✕

☐ **22** 指定特定相談支援事業者について、市町村が事業者を指定する。 第24回 ◯

☐ **23** 住宅入居等支援事業（居住サポート事業）の事業内容には、家主への相談・助言が含まれている。 第25回 ◯

☐ **24** 行動援護は障害支援区分の認定を前提とする。 第22回 ◯

☐ **25** 障害者雇用促進法による障害者とは、身体障害、知的障害、精神障害（発達障害を含む）その他の心身の機能の障害があるため、長期にわたり、職業生活に相当の制限を受け、または職業生活を営むことが著しく困難な者をいう。 予想問題 ◯

☐ **26** 精神障害者保健福祉手帳を持たない精神障害者でも、障害者雇用率への算定が適用される。 第8回 ✕

☐ **27** 1週間の労働時間が10時間以上20時間未満の短期労働時間労働者である精神障害者については、各企業の実雇用率の算定に当たって0.5人と算定する。 第9回改変 ◯

☐ **28** 障害者雇用促進法による就労相談事業として、「障害者就業・生活支援センター」がある。 予想問題 ◯

解説

16 殺人、放火、強盗、不同意性交等、不同意わいせつ、傷害（軽微なものを除く）のみである。

17 地方裁判所の命令に基づく。

18 精神保健参与員は、精神科医ではなく精神保健福祉士等と規定されている。

19 裁判所である。

21 自立支援給付の共同生活援助である。

26 算定に適用されるのは、精神障害者保健福祉手帳保持者のみである。

Q | **A**

□ **29** 障害者トライアル雇用助成金における障害者短時間トライアルコースは発達障害は対象外である。 第25回 | ×

□ **30** 公共職業安定所（ハローワーク）には精神障害者雇用トータルサポーターが配置されている。 第24回 | ○

□ **31** 精神保健福祉センターにおける精神保健福祉士は、チームの一員として精神保健および精神障害者の福祉に関し、知識の普及を図り、調査研究を行い、ならびに相談および指導のうち複雑困難なものを行う。 予想問題 | ○

□ **32** 精神医療審査会は保健所に設置の義務が課せられている。 第26回改変 | ×

□ **33** 傷病手当金は、雇用保険から給付される。 第13回 | ×

□ **34** 精神保健福祉士として3年間業務を行うと、介護支援専門員の受験資格を得ることができる。 予想問題 | ×

□ **35** 障害基礎年金の等級は1級から3級の3区分である。 第20回 | ×

□ **36** 事後重症で障害年金を申請する場合、支給は申請時点からとなる。 予想問題 | ○

□ **37** 障害年金の受給において、初診日の前々日までに加入すべき期間の2分の1以上保険料を納付することが、保険料の納付要件である。 第14回 | ×

□ **38** 精神障害者保健福祉手帳の2級の者は、所得税の特別障害者控除の対象である。 第23回改変 | ○

□ **39** 障害基礎年金の受給要件を満たさない者は、障害手当金が受給できる。 第19回 | ×

解説

29 発達障害も対象となる。

32 都道府県に設置の義務が課せられている。精神保健福祉センターに事務局が設置される。

33 健康保険から給付される。

34 5年の実務経験が必要。

35 障害基礎年金は1級から2級まで。

37 初診日の前日において加入すべき期間の3分の2以上納付していることが必要である。

39 障害手当金は、障害厚生年金のみに設定されている制度である。

索引

西暦和暦対応表

西暦	和暦
1868	明治 1 9/ 8〜
1869	明治 2
1870	明治 3
1871	明治 4
1872	明治 5
1873	明治 6
1874	明治 7
1875	明治 8
1876	明治 9
1877	明治10
1878	明治11
1879	明治12
1880	明治13
1881	明治14
1882	明治15
1883	明治16
1884	明治17
1885	明治18
1886	明治19
1887	明治20
1888	明治21
1889	明治22
1890	明治23
1891	明治24
1892	明治25
1893	明治26
1894	明治27
1895	明治28
1896	明治29
1897	明治30
1898	明治31
1899	明治32
1900	明治33
1901	明治34
1902	明治35
1903	明治36
1904	明治37
1905	明治38
1906	明治39
1907	明治40
1908	明治41
1909	明治42
1910	明治43
1911	明治44
1912	明治45 〜7/30
	大正 1 7/30〜
1913	大正 2
1914	大正 3
1915	大正 4
1916	大正 5
1917	大正 6
1918	大正 7
1919	大正 8
1920	大正 9
1921	大正10
1922	大正11

西暦	和暦
1923	大正12
1924	大正13
1925	大正14
1926	大正15 〜12/25
	昭和 1 12/25〜
1927	昭和 2
1928	昭和 3
1929	昭和 4
1930	昭和 5
1931	昭和 6
1932	昭和 7
1933	昭和 8
1934	昭和 9
1935	昭和10
1936	昭和11
1937	昭和12
1938	昭和13
1939	昭和14
1940	昭和15
1941	昭和16
1942	昭和17
1943	昭和18
1944	昭和19
1945	昭和20
1946	昭和21
1947	昭和22
1948	昭和23
1949	昭和24
1950	昭和25
1951	昭和26
1952	昭和27
1953	昭和28
1954	昭和29
1955	昭和30
1956	昭和31
1957	昭和32
1958	昭和33
1959	昭和34
1960	昭和35
1961	昭和36
1962	昭和37
1963	昭和38
1964	昭和39
1965	昭和40
1966	昭和41
1967	昭和42
1968	昭和43
1969	昭和44
1970	昭和45
1971	昭和46
1972	昭和47
1973	昭和48
1974	昭和49
1975	昭和50
1976	昭和51
1977	昭和52

西暦	和暦
1978	昭和53
1979	昭和54
1980	昭和55
1981	昭和56
1982	昭和57
1983	昭和58
1984	昭和59
1985	昭和60
1986	昭和61
1987	昭和62
1988	昭和63
1989	昭和64 〜1/7
	平成 1 1/ 8〜
1990	平成 2
1991	平成 3
1992	平成 4
1993	平成 5
1994	平成 6
1995	平成 7
1996	平成 8
1997	平成 9
1998	平成10
1999	平成11
2000	平成12
2001	平成13
2002	平成14
2003	平成15
2004	平成16
2005	平成17
2006	平成18
2007	平成19
2008	平成20
2009	平成21
2010	平成22
2011	平成23
2012	平成24
2013	平成25
2014	平成26
2015	平成27
2016	平成28
2017	平成29
2018	平成30
2019	平成31 〜4/30
	令和 1 5/ 1〜
2020	令和2
2021	令和3
2022	令和4
2023	令和5
2024	令和6
2025	令和7
2026	令和8
2027	令和9
2028	令和10
2029	令和11
2030	令和12
2031	令和13

執筆者紹介（五十音順）【執筆科目名】

■ 朝比奈 寛正（あさひな・ひろまさ）
【第4章：ソーシャルワークの理論と方法（専門)】

兵庫大学生涯福祉学部社会福祉学科准教授。博士（社会福祉学）。大阪府の新阿武山病院や高知県の岡豊病院に勤めながら、高知県立大学大学院修士課程・博士後期課程を修了し兵庫大学に赴任。小野市自殺対策計画等策定委員会並びに障害福祉計画等策定委員会委員長、西脇市障害者地域支援協議会会長、多可町障害者総合支援協議会並びに障害福祉計画検討部会会長などを担う。専門はメンタルヘルス、アディクション（依存・嗜癖）に関するソーシャルワーク。著書に『中国・四国発！地域共生社会づくりの課題と展望－中国・四国社会福祉論文集－』（編著、東洋図書出版）。認定精神保健福祉士、社会福祉士、介護支援専門員。

■ 安藤 亘（あんどう・わたる）
【第1章：精神医学と精神医療】

早稲田大学人間科学部卒業後、(株) リクルートに入社。その後メンタルヘルスの分野へ。埼玉県地方公務員（精神保健指導職）として埼玉県立精神保健福祉センター及び精神医療センター (PSW)、保健所（精神保健福祉相談員）等、メンタルヘルスに関する相談援助活動の経験を重ねる。現在は社会福祉士・精神保健福祉士事務所「iさぽーとステーション」及び「ビヨンドザボーダー (株) http://www.b-border.co.jp」の代表を務める。「NPO法人日本ファミリーカウンセリング協会（JFCA）」副理事長、「NPO法人朝霞市つばさ会」副代表理事、「NPO法人日本オンラインカウンセリング協会（JOCA）」理事兼スーパーバイザー。社会福祉士、精神保健福祉士、ファイナンシャル・プランナー（AFP）。

■ 杉本 浩章（すぎもと・ひろあき）
【第3章：精神保健福祉の原理】

日本福祉大学福祉経営学部教授。博士（社会福祉学：佛教大学）。福山平成大学福祉健康学部福祉学科教授などを経て現職。専門は医療・福祉マネジメント。著書に『多職種で支える終末期ケア―医療・福祉連携の実践と研究』（編著、中央法規出版）、『実習生必携ソーシャルワーク実習ノート［第3版］』（共著、みらい）など。社会福祉士、精神保健福祉士。

■ 富澤 宏輔（とみざわ・こうすけ）
【第5章：精神障害リハビリテーション論】

大阪人間科学大学人間科学部社会福祉学科専任講師。修士（社会福祉学：花園大学）。日本福祉大学社会福祉学部第Ⅱ部社会福祉学科卒業後、精神科病院での勤務を経て現職。専門は、精神保健福祉、精神障害者リハビリテーション、学校メンタルヘルスリテラシー教育。自立支援協議会や自殺対策会議、介護給付費等支給審査会の委員を務める。非常勤講師として大学や専門学校の通信課程で、スクーリング科目、国家試験受験対策を担当。著書に『精神保健福祉士への道―人権と社会正義の確立を目指して』（共著、久美）など。社会福祉士、精神保健福祉士。

■ 二本柳 覚（にほんやなぎ・あきら）

【第2章：現代の精神保健の課題と支援／第6章：精神保健福祉制度論】

京都文教大学臨床心理学部臨床心理学科准教授。修士（福祉マネジメント：日本福祉大学）。日本福祉大学社会福祉学部卒業後、精神科病院、就労継続支援B型事業所、日本福祉大学、高知県立大学などを経て現職。専門は障害者福祉（特に精神保健福祉）、社会福祉専門職教育。著書に『これならわかる〈スッキリ図解〉障害者総合支援法』『これならわかる〈スッキリ図解〉精神保健福祉制度のきほん』（いずれも共著、翔泳社）、『図解でわかる障害福祉サービス』（共著、中央法規）など。社会福祉士、精神保健福祉士。

■ 町田 悦子（まちだ・えつこ）

【第1章：精神医学と精神医療】

駒澤大学法学部卒業後、一般企業（カー用品店）に入社。人事部、経営企画室などを経て、退社後にメンタルヘルス分野へ転向。精神科クリニックにて就労支援、グループワーク、訪問看護などを担当し現在に至る。他に神奈川県大和市公立中学校のスクールカウンセラー、都内保健所にてケース相談員、行政職員の心の健康相談、企業での出張カウンセリングなどを行いながら、ビヨンドザボーダー（株）にてメンタルヘルス関連業務に従事する。精神保健福祉士、公認心理師。

著者紹介

精神保健福祉士試験対策研究会

福祉系大学・専門学校における精神保健福祉士養成の指定科目・基本科目の講師や、メンタルヘルス分野の実務経験が豊富な精神保健福祉士の有志で構成される研究会。「こころの時代」と呼ばれる現代において、今後ますます重要度の高まる精神保健福祉士の養成に尽力している。

試験対策テキスト作成のコンセプトは、効率のよい勉強ができるテキストであり、合格してからも活用できるテキストの両立を目指すことである。

装丁デザイン	小口 翔平＋村上 佑佳（tobufune）
カバーイラスト	ハヤシ フミカ
本文イラスト	石山 綾子　フクモト ミホ
DTP	株式会社 トップスタジオ

福祉教科書

精神保健福祉士 完全合格テキスト 専門科目 第6版

2024年 6月19日　初版第1刷発行

著　　　者	精神保健福祉士試験対策研究会
発 行 人	佐々木 幹夫
発 行 所	株式会社 翔泳社（https://www.shoeisha.co.jp）
印刷・製本	日経印刷 株式会社

©2024 Hiromasa Asahina, Wataru Ando, Hiroaki Sugimoto, Kosuke Tomizawa, Akira Nihonyanagi, Etsuko Machida

本書へのお問い合わせについては、2ページに記載の内容をお読みください。

造本には細心の注意を払っておりますが、万一、乱丁（ページの順序違い）や落丁（ページの抜け）がございましたら、お取り替えいたします。03-5362-3705までご連絡ください。

ISBN978-4-7981-8502-6　　　Printed in Japan